乡村振兴背景下农业技术推广工作的转型升级

XIANGCUN ZHENXING BEIJINGXIA NONGYE JISHU TUIGUANG GONGZUO DE ZHUANXING SHENGJI

赵 迪 罗慧娟 著

中国农业出版社
北 京

FOREWORD 前　言

习近平总书记在党的十九大报告中提出了乡村振兴战略。乡村振兴战略的实施，是决胜全面建成小康社会、全面建设社会主义现代化国家的重大历史任务，是新时代“三农”工作的总抓手。乡村振兴需要农业科技服务支撑，需要多元主体促进，如何更好地发挥农技推广工作在推进乡村振兴战略中的重要作用，需要每一个农技推广人员细心思考、认真谋划。随着乡村振兴战略的深入推进，新时代农技推广工作本身也发生着变化，主要体现在服务领域由农业向农村延伸、服务平台由线下向线上扩展、农技推广服务对象由小规模散户向新型经营主体转变、服务内容由单纯农业技术向农村事务转变，以及服务方式由培训指导向综合咨询转变等。新的环境需要新的创新，新的变化需要新的应对。农技推广工作只有顺应新形势新变化，落实农业服务高质量发展要求，以实施乡村振兴为总抓手，以推进农业供给侧结构性改革为主线，强基础、抓重点、补短板，通过不断深化科技服务促进农业生产稳产增产和提质增效，才能更好地为农业发展和乡村建设提供技术和智力支撑。

乡村振兴，人才为要。习近平总书记高度重视人才的重要作用，指出发展是第一要务，人才是第一资源，创新是第一动力。总书记指出的乡村振兴五个具体路径中，人才振兴占据重要地位。农技推广人才，包括生产一线的技术应用人才和提供科技支撑的科研人员，也包括在田间地头耕耘的推广人员和扶持农民致富的培训师资。从大田种植业、园艺业、畜产养殖业，到各种特殊产品的种植养殖和乡村休闲观光旅游业，都离不开科技的作用，离不开农技推广人员的支撑。伴随着社会发展，农技推广人才队伍不断壮大，群体已经不再局限于农技推广机构中从事推广工作的专职人员，还涵盖了新型职业农民中的生产技能型人才、种养大户、农民合作社带头人、农业企业负责人和基层技术人员等。长期以来，各类农技推广人员作为农民与社会联结的桥梁，在转变农业生产方式、传播先进科技成果、促进科技成果转化、提高农民素质以及移风易俗等方面发挥了不可替代的作用。然而由于推广制度缺乏创新、推广功能逐渐弱化、人员素质水平不高、推广方式方法落后、技术人才流失严重等问题长期存在，导致很多地区农技推广体系“线断、网破、人散”，推广服务功能无法有效发挥。面对这些问题，需要我们强化农技推广体系建设，不断培养农技推广人才，用科学知识武装队伍，用制度创新破解“农技推广人才荒”等问题，真正实现依靠农技推广助力乡村建设。

为了更好地让农技推广人员学习乡村振兴背景下现代农业发展的总体趋势和方向，了解农技推广工作的主要任务，掌握农技推广和农民培训的新理念、新方法、新工具，我们特别编写此书，以最新的农业法规政策为依据，按照基础性与专业性相结合、知识性与实用性相结合、时代性与历史性相结合、针对性与广谱性相结合、理论性与通俗性相结合的要求，重点介绍了与乡村振兴有关的科技创新、体系完善、产业发展、人才培养、绿色引领、组织建设等农技推广人员应知应会的专题内容，很多都是当前农业领域关注的热点、难点。本书语言力求简洁、通俗易懂，也引用了大量生动案例，可以作为农技推广人员相关培训和日常学习使用。

CONTENTS 目录

前言

第一章　依靠科技进步应对农业发展挑战 …… 1

一、农业科学技术的内涵 …… 1
二、农业科学技术的特点 …… 3
三、农业科学研究的运行规律 …… 4
四、农业科学技术的作用 …… 5
五、科技发展与乡村振兴 …… 10

第二章　我国农业技术推广法制体系建设 …… 15

一、农业技术推广法规和政策 …… 15
二、农业技术推广工作相关政策 …… 18
三、《农业技术推广法》修订后的几个要点 …… 21
四、农业技术推广的保障措施 …… 29
五、农业技术推广的法律责任 …… 30

第三章　我国农业技术推广模式探索与创新 …… 32

一、农村公共物品的供给模式 …… 32
二、国外农业技术推广模式 …… 34
三、我国现行农业技术推广模式 …… 41
四、"一主多元"农业技术推广模式的创新 …… 57

第四章　农业技术推广人才的能力素质提升 …… 64

一、农业技术推广人才发展需求变化 …… 64
二、当前农业技术推广人才需求的特征 …… 66
三、农业技术推广人才的胜任力模型 …… 74
四、农业技术推广人才实地培养模式创新 …… 76

五、满足农业技术推广人才发展需求的新思路 …… 81

第五章　农业技术推广方式方法创新 …… 85

一、农业技术推广方法的分类 …… 85
二、农业技术推广方法的应用 …… 90
三、参与式农业技术推广方法 …… 95
四、农业技术推广方式方法创新要点 …… 103

第六章　农村实用人才成长规律与路径 …… 105

一、人才培育的相关研究梳理 …… 105
二、农村实用人才的特点 …… 110
三、农村实用人才的成长规律 …… 112
四、农村实用人才的成长阶段 …… 116
五、农村实用人才培养路径与方式 …… 120
六、培养农村实用人才的几点建议 …… 126

第七章　参与式农民培训与农民田间学校建设 …… 128

一、我国农民教育培训的历史与现状 …… 128
二、参与式农民培训的要点 …… 136
三、农民田间学校的概念和原则 …… 141
四、农民田间学校起源与发展 …… 147
五、农民田间学校的组织实施 …… 153

第八章　引导农民提高组织化经营水平 …… 164

一、坚持家庭经营基础性地位 …… 164
二、稳步推进农村集体产权制度改革 …… 167
三、大力发展新型农民合作组织 …… 172
四、农民合作组织模式创新 …… 180
五、强化农业企业联农带农激励机制 …… 193

第九章　依托新产业新业态新模式助推乡村发展 …… 196

一、乡村产业振兴的重大意义 …… 196
二、乡村产业发展面临的主要问题 …… 197
三、乡村产业发展的路径选择 …… 199

四、乡村新产业新业态新模式的发展规律 …………………………… 203
五、新产业新业态新模式创新发展案例 ………………………………… 206
六、促进乡村新产业新业态新模式创新发展的重点 ………………… 216

第十章　全面推进农业发展的绿色变革 …………………………………… 219

一、乡村振兴战略背景下的农业绿色发展 ……………………………… 219
二、农业绿色发展的内涵 …………………………………………………… 226
三、农业绿色发展的实践路径 ……………………………………………… 228
四、农业绿色发展的支持保障体系 ………………………………………… 234
五、农业绿色发展的实践案例 ……………………………………………… 239
六、推进农业绿色发展的总体思路 ………………………………………… 245

第一章　依靠科技进步应对农业发展挑战

当前我国农业农村发展已经进入全新的阶段，农业开始面临生产成本"地板"与价格"天花板"的双重挤压、资源与环境约束加剧、农村一二三产业融合不紧、产业核心竞争力不强等困境，迫切需要依靠科技创新推动农业供给侧结构性改革，促进农业绿色发展，支持乡村振兴战略实施。

一、农业科学技术的内涵

农业科学技术是整个自然科学的一个有机组成部分，主要是指揭示农业生产领域发展规律的知识体系及其在生产中应用成果的总称。农业科学技术本身是"自然环境—生物—人类社会"相互交织在一起的复杂系统，是生物与环境、生物与生物的有机统一，同时在系统运行过程中又有人的参与和实践。由于参与系统运行的主体要素不同，因此农业科学技术发展既包括自然界的物理运动规律、化学运动规律、生物运动规律及生态发展规律，也包括社会的经济规律和文化演进规律；既包括农业生物内部复杂的生理生化关系，也包含各种要素之间的互动逻辑与规律。

我们常说"科学技术是第一生产力"，我们赖以生存的基础是农业。自古至今，从狩猎到养殖，从采摘到种植，农业活动始终离不开劳动人民在生产中的探索和研究，农业发展本身就是科学技术摸索、总结、实践和创新的过程。纵观历史，农业科技始终是一个逐步演进的科学，而每一次农业科学技术的突破都推动了整个农业乃至整个社会的发展。总的来看，农业科学发展历程可以分为三个阶段：

（一）传统农业阶段

这一阶段主要特点是以农为主、以畜牧业为辅的农业体系，以自给自足的自然经济为主导。这一阶段的农业部门结构简单，生产规模较小，经营管理和生产技术落后，农业生态系统功效低。传统农业是一种生计型农业，生产者主要依靠经验积累和代际传承促进涉农知识的创新和传播。这种经验式传承保证了生产方式的稳定，却导致传统农业生产水平低、剩余少、积累慢，受自然环境条件影响较大。

（二）近代农业阶段

近代农业是指19世纪后期到20世纪40年代的农业形态，主要由经济发达国家引领，很多农业科学基础理论与科学实验都是在这一时期发现和提出的。这一阶段农业科技形态的主要特点是，生产工具是由畜力牵引的半机械化农具，植物学、动物学、遗传学、化学、物理学等自然科学成果在农业领域广泛应用，使得土壤改良、育种、栽培、饲养、植物保护等生产活动开始由凭借经验转向依靠科学。此外，农业生产的不断深化加速了社会分工，从事商品生产的农业企业逐步成为农业经营的重要主体。

（三）现代农业阶段

现代农业是在现代工业和现代科学技术基础上发展起来的农业，萌发于资本主义工业化时期，在第二次世界大战以后才逐渐形成。20世纪五六十年代，随着科技革命的深化，农业技术迅猛发展，进而推动农业自身进入了高速发展时期。在现代农业发展阶段，农业生产走上区域化、专业化道路，自然经济转化为商品经济。现代农业的主要特征是广泛应用现代科学技术，由顺应自然转换为利用和改造自然。现代科学把工业部门生产的大量物质和能量投入到农业生产中以换取更多农产品，因此现代农业属于工业化的农业。和传统农业不同，现代农业对技术的要求更高，需要技术不断发展来实现农业的自动化、个性化、艺术化、生态化、规模化和精准化。应该说随着科学技术的全面发展，特别是计算机技术的发展，航天技术的发展，现代农业已经进入了高速发展的新时期。

二、农业科学技术的特点

农业科技是用于农业生产方面的科学技术以及专门针对农村及城市生活方面的农产品加工技术。农业科学研究对象的复杂性决定了农业科学技术本身具有有机性、多因性、移植性和应用性等特点。

（一）有机性

农业科学技术的主要研究对象是有机体，它们跟生物体有关或者从生物体而来。无论是动物、植物还是微生物，它们都与周围环境组成一个系统，具有自我更新和自我繁殖的能力。这种固定的更新和生长周期使农业科学技术本身带有显著的季节性、地域性、不可逆性和难控制性等。农业的有机性一方面使它的发展具有一定的自然规律和演化路径可供掌握，另一方面则具有很强的风险和不确定性，极易因天灾人祸引发巨大损失。

（二）多因性

农业科学技术在应用过程中受到多方面因素的制约，其应用效果除了与技术自身有关，还受到使用者素质、外部自然环境、当地耕种习惯和政府规定等内外因素影响，涵盖政治、经济、文化方方面面。由于受多重影响和制约，各类主体在应用农业科学技术过程中要正确协调各类因素的关系，通过改良、示范、培训、服务等方式将不利因素降至最低，通过不断完善和创新使技术本身能够在多因素影响下达到最佳应用状态。

（三）移植性

所谓的农业科学技术的移植性，是指基础学科的理论、原理和方法可以向农业实践转移，农业科研本身就是各种学科理论知识向实际应用转化的过程，它包含研发、示范、推广等流程及相关活动。移植性特点说明农业科学技术本身是多学科、多领域、多门类知识相互融合转化的结果，知识和信息在科研体系中不断流动融合，任何基础科学都可以借助技术这个物化平台向实践转化。正是这种可移植性推动农业科学技术研究可以向更高、更深的层次发展。

（四）应用性

如果农业科学技术无法向生产实践转化，那么技术本身也就缺乏了存在的价值。农业科研开发出的栽培技术、养殖技术、灌溉技术、病虫害防控技术等，发明出的新型肥料、农药、饲料、疫苗、生长调节剂、农机、农产品加工装备与工艺、软件、规程和标准等，培育出的动植物新品种，这些都是科学研究向应用转化的成果。这些成果可以直接进入生产环节，可以直接转化为现实生产力。现代农业科学技术是多种现代高新技术集成的农业系统，是将现代化工程技术、卫星遥感遥测技术、信息技术、计算机技术等进行集成组装并付诸商业化应用，这进一步体现了农业科学技术本身的应用价值。

三、农业科学研究的运行规律

科学研究的过程一般包括发现问题、提出假设、实验验证、数据分析、得出结论等。农业科研活动属于科学研究的范畴，因此它必须遵循科学研究的基本规律和流程。农业科学研究者要针对农业生产实践发现各种问题，依靠创造性、独立性思考提出解决问题的办法，再用精确性去衡量这些解决办法的可靠度和可行性。在研究过程中，科研工作者必须遵循一般科学研究的基本规律，按照农业自身特性开展试验示范，不断对研究成果进行校对和完善。农业科学研究活动主要遵循以下规律：

（一）不可分割

开展农业科研活动，必须以整体、全局、系统的眼光看待事物，从农业生产、经营实践中发现问题，通过理论联系实际深化问题研究，进而拿出解决问题的办法，最后再将科研成果进行实地试验示范。从研发到推广，农业科学研究活动是一个完整的链条，各个环节缺一不可，更不能进行人为的分割。传统科研专注于“象牙塔”内的“坐而论道”，忽视了研究成果的应用性，造成研发的农业技术无法“落地”，科技推广“最后一公里”问题始终不能解决。不可分割规律告诉我们，农业科学研究本身是由一系列活动组成的统一整体，开展研究必须注重与实际情况相结合，通过试验—调整—试验的过程不断完善技术，最终目的是满足生产者需求，通过不断提升技术的应用效率实现农业增产增收。

（二）稳定运行

相较其他产业，农业生产周期一般很长，不确定因素多，前期投入巨大。比如农作物育种从品种选择到区域实验，再到审定通过，至少要七八年的时间；养猪前期投入很大，且母猪生长的完整周期要 12 个月左右，前期不仅看不到任何收益，还要不断增加投入。农业生产的长期性、不确定性、持续投入等特点决定农业科学研究活动必须具有一定的稳定性才能不受农业生产负面因素的影响。这就需要农业科研项目要具备短期计划和长期规划，政府要对农业科研提供稳定资金和物质投入以确保项目稳定运行，科研人员可以稳定流动，政策体系可以稳定支持。农业科学研究工作的稳定性，是保障涉农项目取得成功的基础条件。

（三）因地制宜

我国不同地区自然与社会环境千差万别，农民的生产生活方式各不相同，这就造成同一项技术不可能适应所有的生产环境，不可能被所有的农民所接受。此外，农民的思想根深蒂固，他们是在试错和改良的循环活动中逐渐接受新生事物，这就导致新技术、新工具、新理念植入农村之前需要有一个本土化的过程。农业科研人员需要针对不同的农时、不同的区域生态环境条件开展科研工作，取得的成果要适合本地区的各类生产条件，违背这个规律，新成果就很难被农民快速采纳。因地制宜原则也告诉我们，科研人员要尊重农业科研的基本规律，在科研过程中要统筹考虑，因地制宜。

四、农业科学技术的作用

马克思在《资本论》中曾经提出“科学技术是生产力”的论述，阐明劳动生产力的提升与科学发展水平和它在工艺上应用程度密切相关。他在《经济学手稿》、《机器与大工业》等论著中进一步指出生产过程成了科学的应用，而科学反过来又成了生产过程的因素，科学技术的发现和发明引起生产力的变革，并由此引起生产关系和其他社会关系及人们生活方式的改变。近年来，我国农业科技整体水平发生了巨大变化，农业科技进步贡献率显著提高，农业综合生产能力不断加强，我国已经进入改造传统农业、走中国特色农业现代化道路的关键时期。农业科学技术创新是农业现代化发展的需要和基础，是实现农业持续稳步发展、长期确保农产品有效供给的依靠和保障，是突破自然环境约束的有效途径，是应对新一轮世界科技革命的必然要求。纵观我国农业发展，主要受生产要素投入和科技进步两个因素影响。早期我国农业发展主要依赖于农业物质资本投入、农业劳动力、农作物播种面积等生产要素投入，且投入的边际效应逐年递减，资源环境约束日益增强，农业发展逐步进入“瓶颈期”。随着绿色农业、有机农业、高效农业、精准农业的出现，科技进步对我国农业发展开始发挥关键支撑作用，主要体现在生产技术、农业政策、经营管理和农业服务四个方面。

（一）促进生产技术进步

农业生产技术进步是指农业技术研究水平和应用水平的进步，具体包括优良品种推广、栽培和饲育技术、植保技术、机械化技术、低产土壤改良等。其中，良种、良法在农业科技进步中占主导地位，两者贡献率之和已超过 50%。回顾历史，新中国成立初期党和政府十分重视农业科技工作，及时提出“理论联系实际，科学为生产服务”的方针，先后制定了《1951—1955 年农业科研计划》、《1956—1967 年全国科学技术远景规划》等。1962 年，党的八届十中全会提出“特别要注意对农业科学技术研究”，制定《1963—1972 年农业科学技术发展规划纲要》，奠定了我国科技兴农之路的基础。1960 年，我国各地人民公社建立起的种子基地和试验田，在全国掀起“种子革命”，对解决中国人民吃饭问题具有决定性意义。1978 年，党中央召开全国科技大会，党的十一届三中全会又提出“四个现代化，关键是科学技术现代化”，确立了科学在国家战略发展中的关键地位。改革开放以后，优良品质改良、重大栽培技术和病虫害综合防治等一大批成果推广应用，我国粮食等重要农产品有效供给的基本盘已经牢牢抓紧，国家粮食安全得到了切实保障。进入 21 世纪以来，国家连续出台的中央 1 号文件都在反复强调要大力推进农业科技进步，并相继出台了一系列有利于促进农业科技创新和转化应用的政策措施，使我国农业科技实现快速发展。截至 2019 年，我国大力推进科教兴农，强化国家现代农业产业科技创新中心、产业技术体系和农业科技创新联盟建设等，农业科技进步贡献率已经达到 59.2%。经过 70 多年发展，我国农业逐渐摆脱底子薄、积累少、靠天吃饭的局面，站在了加快实现农业现代化的新起点，农业科学技术不断发展创新，为我国实现“一方水土养一方人”的使命追求作出了巨大贡献。根据我国最新发布的《创新驱动乡村振兴发展专项规划（2018—2022 年）》，到 2022 年，我国创新驱动乡村振兴发展将取得重要进展，农业科技进步贡献率将达到 61.5%以上，基本实现农业科学技术创新有力支撑全面建成小康社会的目标。远景规划还提出，到 2035 年，创新驱动乡村振兴发展将取得决定性进展，科技支撑农业农村现代化基本实现。到 2050 年，将建成世界农业科技强国，支撑引领乡村全面振兴，全面实现农业强、农村美、农民富的农业农村现代化强国目标。

（二）促进农业政策出台

农业政策本身并不增加资源总量，但是通过实行新的经济体制、推行新的农业政策、构建新的产业结构、实施新的管理方法等，可以影响农业产业发展水平与发展质量。科技与政策之间是相辅相成、互为影响的关系；政策可以促进科技发展，科技创新也可以催生出新的制度，形成新的政策体系。新中国成立初期，百废待兴，农业科技刚刚起步，国家开始主导、组织人力物力培育推广良种、开展病虫害防治等工作，在此基础上形成了一系列农业科研计划、农业科学技术发展规划等政策文件，围绕“八字宪法”开展了广泛的研究试验和总结群众生产经验工作，为之后农、林、牧、渔生产相关政策的出台提供了支撑，指明了方向。“文化大革命”期间，农业科技工作基本停滞，农业专业研究的价值被否定，机构和专家在科研工作中的作用被贬低，从而也导致农业科技政策严重偏离了农业科技事业的发展规律，提出了违背科学的“不靠七千五，要靠七亿五”的极“左”口号。改革开放后，科学技术在经济社会发展中的重要性开始被重新认识，农业科技开始稳步发展，科研水平显著提升。农业科技的发展促进了多项制度的相继创设。为了顺应科学发展的总体趋势，国家在农业政策编制过程中重新认识农业科学技术的地位、作用和影响，提出“科学技术是生产力，四个现代化的关键在于科学技术现代化”，并进一步强调农业科学技术成果要迅速转化为农业生产力。改革开放40多年来，我国先后发布了22个中央1号文件，在一系列农业政策指导和推动下，农业生产、农村面貌、农民收入都发生了翻天覆地的变化。根据农业与农村经济以及农业科学技术发展态势，这一时期的农业科技政策都很重视农业科技开发与推广，通过各项措施努力促进传统农业向以现代科学技术为基础的现代集约农业转变。随着良种良法配套农机农艺融合的现代农业技术体系的建立、设施完备装备精良的科技创新平台的构建、机械化自动化智能化现代生产方式的形成、资源节约环境友好的绿色发展方式的转变，农业政策也开始注重技术的综合配套，注重产前、产中、产后的技术配套，并且把农业科技进步贡献率列入发展目标，指导开展农业科技体制改革，确立科教兴农战略思维。随着农业机械化、信息化水平的提升，绿色农业、有机农业、精准农业、智慧农业、观光农业、网红农业等新产业新业态新模式开始涌现，也催生了相应制度的陆续出台，并逐渐形成了完备的宏观政策体系。

（三）促进经营管理转变

随着科学研究的突飞猛进，我国农业走上了产出高效、产品安全、资源节约、环境友好的现代化发展道路，同时也引发了经营管理方式的深刻变革。在我国，农村经营管理所遵循的基本经营制度就是家庭联产承包责任制和统分结合的双层经营体制。尽管改革开放以来国家强农惠农政策不断出台，基础设施条件不断提升，但是农业经营管理方式仍有待完善，经营管理体制仍缺乏创新，经营管理的实现形式始终滞后，经营管理者素质普遍不高。通过科学技术进步，农业经营管理方式、模式将发生巨大转变，农业产业化经营水平大幅提升，农业营销方式创新不断。比如，依托新品种、新技术、新理念，通过实施种植业结构调整，调整优化农业生产结构和区域布局，形成“一村一品”、“一域一品”格局，优化粮经作物生产结构，生产优质特色农产品，依托科技促进农业增产增效；通过种养技术创新、基础设施更新、标准化生产等提升农业生产效率，引进新工艺、新技术、新品种来促进农业专业化、规模化、标准化生产，实现农业产业化经营，以科技促进规模发展，带动结构调整；通过高校、科研机构、企业开展农业信息获取技术、农业信息服务技术、农业物联网技术集成应用等研究，将新型物联网技术应用到传统农业，运用传感器和软件通过移动平台或者电脑系统对农业生产进行控制，真正实现“互联网＋”的多样化经营；通过全球定位系统、农田地理信息系统、农业专家系统、农田遥感监测系统、网络化管理系统、农田信息采集系统、环境监测系统、智能化农机具系统和培训系统的整合，实施一整套现代化农事操作与管理，科学管理、系统诊断、技术组装、优化配方，进而高效利用各类农业资源以取得经济效益和环境效益双赢；随着“互联网＋”在众多领域被广泛应用、直播浪潮火爆网络，“网红＋农业”开始不断涌现，打破了农业地域限制，将农业从业者与客户直接连线，从而将网红经济引入到农业，创新农业营销方式和理念。农业科技水平的提升可以直接促进农业经营管理方式的转变，进而提升农业生产、流通和销售的效率，促进了农业产业化发展。

（四）促进科技服务创新

农业科技服务是指为农业生产者提供教育培训、技术指导、物质供给、信息沟通等方面的服务，包括农民培育、技术推广、产品流通和市场建设等活动，其中农技推广是最主要的形式。新型农业科学技术不仅促进了推广服务方法和方式的创新，也提升了创新的扩散和科技的转化。2007 年，农业部、财政部启动建设国家现代农业产业技术体系，聚焦水稻、玉米、小麦、大豆、生猪、奶牛等 50 个主要农产品组织建立了 50 个相应的体系，集合了全国 800 多个科教和企事业单位的 2 600 多名专家进行科技攻关，形成了跨部门、跨区域、跨单位、跨学科的优势科技力量，实现了农业科研协同创新。该体系的一大特点在于通过创新机制让科学家走出实验室、试验田开展推广服务，形成“科研为产业服务”意识，依托各种平台，采取各种方式服务于产业主管部门、技术推广机构、涉农企业和农民，让技术呈现以点带面的扩散。随着网络技术的普及，农技推广信息化建设取得了显著成效，农业生产经营管理服务实现在线化，通过农业科技服务云平台建设形成农业科技创新、成果转化、农技推广、新型职业农民培育等领域的数据共享机制，通过农技推广 APP 建设强化农技推广服务功能，进一步提高了农技人员和农业生产经营者的覆盖面和使用率。通过加强重要农产品仓储物流设施建设、完善跨区域农产品冷链物流体系、促进农村电子商务加快发展等，培育壮大了农村新产业新业态新模式，释放了农业发展新动能。

五、科技发展与乡村振兴

党的十九大报告中对乡村振兴战略进行了概括，提出要坚持农业农村优先发展，按照产业兴旺、生态宜居、乡风文明、治理有效、生活富裕的总要求，建立健全城乡融合发展体制机制和政策体系，加快推进农业农村现代化。农业现代化就是利用现代科学技术改造农业、用现代物质条件装备农业、用现代经营管理推进农业、用现代新型农民发展农业、用现代产业体系提升农业的过程，其主要任务是建立农业产业新体系，培育农业新产业，打造农业新业态，大幅度提高农业综合生产能力，确保国家粮食安全和农产品有效供给，促进农业增效、农民增收，推动农业可持续发展。农业现代化的关键在于科技进步，实现农业现代化，必然要求科技创新驱动。

（一）以科技手段确保粮食安全

党的十九大报告提出“确保国家粮食安全，把中国人的饭碗牢牢端在自己手中”。当前，我国实现了基本粮食自给，解决了近14亿城乡居民的温饱问题，下一阶段的任务是在进一步增加粮食总量的同时，努力发展粮食多样化生产，调整粮食产品结构，提升人民的营养水平，满足人民高质量的生活需求。但是，我们也要清醒地认识到我国粮食安全仍然面临很多困难和问题。比如我国人多底子薄，可用耕地少，人均农业资源占有率水平低，特别是水资源和耕地资源严重不足；我国部分农作物和畜禽优良品种缺乏，畜禽水产健康养殖关键技术突破不足；基础设施落后，农田水利设施、农村道路设施、农业机械设施等方面基础薄弱，生产技术与国际先进水平仍存在较大差距；农业科技力量薄弱，现代农业人才储备较少，自主创新能力有待提升。农业现代化的首要目标是确保国家粮食安全和食品安全，而农业科技创新对保障国家粮食安全具有重要影响和意义：首先，农业科学技术发展是构建粮食安全战略的重要内容。当前，我们面临着西方发达国家主导世界粮食市场的局面，造成世界粮食供给和价格始终处于不稳定状态。我们需要实施支撑国家粮食安全的科技创新战略，形成具有综合国际竞争力的战略优势，特别是要增强与美国等西方发达国家在国际粮食市场上的博弈能力。其次，农业科学技术发展是驱动农业发展的最大动力。我国加快传统农业向现代农业转变，必须提高农业现代化水平，保障国家粮食安全和主要农产品有效供给，这就需要我们通过农业科技创新增强农业综合生产能力、抗风险能力和市场竞争力。最后，农业科学技术发展有利于解决“三农”问题。推进农业科技创新有利于推进农业和农村经济结构战略性调整，有利于提高农民科技文化素质，促进农业科技成果转化，增加农民收入。为了依托科技进步确保粮食安全，需要我们坚持科技创新与制度创新双轮驱动，深化农业科技体制改革，强化体制机制创新，发挥政府宏观政策推动作用，为粮食产业发展创造良好的政策环境；需要突破农业核心科学技术，抢占农业科技发展制高点，以农业生物技术和信息技术为载体实现农业科技的跨越式发展；需要加快科技队伍建设，增加教育和科研经费投入，培养造就一批顶尖的专业人才，在创新实践中发现人才、在创新活动中培育人才、在创新事业中凝聚人才；需要改变农业生态环境，由过去单一发挥农业生产功能向生态文明和环境保护方向转变，对于土壤改造、水利保障、种子选用等逐一改进优化；需要依托信息化手段和平台，加强信息化与现代农业融合发展，推进农业生产信息化，依托各类信息平台实现在线学习、互动交流、成果速递和服务对接。

（二）以科技手段实现绿色发展

在2016年全国科技创新大会、两院院士大会、中国科协第九次代表大会上，习近平总书记突出强调了绿色发展是生态文明建设的必然要求，代表了当今科技和产业变革的方向，是最有前途的发展领域；要依靠科技创新破解绿色发展难题，形成人与自然和谐发展的新格局。绿色农业是指在符合资源、环境、生态安全要求下，满足人民日益增长的营养健康需要的优质农业。绿色农业代表着我国农业发展的方向。一是人民群众的营养健康需求日益增长，对食物需求逐步由吃饱向吃好转变，食物营养健康和绿色健康无污染已经成为消费者优先考虑的因素；二是农业生产方式已经发生巨大变化，开始由传统的种植业、畜牧业、渔业向加工业、物流业等领域延伸，绿色农业涉及的范畴不断扩展；三是农业业态发生新变化，生产、加工、流通和消费都出现转型升级，电商、物联网、植物工厂、智慧农业等新模式、新业态不断涌现，为绿色农业发展创造了有利条件。但同时也需要看到，由于创新驱动不足，科技支撑偏弱，造成我国发展绿色农业还面临一系列矛盾有待解决。比如农业生产与生态环境之间的矛盾、食物供给结构与营养健康需求之间的矛盾、农业产业化经营与增加农民收入之间的矛盾、农业产业技术与绿色农业发展需求之间的矛盾。从科技角度看，很多矛盾和问题突出反映在：生产资源“家底”不清，资源承载力研究不透；新型绿色农业投入品研发落后，环境和过程安全监控技术缺乏；气候变化对农业系统的影响机理认识不清、研究不透，对气象灾害发生规律掌握不够；耕地质量提升与土壤地力保育能力不强，耕地综合治理、中低产田改良、污染耕地阻控修复等关键技术研究与重大产品研发严重滞后。为了更好地利用科技创新推动农业绿色发展，就需要我们坚持以制度创新、政策创新、科技创新为基本动力，全面深化改革，构建以资源管控、环境监控和产业准入负面清单为主要内容的农业绿色发展制度体系，科学适度有序的农业空间布局体系，绿色循环发展的农业产业体系，以绿色生态为导向的政策支持体系和科技创新推广体系，依靠科技发展全面激活农业绿色发展的内生动力。

（三）以科技手段推动产业兴旺

产业兴旺是乡村振兴的根本出路，是解决农村一切问题的重要前提。产业发展是乡村振兴战略的重要支撑，必须发挥科技创新在产业发展中的关键作用，以创新驱动农业产业发展。当前我国农业农村发展进入新阶段，农业面临生产成本“地板”和价格“天花板”的双重挤压、资源与环境约束加剧、农村一二三产业融合不紧、产业核心竞争力不强等问题，需要我们适应农业主要矛盾变化，加快农业转型升级，延伸农业产业链、价值链，促进一二三产业融合发展，培育农业农村发展新动能，提高农业综合效益和市场竞争力。一是要通过科技进步实现农业产业高质量发展，深入推进农业绿色化、优质化、特色化、品牌化，调整优化农业生产力布局，推进特色农产品优势区、现代农业产业园、农业科技园创建；二是要依托科技进步实现产业融合发展，以休闲农业、乡村旅游、农村电商、现代食品产业等新产业新业态为引领，着力构建现代农业产业体系、生产体系、经营体系，促进农村一二三产业融合发展；三是要坚持效率优先，用两条腿走路，一条腿是加快农业科技进步，提高农业全要素生产率；另一条腿是发展农业适度规模经营。产业发展强不强关键在提质增效，需要科技创新能力的支撑。近年来，国家聚焦产业发展对科技的强烈需求，深入开展藏粮于地、藏粮于技的战略，启动了种业自主创新、农作物育种、粮食丰产增效等科技工程，积极拓展实施一系列重大研发项目，抢占农业科技创新制高点。同时以产业发展需求为导向，加快形成了产学研密切结合的农业科技创新体系，加快突破重大动物疫病防控、生物种业、绿色投入品、农业机械、农产品加工等领域关键核心技术。此外，近年来国家还积极完善新型农业科技服务体系，发展社会化多元化服务组织，推动科技成果快速转化。

（四）以科技手段武装乡村人才

乡村振兴，人才为要。习近平总书记指出，发展是第一要务，人才是第一资源，创新是第一动力。总书记指出的乡村振兴五个具体路径中，人才振兴占据重要位置。产业兴旺、生态宜居、乡风文明、治理有效、生活富裕，哪一个都离不开人才的重要作用。乡村振兴中的人才振兴，涉及诸多方面，其中最关键的是人才的引进、使用、培养和激励。当前，乡村人才建设还不足以支撑乡村战略的需求，人才瓶颈仍然存在。乡村各类人才队伍“青黄不接”，科技人才缺口很大；现有乡村人才不稳定，人才结构单一，学历、职称和能力偏低，技术水平偏弱；乡村缺乏人才工作的环境、培养人才的条件、吸引人才的载体，造成乡村发展整体科技水平偏低。乡村振兴不仅要培养高精尖的农技人才、管理人才，还要重视土专家、田秀才等乡土人才；既要“筑巢引凤”引进外来人才，也要就地孵化本土人才，让乡村成为人才干事创业的乐园。要从人才的培养、职称评审和资金扶持等方面，拿出“政策干货”，更好地为人才在乡村发挥技能、带强产业、带动致富铺路搭桥，使各类人才在乡村振兴中发光发热。在各类乡村人才中，农业科技人才在推动技术创新、助力产业发展、提升农民素质等方面发挥重要作用，他们是以科技促振兴的决定性力量。很多农业科技人才深入农村，把论文写在大地上，将科技智慧注入农村发展，以实际行动为乡村振兴奉献才智。如果这些农业科技人才支撑力量不足，必然会制约乡村振兴战略的实施。为此，我们必须积极鼓励科技人才投身乡村振兴各项事业，建立灵活的人才培养环境，建立完备的人才评价体系和保障环境，让更多农业科技人才建功乡村振兴。

如今，全球新一轮科技革命和产业变革方兴未艾，颠覆性技术层出不穷，生物技术、信息技术、智能技术等正在加速向农业领域渗透，进而推动农业发展模式转变，催生出更多的新产业和新业态。因此，农业更要借助科技的力量，不断加快构建适应高产、高效、生态、安全农业发展要求的技术体系，发挥科技引领作用，推动乡村振兴战略发展。

第二章 我国农业技术推广法制体系建设

十一届全国人民代表大会常务委员会第二十八次会议审议通过了《中华人民共和国农业技术推广法》，并于 2013 年 1 月 1 日正式实施。《中华人民共和国农业技术推广法》的修订，标志着我国农业技术推广法制建设迈向了一个新阶段，农业技术推广法制体系逐渐完善。乡村振兴背景下农业技术推广工作的顺利开展，离不开完善健全的人员聘用、推广权责、绩效考评、人员培养等工作制度，而这些法律和制度共同构成了我国农业技术推广法制体系，为我国农业技术推广事业健康发展提供了强有力的法制保障。

一、农业技术推广法规和政策

农业技术推广法规可以理解为由国家有关权力机关和行政部门制定或者颁布的各种有关农业技术推广的规范性文件，包括法律、条例、规章等多种表现形式。农业技术推广法规通常分为不同的类型，按照农业技术推广法规的颁布单位可以分为全国性农业技术推广法规和地方性农业技术推广法规；按照农业技术推广法规之间的相互关系与所起的作用可分为主导性农业技术推广法规和辅助性农业技术推广法规；按照农业技术推广法规内容可分为一般性农业技术推广法规和特殊性推广法规。各种不同类型的农业技术推广法规组合在一起就形成了农业技术推广法规体系。通过构建农业技术推广法规体系，可以明确界定农业技术推广的性质与原则、目标和任务；规定农业技术推广的体系和各级农业技术推广机构的职能；规定农业技术推广人员的责任、权力和利益；规定农业技术推广工作的程序和方法；规定农业技术推广的各项保障措施等。农业技术推广法规是促进农业技术推广工作开展、实现农业技术推广目标的重要保障，制定完善的农业技术推广法规可以有效地将农业技术推广工作纳入法制化轨道，使农业技术推广做到有法可依、有法必依、执法必严、违法必究。

新中国成立后，为了保持作为国民经济基础的农业持续稳定增长，党和政府十分重视农业技术推广工作，制定了农业技术推广的指导方针和政策。从新中国成立初期一直到20世纪70年代，农业技术推广主要依赖制定各种有关政策进行，没有制定相关国家层面的推广法规。1983年7月，农牧渔业部颁布了《农业技术推广工作条例（试行）》，规定了要建立从中央到乡村的农业技术推广体系，明确了各级农业技术推广机构的职责、人员编制、管理体制和奖励惩罚。1987年4月，农牧渔业部制订了《关于建设县农业技术推广中心的若干规定》，规定了县农业技术推广中心的主要任务、建设要求、投资来源、管理体制、财务制度、经营服务和财产管理。1993年7月，《中华人民共和国农业技术推广法》正式颁布，标志着我国农业技术推广工作正式走向法制化轨道。目前，全国各省、自治区、直辖市都已经制定了农业技术推广方面的地方性法规，我国农业技术推广法规体系日趋完善。

截至目前，除了《中华人民共和国农业技术推广法》之外，我国已经颁布和实施的与农业技术推广有关的法律包括：《中华人民共和国农业法》（1993年，2002年修订）、《中华人民共和国森林法》（1984年，1998年修订）、《中华人民共和国畜牧法》（2005年，2015年修订）、《中华人民共和国渔业法》（1986年，2004年修订）、《中华人民共和国草原法》（1985年，2002年修订）、《中华人民共和国农业机械化促进法》（2004年）、《中华人民共和国种子法》（2000年，2013年修订）、《中华人民共和国科学技术进步法》（1993年）、《中华人民共和国科学技术普及法》（2002年）、《中华人民共和国职业教育法》（1996年）、《中华人民共和国环境保护法》（1989年，2014年修订）、《中华人民共和国水土保持法》（1991年）、《中华人民共和国农民专业合作社法》（2006年，2017年修订）、《中华人民共和国专利法》（2008年）、《中华人民共和国农产品质量安全法》（2006年）、《中华人民共和国食品安全法》（2015年）、《中华人民共和国种子法》（2016）等，以及相关的条例、规章。这些法律、法规的出台对于加强我国农业技术推广工作，促进农业科研成果和实用技术转化应用、保障农业发展、实现农业现代化等产生了深远的影响。目前，我国农业技术推广工作最基本的法规是《中华人民共和国农业法》（以下简称《农业法》）和《中华人民共和国农业技术推广法》（以下简称《农业技术推广法》），其中推广法是直接与农业技术推广紧密联系的法律，该法于2012年8月第十一届全国人大常委会第28次会议通过修订，修订后的法律分总则、农业技术推广体系、农业技术的推广与应用、农业技术推广的保障措施、法律责任、附则等6章39条。

尽管在我国已经有了农业技术推广法和其他相关的农业法律，但是我国农业技术推广法制建设还存在许多不足，还有很多亟待完善的地方，因此今后要立足国情，同时还要借鉴国外经验，不断强化农业技术推广法制体系的构建。农业技术推广法制体系的建设具体包括：一是在保持现有农业技术推广法规相对稳定的前提下，应当根据我国农村发展与推广实际情况的变化，对有关的法规进行及时修订；二是完善多样化的农业技术推广法规体系，以使农业技术推广各项事务都有法可依，可适当增加辅助性和特殊性的农业技术推广法规，同时完善地方性的农业技术推广法规；三是为保障农业技术推广法规顺利实施，除了颁布一些实施条例以外，还要考虑法律的基本内容和农村发展与推广的实践，定期或不定期制定相应的农业技术推广工作方针与政策；四是农业技术推广法规有关内容与形式应尽量做到现代化、规范化和国际化；五是创立一种机制，不但要实现有法可依，还要保证有法必依、执法必严、违法必究。

和农业技术推广法规不同，农业技术推广政策是根据一定原则，在特定时期内为实现农业技术推广的发展目标而制定的具有激励和约束作用的行为准则。农业技术推广政策的内容很多，一般包括农业技术推广目标与任务的设定、指导农业技术推广工作的策略、意见与实施办法、农业技术推广组织机构设置及运行机制、农业技术推广人员的管理、农业技术推广经费来源、农业技术推广项目管理等。农业技术推广政策通常要涉及众多的领域、部门、行业与学科，因而与各类农业技术推广人员的权责利密切相关，同时也在一定程度上决定着推广对象采用农业创新的方式及其从中获益的大小。由于制定机构的不同，政策本身也分为多个等级，其中最高等级是由中共中央和国务院颁布的有关农业技术推广工作的方针。

二、农业技术推广工作相关政策

几十年来随着农业技术推广相关政策的不断完善，我国基本形成了具有中国特色的农业科技与技术推广体系，确立了“科教兴农”的根本战略方针，农业科技体制改革取得了初步成效，农业科技总体水平得到了不断提高。乡村振兴背景下，我国农业科技政策也在不断调整，在设计上逐渐从追求数量向更加注重质量效益转变，从以农业生产服务为主向为生产、加工与生态协调发展服务转变，从以资源开发技术为主向资源开发技术和市场开发技术相结合转变，农业技术推广相关政策也将会不断完善以满足乡村振兴各项事业的发展需求。

（一）农业技术推广体系建设与改革政策

我国农业技术推广体系建设与改革政策主要包含三个方面：一是农业“七大体系”建设。政策明确规定要不断加强种养业良种体系、农业科技创新与应用体系、动植物保护体系、农产品质量安全体系、农产品市场信息体系、农业资源与生态保护体系、农业社会化服务与管理体系等农业“七大体系”建设，为农业和农村经济发展提供有力保障。二是农业技术推广体系改革和建设。政策明确规定要进一步完善农业技术推广体系，形成以县级农业技术推广机构为枢纽、县以下区域或乡镇推广中心站为技术集散地的推广服务网络，以及与之配套的以示范场为主体的农业科技示范网络；支持新型农民专业合作经济组织、农产品行业协会建设配套服务场所、农产品经营网点以及开展信息、仓储、保鲜、运输服务的必要设施；按照强化公益性职能、放活经营性服务的要求，进一步加大农业技术推广体系改革和建设力度。合理布局国家基层农业技术推广机构，有效发挥主导和带动作用。创新农业技术推广机构为主导，农村合作经济组织为基础，农业科研、教育等单位和涉农企业广泛参与、分工协作、服务到位、充满活力的多元化基层农业技术推广体系。三是农业科技示范场建设。政策明确规定要以基层农业技术推广机构为依托，以种养业为基础，以一定规模和相对稳定的土地为场所，以农业新技术试验示范、优良种苗繁育、实用技术培训为主要服务内容的农业科技示范基地。建立农业科技示范场，要通过引进和采用新品种、新技术、新的耕作和管理方法，引导产业结构调整，提高种养业生产能力和效益，成为结构调整和现代农业技术推广示范的窗口；通过接受农民咨询、印发信息资料等形式向农民提供农业科技信息，并通过办培训班、现场示范等形式，把示范场办成推广农村实用技术的“田间学校”；通过提供优良良种、种苗，成为优良的良种、种苗繁育基地；通过探索和寻找现阶段农业技术推广与农民家庭经营相结合的有效方式，为基层推广机构运行机制创新和改革提供舞台。

（二）农业技术推广与建设现代农业及新农村建设政策

政策规定要全面贯彻落实科学发展观，统筹城乡经济社会发展，实行工业反哺农业、城市支持农村和“多予少取放活”方针，按照“生产发展、生活宽裕、乡风文明、村容整洁、管理民主”的要求，协调推进农村经济建设、政治建设、文化建设、社会建设和党的建设。从2007年起，实施发展现代农业“十大行动”，即：粮食综合生产能力增强行动、健康养殖业推进行动、高效经济作物和园艺产业促进行动、农产品质量安全监管加强行动、农业科技创新应用与新型职业农民培训推进行动、农业产业化和组织化水平提升行动、循环农业促进行动、现代农业设施装备加强行动、禽流感等重大动物疫病防控行动、社会主义新农村建设示范行动。

（三）农业技术推广与新型农民科技培训政策

政策规定要通过培训，培养一大批觉悟高、懂科技、善经营，能从事专业化生产和产业化经营的新型农民，使受训农民的科技文化素质在总体上与我国现代农业发展水平相适应。在我国逐步建立起一个适应需求、服务农民、手段先进、灵活高效的农民科技教育培训体系，逐步形成政府统筹、农业部门牵头、相关部门协作配合、社会广泛参与的新型农民科技培训运行机制。具体实施“绿色证书”、“跨世纪青年农民科技培训”、“新型农民创业培植”、“农村富余劳动力转移就业培训”、“农业远程培训”和“农业科技入户培训”，建立健全农民科技教育培训体系，全面推进新型农民科技培训工作。

（四）农业技术推广与农业信息化建设政策

政策规定要用信息技术装备农业，对于加速改造传统农业具有重要意义。健全农业信息收集和发布制度，整合涉农信息资源，推动农业信息数据收集整理规范化、标准化。加强信息服务平台建设，深入实施“金农”工程，建立国家、省、市、县四级农业信息网络互联中心。加快建设一批标准统一、实用性强的公用农业数据库。加强农村一体化的信息基础设施建设，创新服务模式，启动农村信息化示范工程。积极发挥气象为农业生产和农民生活服务的作用。鼓励有条件的地方在农业生产中积极采用全球卫星定位系统、地理信息系统、遥感和管理信息技术。

（五）农业技术推广与农业结构调整及发展农业产业化经营政策

政策规定要按照高产、优质、高效、生态、安全的要求，调整优化农业结构，加快建设优势农产品产业带，积极发展特色农业、绿色食品和生态农业，保护农产品知名品牌，培育壮大主导产业。要着力培育一批竞争力、带动力强的龙头企业和企业集群示范基地，推广龙头企业、合作组织与农户有机结合的组织形式，让农民从产业化经营中得到更多的实惠。

（六）农业技术推广与加快发展循环农业政策

政策规定要大力开发资源节约型和环境友好型农业技术，重点推广废弃物综合利用技术、相关产业链接技术和可再生能源开发利用技术。实施生物质工程，推广秸秆气化、固化成型、发电、养畜等技术，开发生物质能源和生物基材料，培育生物质产业。积极发展节地、节水、节肥、节药、节种的节约型农业，鼓励生产和使用节电、节油农业机械和农产品加工设备，努力提高农业投入品的利用效率。加大力度防治农业面源污染。大力推广资源节约型农业技术，提高农业资源和投入品使用效率。普及节水灌溉、旱作节水农业技术。扩大测土配方施肥的实施范围和补贴规模，进一步推广诊断施肥、精准施肥等先进的施肥技术。改革农业耕作制度和种植方式，开展免耕栽培技术推广补贴试点，加快普及农作物精量半精量播种技术。积极推广集约、高效、生态畜禽水产养殖技术，降低饲料和能源消耗。

三、《农业技术推广法》修订后的几个要点

十一届全国人大常委会第二十八次会议通过了修订的《农业技术推广法》，完善了农业技术推广法律制度，对我国农业技术推广事业产生的影响是重大而深远的。和旧法相比，修订后的法律主要呈现出以下亮点。

（一）分类管理原则

原法是在计划经济向市场经济转轨的特定背景下制定的。当时为了弥补经费不足并调动推广人员的积极性，对国家推广机构引入有偿服务的规定，要求在实行事业费包干的基础上自主经营，逐步做到经费自理，国家农业技术推广机构可以发展多种有偿技术服务和兴办技农（工）贸一体化的技术经济实体，扩大经费来源，增强自我发展能力。同时，允许国家农业技术推广机构实行技物结合、技术承包。国家农业技术推广机构既承担公益性服务，又有经营性推广活动，使不少农业技术推广机构和人员的主要精力放在了各种经营性活动上，对公益性服务简单敷衍。

对于国家农业技术推广机构公益性职责与经营性推广不分产生的问题，党中央、国务院近些年来注意调整并纠正。其基本思路是，不同类型的农业技术推广工作，由不同的推广组织承担，基础性、农业普遍受益的技术服务，由国家农业技术推广部门承担；特殊性技术服务需求，通过市场配置技术资源，引入竞争机制，由经营性服务来补充。中共中央、国务院《关于做好2002年农业和农村工作的意见》指出："继续推进农业科技推广体系改革，逐步建立起分别承担经营性服务和公益性职能的农业技术推广体系。"2005年、2006年的中央1号文件指出："按照强化公益性职能、放活经营性服务的要求，加大农业技术推广体系的改革力度。""积极探索对公益性职能与经营性服务实行分类管理的办法，完善农业技术推广的社会化服务机制。"国务院2006年《关于深化改革加强基层农业技术推广体系建设的意见》指出，"坚持政府主导，支持多元化发展，有效履行政府公益性职能，充分发

挥各方面积极性。”2008年党的十七届三中全会通过的《中共中央关于推进农村改革发展若干重大问题的决定》，对加强农业公共服务能力建设，在全国普遍健全公共服务机构及农业技术推广的公益性作了明确定位。据此，修订后的法律确立了农业技术推广的分类管理原则，实行“公益性推广与经营性推广分类管理”。

（二）公共服务机构性质

修订后的法律规定：“各级国家农业技术推广机构属于公共服务机构，履行下列公益性职责：（一）各级人民政府确定的关键农业技术的引进、试验、示范；（二）植物病虫害、动物疫病及农业灾害的监测、预报和预防；（三）农产品生产过程中的检验、检测、监测咨询技术服务；（四）农业资源、森林资源、农业生态安全和农业投入品使用的监测服务；（五）水资源管理、防汛抗旱和农田水利建设技术服务；（六）农业公共信息和农业技术宣传教育、培训服务；（七）法律、法规规定的其他职责。”这样规定，主要基于以下两点考虑：

第一，农业技术推广的许多领域是市场无法调节的。农业技术推广及应用具有层次性，动植物疫病监测、预防和防控，农产品质量安全检验、检测和监测服务，农业面源污染防治，水土保持和森林资源保护等，涉及面广、投入量大，社会效益大而经济效益小，难以通过市场调节实现技术资源有效配置，营利性经营组织不会大范围、长时间介入。在市场失灵的地方，需要政府履行好公益性职责，发挥主导作用。

第二，国家农业技术推广机构承担公益性职责是国家支持农业发展的重要渠道。“以工促农，以城带乡”“工业化、城镇化和农业现代化同步推进”，是中央统筹城乡发展战略的明确要求。全面取消农业税，农村综合改革，对村级公益事业建设“一事一议”进行财政奖补，对农业生产进行种粮直补、良种补贴、农机具购置补贴和农资综合补贴，对重要农产品实行最低收购价和临时收储政策，增加农业投入等，都是统筹城乡发展的具体实践。将国家农业技术推广机构定性为公共服务机构，无偿向农民提供公益性服务，减少农民的生产成本，既补贴了农民，又拉动了生产，对增产增收都有利，是国家扶持农业和农村经济发展的新渠道。

（三）机构设置与管理

修订后的法律规定："根据科学合理、集中力量的原则以及县域农业特色、森林资源、水系和水利设施分布等情况，因地制宜设置县、乡镇或者区域国家农业技术推广机构。"与原法相比，新增了设立区域性农业技术推广机构的规定。2009 年中央 1 号文件指出，"在全国普遍健全乡镇或区域性农业技术推广、动植物疫病防控、农产品质量监管等公共服务机构。"2010 年中央 1 号文件指出，"抓紧建设乡镇或区域性农业技术推广等公共服务机构，扩大基层农业技术推广体系改革与建设示范县范围。"在实践中，随着交通、信息等条件的改善，为统一调配人力资源和集中力量搞好技术服务，一些地方尝试按区域（几个乡镇为一个服务区域）设立农业技术推广机构，取得了良好效果。修订后的法律肯定了这种做法。

乡镇农业技术推广机构管理体制，目前主要有"以县为主管理"和"以乡镇为主管理"两种模式。鉴于各地经济社会发展水平差异较大，修订后的法律规定："乡镇国家农业技术推广机构，可以实行县级农业技术推广部门管理为主或者乡镇人民政府管理为主、县级农业技术推广部门业务指导的体制，具体由省、自治区、直辖市人民政府确定。"这样规定，一是体现因地制宜，二是为今后各地对管理体制的调整完善留出空间。

（四）多元化推广服务组织

修订后的法律规定："农业技术推广，实行国家农业技术推广机构与农业科研单位、有关学校、农民专业合作社、涉农企业、群众性科技组织、农民技术人员等相结合的推广体系。"农业科研院所、农业院校是科研成果的源头。国外一些国家如美国，十分重视发挥农业院校在推广活动中的作用，农业教育、科研和政府推广体系既相互独立又横向贯通，州一级的推广机构设在州立大学的农学院，县级推广站由州立大学的推广站直接管理，推广人员由大学推广站组织评审小组，按聘用条件择优聘用。我国有自己的国情及科研、教育、推广组织及管理体系，但业务合作是完全可以做到且能够做好的。为此，修订后的法律规定："国家引导农业科研单位和有关学校开展公益性农业技术推广服务。"

农民专业合作社、涉农企业等经营性组织，本身就与农民建立了紧密的利益联结机制，它们进行的试验示范、农资供应、标准化生产指导和技术培训、农产品市场营销等活动，满足了农民个性化、市场化的服务需求，是对国家推广机构公益性服务活动的重要补充。为此，修订后的法律将“农民专业合作社、涉农企业”增加为农业技术推广体系的重要组成部分，明确其农业技术推广的市场主体地位，并规定：“国家鼓励和支持农民专业合作社、涉农企业，采取多种形式，为农民应用先进农业技术提供有关的技术服务。”

农场、林场、牧场、渔场是农业技术集中试验示范基地，技术力量较强。群众性科技组织贴近农民，服务灵活，影响广泛，也是我国农业技术推广体系的重要组成部分。为此，修订后的法律规定：“国家鼓励农场、林场、牧场、渔场、水利工程管理单位面向社会开展农业技术推广服务。”“国家鼓励和支持发展农村专业技术协会等群众性科技组织，发挥其在农业技术推广中的作用。”

近些年，全国建立了很多国家农业科技园区，许多地方也建立了区域性的现代农业示范区。园区聚集了科技、金融、信息、服务等要素，是传播农业技术的新生力量。为此，《农业技术推广法》规定：“国家鼓励和支持以大宗农产品和优势特色农产品生产为重点的农业示范区建设，发挥示范区对农业技术推广的引领作用，促进农业产业化发展和现代农业建设。”

村级农业技术服务站点和农民技术人员作为连接基层国家农业技术推广机构和农民的纽带，是解决农业技术推广“最后一公里”的桥梁。为此，《农业技术推广法》规定：“国家鼓励和支持村农业技术服务站点和农民技术人员开展农业技术推广。对农民技术人员协助开展公益性农业技术推广活动，按照规定给予补助。农民技术人员经考核符合条件的，可以按照有关规定授予相应的技术职称，并发给证书。国家农业技术推广机构应当加强对村农业技术服务站点和农民技术人员的指导。”

明确国家在税收、信贷等方面对多元化农业技术推广组织的扶持措施，并吸引更多的社会力量积极参与农业技术推广活动，有利于推动农业技术推广多形式、多渠道、多层次发展，有利于构建政府扶持、社会参与的农业技术推广格局。为此，《农业技术推广法》规定：“从事农业技术推广服务的，可以享受国家规定的税收、信贷等方面的优惠。”“各级人民政府可以采取购买服务等方式，引导社会力量参与公益性农业技术推广服务。”

（五）人才队伍建设

推动农业技术推广工作健康持续发展，必须建立一支技术水平高、业务能力强的农业技术推广队伍。原《农业技术推广法》对于农业技术推广队伍建设的要求较为原则，缺乏硬性约束。一些地方以考核代替学历，以培训代替考核；一些地方人员聘用制度不完善，农业技术推广队伍没有建立能进能出、能上能下、合理流动的人员聘用制度；全国基层农业技术推广人员学历普遍偏低，很多没有专业技术职称，有些地方非专业人员比例过高。根据我国农业技术推广队伍的发展现状，修订后的法律明确了规范农业技术推广队伍的原则，主要有：

一是规范人员编制和结构比例。为保证国家农业技术推广机构的人员编制，保障公益性职能的履行，修订后的法律规定：“国家农业技术推广机构的人员编制应当根据所服务区域的种养规模、服务范围和工作任务等合理确定，保证公益性职责的履行。”为避免非专业人员挤占编制，保障农业技术推广业务正常开展，修订后的法律规定：“国家农业技术推广机构的岗位设置应当以专业技术岗位为主。乡镇国家农业技术推广机构的岗位应当全部为专业技术岗位，县级国家农业技术推广机构的专业技术岗位不得低于机构岗位总量的百分之八十，其他国家农业技术推广机构的专业技术岗位不得低于机构岗位总量的百分之七十。”为推动基层农业技术推广机构吸收更多的专业技术人才，修订后的法律规定：“国家鼓励和支持高等学校毕业生和科技人员到基层从事农业技术推广工作。各级人民政府应当采取措施，吸引人才，充实和加强基层农业技术推广队伍。”

二是规范农业技术人员的上岗资格。为有效解决农业技术推广人员业务素质与岗位要求不匹配问题，修订后的法律规定：“国家农业技术推广机构的专业技术人员应当具有相应的专业技术水平，符合岗位职责要求。”针对一些地方在国家农业技术推广机构随意安置非专业人员的问题，并考虑到近年来我国高等教育事业发展的现状和农村贫困地区的实际需求，修订后的法律规定：“国家农业技术推广机构聘用的新进专业技术人员，应当具有大专以上有关专业学历，并通过县级以上人民政府有关部门组织的专业技术水平考核。自治县、民族乡和国家确定的连片特困地区，经省、自治区、直辖市人民政府有关部门批准，可以聘用具有中专有关专业学历的人员或者其他具有相应专业技术水平的人员。”

三是规范专业技术人员的考评制度。健全基层农业技术推广人员的绩效考评制度，需要把完成农业技术推广任务、服务农民的工作数量和质量、服务农业生产的实际成效作为考核的主要依据，并与工资收入、职称评定等挂钩，实现由固定用人向合同用人、由身份管理向岗位管理转变。为此，修订后的法律规定：“对在县、乡镇、村从事农业技术推广工作的专业技术人员的职称评定，应当以考核其推广工作的业务技术水平和实绩为主。”“县级以上农业技术推广部门、乡镇人民政府应当对其管理的国家农业技术推广机构履行公益性职责的情况进行监督、考评。各级农业技术推广部门和国家农业技术推广机构，应当建立国家农业技术推广机构的专业技术人员工作责任制度和考评制度。县级农业技术推广部门管理为主的乡镇国家农业技术推广机构的人员，其业务考核、岗位聘用以及晋升，应当充分听取所服务的乡镇人民政府和服务对象的意见。乡镇人民政府管理为主、县级农业技术推广部门业务指导的乡镇国家农业技术推广机构的人员，其业务考核、岗位聘用以及晋升，应当充分听取所在地的县级农业技术推广部门和服务对象的意见。”

（六）推广工作规范

为提高农业技术推广和应用水平，修订后的法律明确了农业技术推广工作的评价标准，主要包括：一是按规划、计划推广。修订后的法律规定：“重大农业技术的推广应当列入国家和地方相关发展规划、计划，由农业技术推广部门会同科学技术等相关部门按照各自的职责，相互配合，组织实施。”二是经过应用示范和安全性验证。修订后的法律规定：“推广农业技术，应当选择有条件的农户、区域或者工程项目，进行应用示范。”“向农业劳动者和农业生产经营组织推广的农业技术，必须在推广地区经过试验证明具有先进性、适用性和安全性。”与原法相比，修订后的法律强调了农业技术推广前的“安全性”。三是坚持使用者自愿原则。修订后的法律规定：“农业劳动者和农业生产经营组织根据自愿的原则应用农业技术，任何单位或者个人不得强迫。”与原法相比，修订后的法律将“农业生产经营组织”纳入自愿应用农业技术的范畴。四是规范经营性推广行为。修订后的法律规定：“国家农业技术推广机构以外的单位及科技人员以技术转让、技术服务、技术承包、技术咨询和技术入股等形式提供农业技术的，可以实行有偿服务，其合法收入和植物新品种、农业技术专利等知识产权受法律保护。进行农业技术转让、技术服务、技术承包、技术咨询和技术入股，当事人各方应当订立合同，约定各自的权利和义务。”与原法和《农业法》相比，修订后的法律将“技术咨询”纳入经营性服务的范围，并强调了对“植物新品种、农业技术专利等知识产权”的保护。五是提高推广效率。修订后的法律规定：“国家鼓励运用现代信息技术等先进传播手段，普及农业科学技术知识，创新农业技术推广方式方法，提高推广效率。”新旧《农业技术推广法》体系建设内容对照见表2-1。

表2-1　新旧《农业技术推广法》体系建设内容对照

修订前	修订后
第十条：农业技术推广，实行农业技术推广机构与农业科研单位、有关学校以及群众性科技组织、农民技术人员相结合的推广体系。	第十条：农业技术推广，实行国家农业技术推广机构与农业科研单位、有关学校、农民专业合作社、涉农企业、群众性科技组织、农民技术人员等相结合的推广体系。
第十三条：村农业技术推广服务组织和农民技术人员，在农业技术推广机构的指导下，宣传农业技术知识，落实农业技术推广措施，为农业劳动者提供技术服务。 推广农业技术应当选择有条件的农户，进行应用示范。 国家采取措施，培训农民技术人员。农民技术人员经考核符合条件的，可以按照有关规定授予相应的技术职称，并发给证书。	第十五条：国家鼓励和支持村农业技术服务站点和农民技术人员开展农业技术推广。对农民技术人员协助开展公益性农业推广活动，按照规定给予补助。 农民技术人员经考核符合条件的，可以按照有关规定授予相应的技术职称，并发给证书。 国家农业技术推广机构应当加强对村农业技术服务站点和农民技术人员的指导。 （旧推广法第十三条第二款移至新条文第二十二条第四款）
（旧推广法第十五条第一款、第三款移至新条文第十六条）	第十六条：农业科研单位和有关学校应当适应农村经济建设发展的需要，开展农业技术开发和推广工作，加快先进技术在农业生产中的普及应用。 农业科研单位和有关学校应当将其科技人员从事农业技术推广工作的实绩作为工作考核和职称评定的重要内容。

（续）

<table>
<tr><th>修订前</th><th>修订后</th></tr>
<tr><td>第十四条：农场、林场、牧场、渔场除做好该场的农业技术推广工作外，应当向社会开展农业技术推广服务活动。</td><td>第十七条：国家鼓励农场、林场、牧场、渔场、水利工程管理单位面向社会开展农业技术推广服务。</td></tr>
<tr><td>第十五条：农业科研单位和有关学校应当适应农村经济建设发展的需要，开展农业技术开发和推广工作，加快先进技术在农业生产中的普及应用。
教育部门应当在农村开展有关农业技术推广的职业技术教育和农业技术培训，提高农业技术推广人员和农业劳动者的技术素质。国家鼓励农业集体经济组织、企业事业单位和其他社会力量在农村开展农业技术教育。
农业科研单位和有关学校的科技人员从事农业技术推广工作的，在评定职称时，应当将他们从事农业技术推广工作的实绩作为考核的重要内容。</td><td>（旧推广法第十五条第一款、第三款移至新条文第十六条）
（现行推广法第十五条第二款移至新条文第二十三条第二款、第三款）</td></tr>
<tr><td>第十六条：国家鼓励和支持发展农村中的群众性科技组织，发挥它们在推广农业技术中的作用。</td><td>第十八条：国家鼓励和支持发展农村专业技术协会等群众性科技组织，发挥其在农业科技推广中的作用。</td></tr>
<tr><td>第二十一条：县、乡农业技术推广机构应当组织农业劳动者学习农业科学技术知识，提高他们应用农业技术的能力。
农业劳动者在生产中应用先进的农业技术，有关部门和单位应当在技术培训、资金、物资和销售等方面给予扶持。
国家鼓励和支持农业劳动者参与农业技术推广活动。</td><td>第二十三条：县、乡镇国家农业技术推广机构应当组织农业劳动者学习农业科学技术知识，提高其应用农业技术的能力。
教育、人力资源和社会保障、农业、林业、水利、科学技术等部门应当支持农业科研单位、有关学校开展有关农业技术推广的职业技术教育和技术培训，提高农业技术推广人员和农业劳动者的技术素质。
国家鼓励各种社会力量开展农业技术培训。</td></tr>
<tr><td>（旧推广法无此项内容）</td><td>第二十七条：各级人民政府可以采取购买服务等方式，引导社会力量参与公益性农业技术推广服务。</td></tr>
<tr><td>（旧推广法第二十六条移至新条文第三十三条）</td><td>第三十三条：从事农业技术推广服务的，可以享受国家规定的税收、信贷等方面的优惠。</td></tr>
</table>

四、农业技术推广的保障措施

现代农业需要现代农业技术支撑，传统的“一张嘴、两条腿、凭经验、靠感觉”的服务方式将退出历史舞台，这就需要强化农业技术推广的保障措施。从不少地方看，投入不足、保障能力不强问题目前依然突出。一些基层推广机构工作经费严重缺乏，试验示范、检验检测、技术培训等日常工作难以开展；重大农业技术推广缺乏专项资金，推广机构缺乏办公、试验示范场所和推广、培训设施；推广人员教育培训和知识更新制度不健全。为扭转上述问题，新修订的《农业技术推广法》规定：

一是建立农业技术推广资金稳定增长机制。“国家逐步提高对农业技术推广的投入。各级人民政府在财政预算内应当保障用于农业技术推广的资金，并按规定使该资金逐年增长。”其中的“按规定”，是指《农业法》和中央有关政策文件关于增长幅度的要求，而且是逐年都要有增长。

二是保障农业技术推广专项资金和基层推广机构工作经费。针对有项目就干、没项目就看的问题，为实现基层推广机构工作经费保障的常态化，修订后的法律规定：“各级人民政府通过财政拨款以及从农业发展基金中提取一定比例的资金的渠道，筹集农业技术推广专项资金，用于实施农业技术推广项目。中央财政对重大农业技术推广给予补助。”目前，中央财政对重大农业技术推广项目已有专项支持，今后主要是逐步扩大规模和范围。农业发展基金是1989年经国务院批准设立的，有固定的资金来源和支出渠道，但目前在一些地方落实不够好，今后执法中应加强监督检查。考虑到当前和今后一段时期内，中央和省级财政保障能力较强，基层尤其是欠发达地区基层财政保障能力较弱的情况，修订后的法律规定：“县、乡镇国家农业技术推广机构的工作经费根据当地服务规模和绩效确定，由各级财政共同承担。”明确对于基层国家农业技术推广机构的工作经费，中央财政也有提供补贴的责任。

三是保障基层农业技术推广人员的福利待遇。修订后的法律规定：“各级人民政府应当采取措施，保障和改善县、乡镇国家农业技术推广机构的专业技术人员的工作条件、生活条件和待遇，并依照国家规定给予补贴，保持国家农业技术推广队伍的稳定。”保障的标准就是基层农业技术推广机构在岗人员工资收入要与基层其他事业单位工作人员平均水平相衔接。

四是保障国家农业技术推广机构具备必要的工作条件。国家农业技术推广机构必要的工作条件，主要包括实验基地、生产资料和设备、设施等。修订后的法律规定：“各级人民政府应当采取措施，保障国家农业技术推广机构获得必需的试验示范场所、办公场所、推广和培训设施设备等工作条件。地方各级人民政府应当保障国家农业技术推广机构的试验示范场所、生产资料和其他财产不受侵害。”

五是提高农业技术推广人员的专业素质。修订后的法律规定：“教育、人力资源和社会保障、农业、林业、水利、科学技术等部门应当支持农业科研单位、有关学校开展有关农业技术推广的职业技术教育和技术培训，提高农业技术推广人员和农业劳动者的技术素质。国家鼓励社会力量开展农业技术培训。”

五、农业技术推广的法律责任

原《农业技术推广法》中没有关于法律责任的专门规定，对于违反法律规定应承担的责任，仅对农业技术推广未验证先进性、适用性和违反自愿原则应用农业技术两种情形时，规定了相关的民事赔偿责任以及对相关责任人的行政处罚措施。原法规定的法律责任内容很少，对违法行为的处理刚性不强，难以起到维护推广对象合法权益的目的。为此，新修订的《农业技术推广法》专门制定了“法律责任”一章，明确了相关的违法责任，主要包括：

一是明确政府及有关部门未履行职责的责任。修订后的法律规定：“各级人民政府有关部门及其工作人员未依照本法规定履行职责的，对直接负责的主管人员和其他直接责任人员依法给予处分。”

二是明确国家农业技术推广机构及其工作人员不认真履行义务的责任。修订后的法律规定：“国家农业技术推广机构及其工作人员未依照本法规定履行职责的，由主管机关责令限期改正，通报批评；对直接负责的主管人员和其他直接责任人员依法给予处分。”“违反本法规定，向农业劳动者、农业生产经营组织推广未经试验证明具有先进性、适用性或者安全性的农业技术，造成损失的，应当承担赔偿责任。”“强迫农业劳动者、农业生产经营组织应用农业技术，造成损失的，依法承担赔偿责任。”

三是明确截留或者挪用农业技术推广资金的责任。修订后的法律规定：“截留或者挪用用于农业技术推广的资金的，对直接负责的主管人员和其他直接责任人员依法给予处分；构成犯罪的，依法追究刑事责任。”

第三章 我国农业技术推广模式探索与创新

农业技术推广模式是指在既定区域宏观环境约束下，由农业科技推广主体在推广动机引导下运用的有关推广方式、方法和措施等的总和。在新时期、新形势下如何做好农业技术推广工作，探索农业技术推广方法，创新农业技术推广模式，是贯彻实施乡村振兴战略过程中必须解决的重大问题和挑战。多年来，我国农业技术推广始终存在“最后一公里”问题，技术研发、培训和推广落地等环节之间一直存在“脱节”。这就要求我们必须运用科学的推广模式、选择适当的推广方法，构建科学的推广体系，才能最终实现良好的推广效果。

一、农村公共物品的供给模式

农业技术推广服务本质上是一种公共物品，具有消费的非竞争性和收益的非排他性，需要政府在其中强化资源配置和监督管理职能。随着市场化程度逐渐提升，多元推广服务供给成为政府主导模式的有益补充，也使农业技术推广服务的公共物品性质发生了变化和调整。

（一）政府供给模式

我国农村公共物品和服务可以大致分为三类：接近纯粹公共物品的准公共物品，包括农村义务教育、农村公共卫生、农村社会保障、农村社会安全等；准公共物品，包括农村水利、农田改造、农村医疗、农村道路建设、乡村电网建设、农村文化场馆建设等；接近私人物品的准公共物品，包括农村电信服务、农村成人教育、自来水、农业机械设备投入等。对应这三类农村公共物品存在三种供给方式，即市场化供给方式、民间供给方式和政府强制供给方式（贺雪峰等，2006）。秦福敏等学者（2010）则将我国农村公共物品分为有形公共物品供给和无形公共物品供给，并认为两种物品供给对农民产生的影响不同，从而需要政府作为供给主体有针对性地采取相应的供给策略。很多学者认为，公共物品的最佳供给模式是政府供给，一方面政府通过提升投入水平为公共物品供给提供制度保障，另一方面通过财政补贴、税收、价格优惠等激励措施可以引导市场主体投资小型设施类公共物品。从政府责任来看，政府的作用就是为提供公共物品而存在，这是政府责任的内在要求，也是构建和谐社会的要义（王莹，2008）。虽然政府主导的公共物品供给模式具有其他模式无法比拟的优势，但是政府供给服务在体制不完善的宏观环境下容易出现缺失、低效和不公等弊端。我国的农村公共物品供给模式属于“供给主导型”而不是“需求主导型”，政府重视短期公共物品生产而轻视长期公共物品生产，重“数量”而轻“质量”，重“新建”而轻“维护”，这样就造成了公共物品的结构性失调和公共物品的供求矛盾始终存在。

（二）多元供给模式

所谓农村公共物品的市场主导，是指私营企业或者非营利组织成为公共物品和服务的供给者和生产者，其提供的产品通常是混合公共物品或者部分准公共物品，由于这类产品由公营部门提供不是效率低就是成本高，因此可以将市场的自由竞争引入农村公共物品的供给体系中来。农村公共物品供给市场化其实就是一种民间提供公共物品的模式，其存在的价值就是将某些公共物品改由民间提供，有效缓解了农村公共物品供给机制的失衡。现实中，我国农村的市场化水平仍然有限，多种职能、多样化的中介机构还没有成熟到作为农村公共物品供给的微观基础，因此纯粹的市场供给无法保障农村公共物品的持续供应。目前学术界普遍认可的有效供给模式是一种混合型供给模式，即公营部门与私营部门联合发挥作用。所谓混合型供给模式，就是通过民间团体、社会团体供给的形式承担一部分社会事务，化解政府对农村公共事务承担的无限责任困局，实现国家和社会的合理分工。这种模式可以增加公共产品的供给数量、质量和种类，满足不同群体的正当利益偏好，提供人们利益诉求和情绪宣泄的多种制度管道和媒介，进而化解潜在的社会矛盾。传统单一化的垂直供给模式已经不能有效缓解当前农村公共物品供给总量不足的问题，而混合型供给模式则打破了政府行政垄断农村公共物品的供给格局，催生“多主体平等协商”“水平协调”等供给方式。此外，还有很多学者在此基础上提出农业公共物品的自愿供给模式，即指公民个人、单位以自愿为基础，以非本人受益为目标，通过自愿筹集资金，向农村社区范围内的社会公众提供农村公共物品。这种自愿供给模式其实就是公共物品民主型供给模式的雏形。

（三）民主供给模式

所谓公共物品民主型供给模式，就是指将民主理念、民主体制以及民主方法和程序引入公共物品的提供和生产过程之中，从而保证全体公民或多数公民掌握着对公共产品供给的最终统治权的一种具有一定典型性的公共物品供给的标准样式。这种模式的基本价值导向是民主、公民权和公共利益，其次才是效率，这些都不同于以往基于供给主体角度进行的模式分类。公共物品的民主型供给模式可以分为公共产品直接民主型供给模式和公共产品代议民主型供给模式两种。民主供给的思路来源于市场供给、第三部门供给和村集体供给各自都存在难以克服的问题和弊端，而且强调任何一种供给模式都可能使供给行为完全受控于一方的主观偏好，而忽视了作为接受服务者的主观能动性。提倡民主供给，实质上是将公共物品供给的重点由供给方转向需求方，强调农村公共物品供给始终应以农民需求为导向，通过社区动员来争取尽可能多的公共物品资源，这种供给行为除了来自政府层面通过委托-代理关系提供有限公共物品，还可以在民主参与表决的基础上自发选择微观层面的代理人，而这些代理人能够更了解社区的消费偏好，并分担了政府的一些供给职能，从而实现公共物品外源供给和内生供给的并存互补。

二、国外农业技术推广模式

很多国家农业发展较快的重要原因是拥有一套协调、高效的农业技术推广模式。这些国家的农业技术推广工作不完全由政府经营，市场化的机构和私人企业同样承担着重要职能，推广工作呈现出多元化特点①。

（一）美国的三位一体合作农业技术推广模式

1914年5月8日，威尔逊总统签署了《史密斯-利维法》（即《合作推广法》）。该法案规定，由联邦政府拨经费，同时州、郡拨款，资助各州、郡建立合作推广服务体系。推广服务工作由农业部和农学院合作领导，以农学院为主。这一法案的执行，奠定了延续至今的美国赠地学院教学、科研、推广三位一体合作推广体系的基石。合作推广服务的组织机构，有联邦政府、州、郡三个层次，每个层次上的农业技术推广机构都有适合其特点的组织结构模式，其中州农业技术推广站在该模式中居于核心地位。联邦政府的农业部是农业技术推广服务的最高管理机构，设置农业技术推广局主管全国农业技术推广服务工作。推广局下设八个处，具体负责协调全国有关领域的推广活动，包括农业科学技术和管理处、四健俱乐部（“四健”是指脑健、手健、心健、身健）和青年发展处、管理经营处、推广研究和培训处、家政处、信息处、销售和应用科学处、经济发展和公共事务处。此外，该局还设有直接对推广局长负责的巡视员，与各州立大学发展并维持工作关系。部推广局与州推广站的关系不是领导与被领导的关系，而是一种合作共事的平等伙伴关系。推广局中的所有推广专家都是从事农业、家政、青年、自然资源和农村及社区开发等领域的工作，其任务是审核各州的工作计划。在设计、实施和评估推广工作计划方面为各州推广站提供信息、指导和帮助，做一些各州推广站不能或不易做的事情，批准各州推广站长的任命及指导联邦推广经费的分配使用。州农业技术推广机构主要是指作为赠地大学一个工作机构的州农业技术推广站系统。州推广站的职能包括制定各州农业技术推广计划并负责组织实施，选聘郡农业技术推广人员并进行各种必要的培训，在需要时向郡推广人员提供技术、信息等方面的帮助。总之，郡级推广人员需要更多地了解农民的需要以及他们所面临的问题，推广人员不是为了给出答案，而是动员全体农民和调动一切资源，去满足他们自己的需要，解决他们自己所面临

---

①　林梅．国外农业科技推广模式的分析和借鉴［J］．中国农村小康科技，2009（1）：65.

的问题。郡级推广工作是以计划为核心展开的，制定推广计划并付诸实施是推广人员的基本工作内容。州推广站负责对县推广人员进行技术监督、指导，地方社区则通过顾问委员会对县推广人员所从事的工作提出建议。除了上述三个层次的内部组织外，还存在许多支持农业技术推广工作的外部组织。例如推广组织及政策委员会、全美推广友谊荣誉协会、全美县级农业官员联合会、全美推广家政人员协会、全美推广四健人员协会等，他们也从不同的方面进行着与农业有关联的推广活动。

（二）德国的综合咨询式农业技术推广模式

在德国，人们把推广定义为一种咨询活动。农业技术推广咨询服务一般会被分为三类：一是南部德国的官方咨询（由州农业部组织管理），二是北部德国的官方咨询（由州农业委员会组织管理），三是东部德国（即原民主德国）的私人经济咨询。农业技术推广咨询的内容极其广泛，包括了与农村居民生产和生活有关的各种技术和信息的咨询。在德国，参与农业技术推广的组织类型较多，管理操作者有政府官方机构、生产者自我服务的各种民间组织（例如各种咨询处、农民协会、农民专业合作社、社区服务组织、教会组织等）、大学及科研机构、各种商业企业与公司（如信贷、银行、保险机构以及各种企业集团和个体企业）。这些机构有专职独立的，也有附属兼营的，但主要的推广咨询模式则以政府官办为主。在德国各种农业法案中都明确规定，农民可以免费享受政府的农业技术推广咨询服务，而只有政府资助承办的咨询机构才具备这种免费供给的能力。虽然官方推广咨询是面向全体农民无偿开展服务的，但是各个州的具体方针和操作方法却有一定的差别。环咨询服务是官办推广咨询服务的重要补充，也是很多地方官办咨询服务的改革方向，这种推广咨询服务是由各种“咨询环”开展的。咨询环是一种由农民自愿组织起来的民间组织，其运作模式是选出一个理事会，由理事会雇佣一个咨询员，作为咨询环的业务经理。咨询员同时还可在州政府农业部门任职。咨询站工作范围同全体类型的推广咨询机构类似，然而其重点是放在企业管理和生产技术咨询方面，同时还负责环境保护咨询工作以及对单个企业的生存保障与转型工作等进行项目咨询。

（三）澳大利亚的分级农业技术推广模式

澳大利亚是农牧业生产大国，农业部设专门推广机构负责农业、畜牧和兽医技术的推广。各州农业部推广机构内设“推广领导办公室”。该办公室在9个行政专区设9个分支机构，每一个分支推广机构又在1个相当于我国县的区域内分成4个次级推广机构。农业技术推广实行垂直管理和主任负责制，即小区主任向大区主任负责，大区主任向州农业部负责，不受地方政府部门的干预，行政隶属关系较为明确，独立性较强，保证了农业技术推广的顺利开展。各农业技术推广机构依据不同的农业发展阶段和不同的地区由不同的专业人员组成。以新南威尔士州某区次级推广机构为例，该次级畜牧（兽医）推广办公室由与蜜蜂、牛、猪和家禽的饲养及疫病预防有关的人员组成并负责相应的涉农推广工作。推广人员的作用有三个方面：向农场主提出建议或忠告；推广人员下场蹲点和召开现场会；利用传媒宣传新技术。由联邦政府提供给联邦农业部的经费，按需要拨付给各州农业部，各州农业部再下拨到分支推广机构，最后划拨到次级推广机构。澳大利亚政府下设的推广部门主要是扶持一些与国计民生有关的重大技术如环境保护、土地保护、农业生产和疫病控制及管理技术等。农业技术推广人员一般都具有大学以上学历，但推广机构仍然非常重视对他们的职前和在职培训。职前培训的目的是提高推广人员的交流与沟通能力，以便通过与农民打交道全面了解社区基本情况和资源禀赋，增强资源管理和经济管理的意识；在职培训由州农业部组织实施，主要形式是由农业部高级官员或受邀的技术专家讲授新的推广技术，然后由推广机构举办专题研讨会。通过健全农业技术推广、咨询服务体系，培养高素质的技术人员队伍，建立快速有效的信息服务系统等举措，为农业发展提供了强有力的支持。

（四）加拿大的经济区域农业技术推广模式

加拿大是一个市场经济发达的国家，联邦政府（即中央政府）设有农业部，各省也设有农业部。加拿大联邦农业部与各省农业部在管理体制和经费来源上是相对独立的。除去一些由联邦农业部支持的特定项目外，各省农业部的经费均来自各省政府。联邦农业部主要通过协商的形式对各省农业部进行指导和协调，两者之间的分工十分明确。联邦农业部负责全国的农业科学研究工作，管理设在全国范围内的 25 个科研机构及在编人员的工资和科研经费，而各省农业部不再设置类似的专门科研机构。在农业技术推广服务过程中，不是由联邦农业部直接管理，而是由联邦科研机构跟各省农业部的推广机构配合管理。具体推广服务由各省农业部负责，所辖市县不再设置相关的农业行政管理机构。推广机构是以经济区域而不是行政区域来设置，基层推广办公室的设置更充分体现了区域经济的特点，更多地考虑区域的主导产业及其产品，同时也兼顾其他产品和产业。对于主导产品的服务对象既包括本区域的农户，也包括毗邻地区的农户。基层办公室的推广人员多则 6、7 人，少则 2、3 人，服务对象有时可达 800～1 200 个家庭农场。谷物产区的家庭农场平均在 400 公顷左右，经济作物产区则在 40～100 公顷，因此，推广人员的服务半径较大，多数达几十公里，甚至更远。另外，人员的配备也立足于本区域主导产品的服务需要，涉及的专业有土肥、栽培、植保、农机、工程、加工等，一般要求具有学士或硕士学位。除了省农业部的农业技术推广办公室以外，各省还存在着很多与农业技术推广密切相关的单位，如联邦农业部所属的农业科研机构从事研究与开发，提供新技术和新品种；综合性大学的农学院和中等农业职业学校开展农业教育，培养农业类人才；私营生产加工企业通过与推广机构的合作促进企业的技术升级并指导其经营管理和技术培训，从而进一步提高企业适应和开发市场的能力；私人咨询公司以及各种专业协会则起着沟通市场和农户的桥梁作用等。政府农业技术推广机构与这些相关单位之间是一种互补关系，既相互竞争又互相合作，共同推动农业技术推广体系的健康发展。

（五）日本的公务员与农协并行推广模式

日本农业技术推广体系是依照本国国情基础上建立发展起来的，技术推广机构功能全面，技术推广体系相对健全。日本的县级农业技术推广中心内部除了设置有推广新技术的专业系统外，更有帮助和引导农业生产者自立经营、管理和流通的经营系统，范围涉及农业生产和农村活动的各个方面。推广工作计划性强，除有五年计划外，每年度结束前都会制订下一年度详细的农业技术推广计划，每个课题的任务都会落实到指定的技术推广员。技术推广员直接向农业生产者讲课，开展上门服务，保证了技术有效落地。农协组织参与农业技术推广无形中延伸了服务链条，扩大了服务范围，拓展了服务领域，尤其在国家的辅助事业资金管理、农业信息服务和技术产业化发展等方面发挥主渠道作用，强有力地推动了农业技术的研发与推广。日本农业技术推广模式采取的是政府和农民团体并行的双轨制，即政府建立的农业改良普及系统和农民团体的推广组织共同进行农业技术推广服务。日本把农业技术推广服务工作称为农业改良普及工作，由政府领导，并建立了一个从中央到各都、道、府、县多层级的农业技术推广服务网络。日本农业技术推广服务的另一个主体是农协，即农业协同组织，其是开展农村综合服务工作的民间组织，在日本农业技术推广中起着极其重要的作用。农业协同组织是农民自己的组织，由三个层级构成：国家级有全国农协联合会，县级有县农协联合会，自治体有农业协同组合。农协的活动范围包括信贷、购销、加工利用、指导、教育、情报、文化生活和医疗福利等。农协按照活动内容可分为综合农协组合和专门农协组合。综合农协组合活动范围广、内容多，专门农协组合仅处理某一单项活动。

（六）国外农业技术推广模式的借鉴与启示

1. 政府高度重视并积极参与

国外农业技术推广体系建设的经验表明，无论在何种社会制度和体制下，农业技术推广事业都应有政府的保障，这是由农业技术推广的重要性和特殊性决定的。农业技术推广是一种以农业增效、农民增收和农村生态环境改善为目的的社会公益性事业，它所产生的巨大经济效益、生态效益和社会效益归属社会和农民，推广部门和人员很难从直接的工作中得到应有的经济回报，因此，农业技术推广事业理应以政府为主体来兴办[①]。根据联合国粮农组织的统计，全世界约有150个国家农业推广组织的主要形式是以农业部为基础的官方机构，其比例高达81%。英国、日本等发达国家和很多发展中国家农业推广的组织形式都是以政府农业部为基础的官方机构为主体。美国虽然州及州以下农业推广组织是以大学为基础，但仍是政府办的

① 杨瑞珍．中外政府在农业技术推广体系中的作用比较［J］．中国科技论坛，2004（5）．

官方机构，联邦农业部设有推广局，是全国农业推广工作的领导者和主要管理者①。

2. 不断完善的法律保障体系

世界上许多国家通过立法确立农业推广事业和推广机构的法律地位，并且保证了推广经费的可持续供应。美国是农业推广工作开始较早的国家之一，早在1914年，第63届国会就通过了《史密斯-利弗法》。该法规定，由联邦农业部与赠地大学合作，在每州建立一个从事农业推广和普及的机构，即州合作推广站。合作推广站的任务是向农民提供各种培训，将大学的科研成果和新技术迅速推广给农民。该法还规定推广经费由农业部、州政府、县政府合作负担，国家承担20%～25%，州政府承担50%，县政府承担20%～25%，私人捐款仅占很小一部分。日本的农业推广事业由国家、都、道、府、县各级共同协办，称之为协同普及事业。早在1948年日本就颁布了《农业改良促进法》。该法为日本农业方面的一个基本法律，对农业改良普及推广的任务、机构设置、经费、农业改良普及职员的任用、待遇、进修等问题都作出了明确的规定②。而我国新修订的《农业技术推广法》仍然不能完全适应当前的发展形势，很多内容有待具体化和明晰化，地方法规也需要及时配套颁布。

3. 高素质的推广工作人员队伍

农业技术推广人员只有具备较高的素质才能保证农业技术推广的顺利进行，才能迎接科技进步带给农业技术推广的挑战。因此，各国政府非常重视农业技术推广人员的素质和准入资格，并力图打造一支精良的农业技术推广队伍。首先，各国实行严格的从业资格制度。以日本和美国为代表的发达国家在制度上都明确规定，农业技术推广人员必须获得相关专业学士以上学位、并通过国家统一的公务员考试和推广员资格考试才能胜任，统一实行试用期制度，新录用的推广员试用1～2年考试合格后方可转为正式员工。其次，实行定期培训制度。农业科技推广人员不但要懂生产和技术，还要懂市场和加工等知识，并随时要掌握国内外的最新发展动态和现代管理方式。许

① 聂闯．世界农业推广体系现状［J］．世界农业，2000（1）：50.

② 聂闯．世界农业推广体系现状［J］．世界农业，2000（1）：51.

多国家都建立了农业推广人员在职教育培训制度。例如荷兰规定，推广人员每年至少要参加1次短期培训班，2年至少要参加1次长期培训班，每4～5年要更换一次工作岗位。最后，以较好待遇吸纳高素质人员加入农业科技推广队伍。由于国外农业推广人员都是或相当于国家公务人员，拥有较高的社会地位和福利待遇，极容易吸纳一大批既具备较高的学术水平、又拥有丰富的农业生产实践经验的高素质人员加入①。

4. 一体化的科研、教育与推广体系

世界各国的农业推广、教育和科研部门都有着紧密的联系。一方面许多农业研究中心与推广普及中心建在同一地点，另一方面许多农业技术推广人员和研究人员兼任农业大学的老师。各研究机关取得的科研成果，主要通过专门技术员和各县试验场的研究人员实验示范后，传授给地区普及推广中心；与此同时，普及推广中心也将农民的需要反馈给研究部门，促进技术的完善和改良。县农业行政部门每年还要召开一次实验成果推进会，由科研单位向区改良推广中心展示研究成果。各地区普及推广中心所长、专门技术员、试验场长、农户代表对科研成果进行评议，确定哪些成果需要进一步研究，哪些需要推广中心进一步实验完善，哪些可以立即向农民推广。如荷兰农业部领导的科研、教育和推广部门，由部长进行协调工作，并且三部门的领导互相兼职，理顺了推广三个环节之间的关系；在研究机构内设有联络办公室，组织专家经常共同商讨科研、推广教育计划。农业科研、教育和推广的密切结合，解决了农业科技成果转化过程中的相互脱节问题，使得科研、教育与推广的内容与农民需求及农业发展的需要紧密结合，进而促进技术落地，推动农业发展。

三、我国现行农业技术推广模式

长期以来，政府、高校、科研机构、民间组织等各类主体都利用自身的资源优势，积极从事农业技术推广活动，并在实践中探索出一些成功的农业技术推广模式。根据我国目前开展农业技术推广服务的情况，可以大体将这

① 颜怀坤，秦自强．国外农业科技推广体系建设经验及启示［J］．科技信息，2007（31）．

些推广服务模式归并为以下三大类。

(一) 政府主导型农业技术推广模式

政府主导型农业科技推广是指由政府依据区域主导产业发展和生产技术需求，以政府“五级农业科技推广网”为主，以上级部门下达的项目任务为支撑，开展新技术、新成果、新产品示范推广。在管理上，政府负责宏观指导和管理，制订管理办法，出台相应的引导与激励政策，制订推广计划和中长期发展规划，确定总体目标、主要任务和工作重点。这种管理模式与运行机制较为完善，便于政府宏观管理和统一协调。但是，这种模式对政府依赖性强，不能很好地吸纳社会力量和资金，与市场经济衔接不紧密。政府主导型推广模式主要有：传统“五级”农业技术推广站、农业科技 110 信息平台、科技特派员、科技下乡、科技入户、村级服务站、三电合一、现代农业产业技术体系、包村联户制度等。

1. 农业技术推广站系统

农业技术推广站系统是以政府为主体或由政府一手包办的普及型推广模式，主要推广方式有：统一立项选定重点推广技术成果，组织进行实用技术培训，设立示范样板（基地）吸引农民参观学习，结合农业技术推广新的农用生产资料等。农业技术推广站系统具有明显的层级结构。各级部门的分层和分级清楚，其管理形式通常随地区环境或计划内容的变动而调整，决策形式以上级行政机构为核心，权力集中于上级机构。此类组织的区分主要根据工作部门、单位和职位，也根据工作责任或领导权威（图 3－1）。农业技术推广站系统的运行主体为公共服务机构，以公益性服务为主要内容。在运转过程中主要受管理体制、人员素质、保障条件等因素影响；体系运行的动力机制主要靠人员编制、经费保障和出台配套规章制度；开展推广服务的资金筹措主要靠政府解决；在政策导向机制上农技人员待遇与当地教育卫生系统相对应。

2. 农业科技 110

农业科技 110 信息服务（简称“农技 110”）起源于浙江衢州。1998 年衢州市农业部门应用现代化的通信工具和网络技术，在农村电话日益普及的情况下，根据农民的实际需求，借鉴公安 110 快速反应的形式，建立了农技

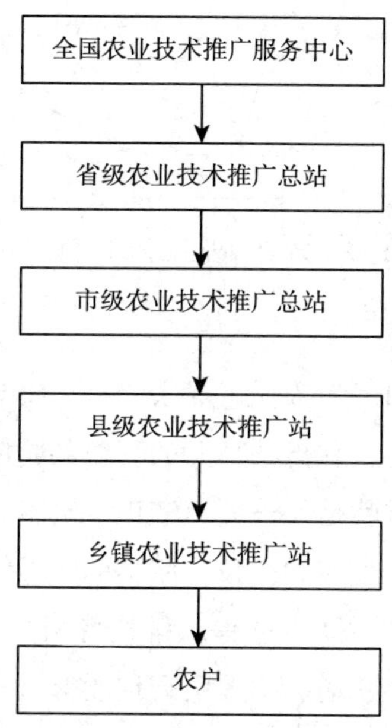

图 3-1 政府主导型农业技术推广站推广模式

110 服务中心，为农业、农村、农民开展便民服务。此后，全国许多地方都借鉴浙江衢州经验，建立了本地区的农业科技服务热线。目前，农技 110 已经在浙江、海南、河北、北京、安徽、四川、湖北等 20 多个省市得到应用。如海南的“农技 110”、上海的“农科热线”、北京大兴的“农民需求工作室”、四川蒲江“96168 幸福农家”等，通过电话、网络的形式，为农民提供农业科技信息、农业技术难题解答、市场供需信息、专家坐诊等服务，取得了显著的社会效益和经济效益。“农技 110 是为农服务的一个创造”，被广大农民誉为送科技信息的“及时雨”、农民致富的“好帮手”、实现产供销结合的“好桥梁”。从组织形式来看，该模式依托省、市、县、乡、村五级建立信息网络，配备电脑，成立农技 110 机构，吸纳农村种养大户、贩销经纪人和龙头企业主为成员，形成省、市、县、乡、村五级农业科技信息服务网络。各级农技 110 把网上采集到的农业生产实用技术、市场行情、病虫害防治技术、农产品精深加工及综合利用技术、保鲜储运包装技术等分类进行编辑，通过电子邮箱或印发农技宣传资料，及时将信息送进千家万户，为农户生产提供全方位的技术指导和服务（图 3-2）。

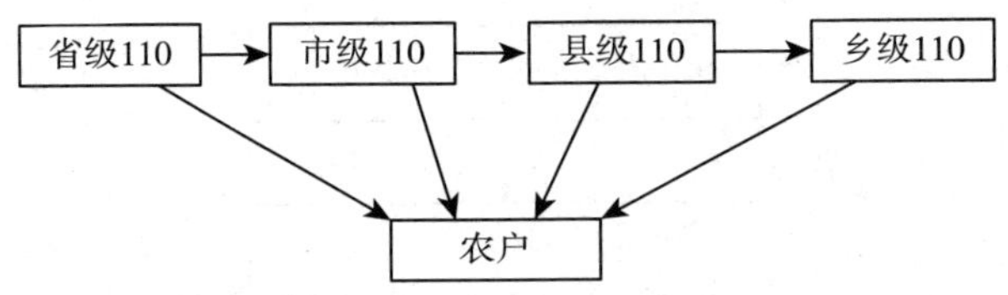

图 3-2 政府农业科技 110 推广模式

3. 科技特派员

科技特派员模式以知识为依托，深入农村一线与农民、龙头企业及经济合作组织建立“风险共担、利益共享”的利益共同体，开展科技服务和创业的一种制度安排。其实质就是促进城市知识、资本、管理等生产要素逆向流入农村，把农村劳动力、土地和科技特派员的智慧结合起来，促进区域优势特色产业发展，推进城乡一体化进程。科技特派员主要通过示范基地带动、技术培训推动、利益捆绑联动、招才引智促动等方式，让特派员成为当地科技致富的领路人、实用技术的传播人、先进生产力的代表。部分科技特派员以资金、技术等形式参股、领办示范基地，与专业大户、龙头企业结成经济利益共同体，实行风险共担、利益共享，实现了科技和经济的紧密结合。从运行机制看，政府通过实施“高位嫁接、重心下移、一体运作”的工作思路，选派科技人员进驻农村，为当地农民提供全方位、多层次的科技服务。具体运作方式包括：政府选派与基层需要相结合，科技人员与农业企业、专业大户直接见面，通过面对面的磋商，实行双向选择，达成契约式的服务关系；建立利益共同体。鼓励科技特派员带资金、带信息、带项目、带技术与专业大户建立利益共同体，利益共享，风险共担；对科技人员实行“四保”、“四优”政策。各级科技特派员下派期间，保留编制，保留原职务，保留工资福利待遇，保留专业技术职务；并优先占用编制、优先提拔、职务工资优先上浮、年度考核优先考虑；在人才资源利用、金融信贷等方面上下联动，一体运作（图 3-3）。

4. 送科技下乡

送“科技下乡”活动是中央十多个相关部门组织倡导的“三下乡”活动的重要组成部分，是服务“三农”的重要载体。“科技下乡”活动始于 1999 年 11 月，由国务院扶贫开发领导小组、科技部、农业部、湖北省政府和中

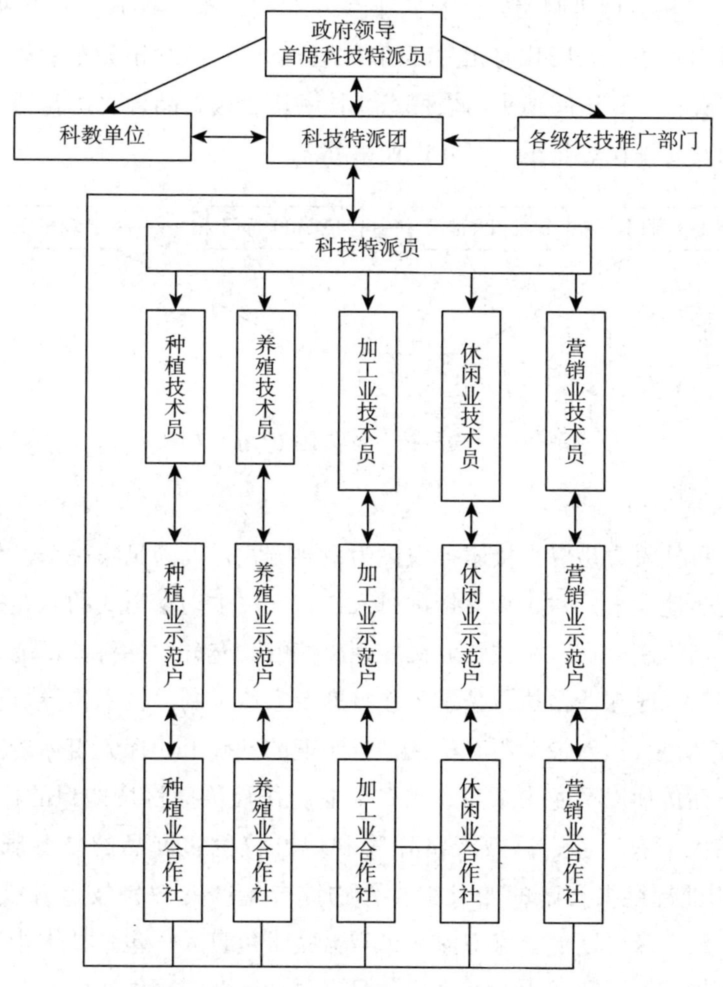

图 3-3　科技特派员式农业技术推广模式

央电视台联合主办，活动主要有专家巡回和“科技大集”两个部分。由全国各地的知名农业技术专家组成的专家巡回小分队开展了巡回庄稼医院、巡回科技课堂、科技需求调查等活动，深入田间地头，直接为农户服务。“科技大集”的举办，在广大农民中掀起了一股学科学、用科学、靠科技致富的热潮。从此，各地农业部门每年在春耕前，本着“进村入户、务实高效”的原则，在当地开展多种形式的送科技下乡活动，通过“科技服务小分队”进村开展科技服务，把先进适用技术和党的温暖送到千家万户，为广大农民解决农业生产中的实际问题，从而进一步激发广大农民学科技、用科技的热情

（图3-4）。从运行机制看，送科技下乡农业技术推广模式是由中央相关部门领导组织，各级人民政府相关部门和单位响应，组织相关专家科技人员到乡镇、到农村、到田间地头给农民送科技书籍、送新品种、送新型肥料等送科技活动，安排在每年统一时间定期举办。

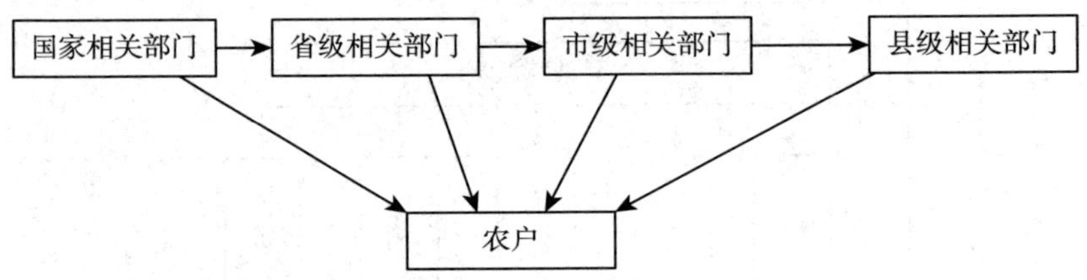

图3-4　送科技下乡农业技术推广模式

5. 科技入户

农业科技入户是以直接服务农民为主要方式，以满足农民个性化需求为内容，逐步建立人、财、物直接进村入户、农民主动参与式的农业技术推广新模式、新机制，实现科技与农民零距离接触，充分发挥科技示范户的辐射带动作用。同时在严格执行技术工作首席专家负责制、技术指导员包户责任制、科技示范户辐射带动制和电话抽查制度的基础上，探索媒体传播、短信传播、电话传播以及龙头企业和农民专业合作社传播科技知识的稳定机制，研究总结大宗农产品、高效经济作物和地方特色农产品的技术服务方式。2004年农业部组织实施的四大粮食作物综合生产能力科技提升试点行动，构建“首席专家—区域首席专家—试点县技术负责人—包户技术指导员”的技术网络体系和“科研人员—推广人员—科技示范户—周边农户”的技术扩散通道，探索疏通科研人员下乡转化科技成果的渠道，解决推广人员知识更新周期长的难题，并依靠科技示范户充实完善基层推广力量，取得了明显成效。借鉴“科技提升行动”及日本、韩国培养核心农户的经验，农业部于2004年10月提出推进农业科技入户工作的构想，印发了《关于推进农业科技入户工作的意见》。科技入户农业技术推广模式主要是由政府牵头，通过整合农业科研、教学、推广机构和农业企业、技术服务组织等社会力量，选派科技人员在农村选择一批生产基础较好、科技文化素质较高的农户，组织农业科技人员长期定向帮扶，实行包村联户，做到科技人员直接到户，良种良法直接到田，技术要领直接到人。逐步形成农技人员抓科技示范户、科技示范户带动普通农户的科技入户机制（图3－5）。

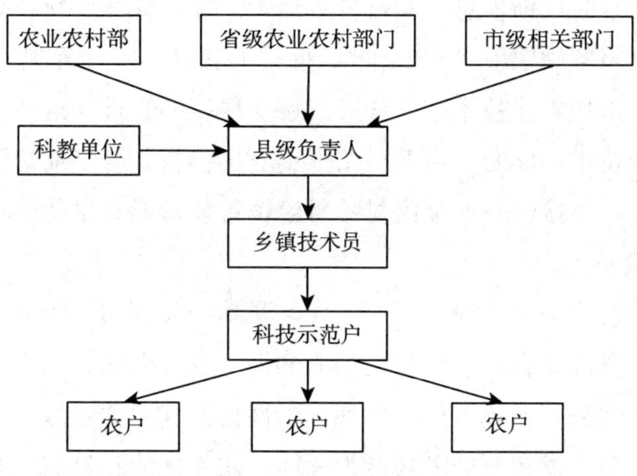

图3－5　“科技入户”式农业技术推广模式

6. 村级服务站

各地组建村级综合服务站的基础和条件千差万别，采取的措施和实现途径也很不相同，但组建起的综合服务站在服务功能和职责等方面基本相同。主要职责包括：向农民提供科技图书资料和农产品市场行情、农业政策信息；引进示范新品种、新技术，组织农业技术培训；适时发布农作物病虫防治信息，指导农民科学施肥；引导农民调整种植结构，组织农资供应和农产品销售。村级综合服务站的建设大多采用市场化管理的理念，按照“一处服务场所、一部电话、一套放像设备、一台电脑、一套专家咨询系统”的硬件标准和“合理布点、规范运作、增强服务功能”的指导思想，由省市县政府财政和村站城建者共同投资，为村站配备科技培训、信息查询等服务手段。大多按照“民办民营”的运行模式，以农业部门为技术依托，以农资经济支撑，采取技物结合的方式，有偿为农户提供种子、化肥、农药等农用物资，无偿为村民提供市场信息和科技指导。由于村级农业技术服务站处于农业服务体系中最基层，是支撑整个体系的强大基础，它上受区域中心站的技术指导，下连核心示范户，与广大农民联系密切。为此，在体系建设中，必须把工作的重点放在建村站、扩网点上。运作中首先从当地有威望和有一定经营基础的农村能人、种养大户、村干部中选聘村站人员，成立辐射乡村的村级服务站，其主要职能是协助农业技术推广部门推广实用技术、新品种、新肥料、新农药，承担市乡两级试验示范任务，并监测本地病虫草害发生情况，向区域中心站及时反馈信息。实行自主经营、独立核算、自负盈亏的运行机制。每个村级服务站辐射1～2个村，每村下联5～10个示范户，作为村级连锁服务点，承担农业技术推广任务，接受村站的管理。这些核心示范户在试验示范农业技术的同时，帮助村站推销农用物资，联络周边群众，开展农村社会化服务，并按经营业绩由村站付给销售差价或者享受政策上的优惠。

7. 三电合一

三电合一模式是以农业部门为主导，联动相关部门、企业，通过信息资源整合、人力资源整合、应用系统功能捆绑，发挥电话、电视、电脑三种现代信息载体的优势，开展多样、交互、个性化的农业信息服务，集农业信息收集整理、编辑、发布与服务功能为一体，建立优势互补、互联互动的信息传播渠道。这种模式形式多样、交互灵活、特点鲜明、快速便捷，能够实现城乡信息平等传递和交流。在运行机制上，三电合一模式把发展农村信息服务点作为信息“进村入户”的重要内容，以农业科技示范户、种养大户和经纪人为重点，在各村建立为农民上网服务的村级信息服务点，初步建立起信息快速传递到村的服务网络。由农业部门联合广电部门制作农业科技电视节目，节目内容主要包括“新、优、特、名、专”农产品的生产和销售，全方位提供产前、产中、产后的信息，推广介绍新品种和新技术。这种模式采用农户易于理解和接受的方式，通过广播电视讲座、“电波入户”等栏目，把科学技术送到千家万户（图3-6）。

8. 现代农业产业技术体系

2007年末，农业部、财政部以水稻、玉米、小麦、大豆、油菜、棉花、柑橘、苹果、生猪、奶牛等十大农畜产品为单元，以产业为主线，启动了现代农业产业技术体系建设试点工作。建设现代农业产业技术体系是提升国家、区域农业科技自主创新能力，发展现代农业，建设社会主义新农村的迫切要求，是农业科技体制改革的战略举措，对增强我国农业综合生产能力和农产品市场竞争力具有重要意义。我国现代农业产业体系内部构架，是由一个产业技术研发中心（一般为6个功能实验室）和若干综合试验站构成。研发中心设首席科学家1名，每个功能研究室依据其产业研发需求设立若干个科学家岗位，每个产业设置25～30个科学家岗位；同时依据其产业生态布

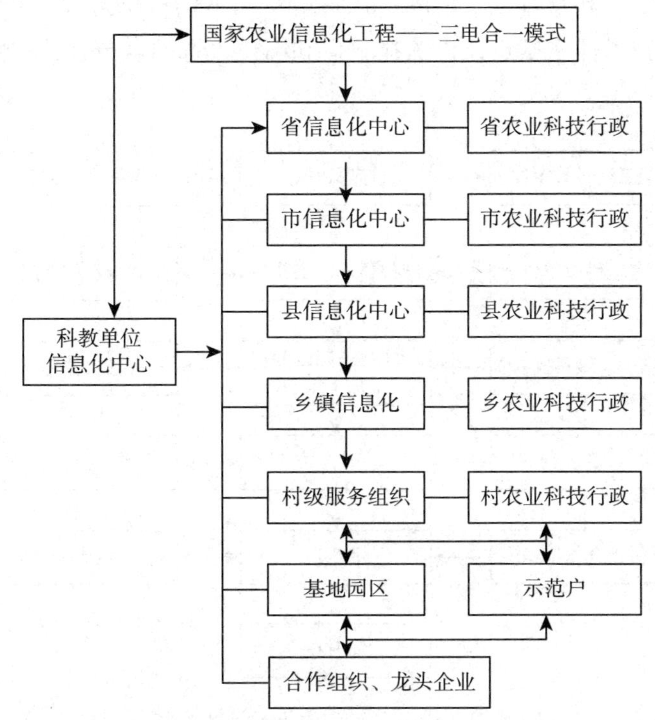

图 3－6　农业信息化工程——三电合一模式

局等特点，在产品的主产区设立若干综合试验站，每个综合试验站设 1 名站长。综合试验站的主要任务是接受首席科学家和功能实验室岗位科学家负责的产品中间试验和生产试验与示范，原则上要求每个综合实验站具有辐射带动周边 5 个县市区的大面积生产功能。我国现代农业产业技术体系首席科学家、功能实验室岗位科学家以及综合试验站站长产生的程序：第 1 步是遴选产品产业首席科学家，第 2 步是首席科学家和咨询委员（一般为两院院士）共同提出功能实验室岗位科学家和综合试验站人选。首席科学家的遴选方法是农业农村部科教司在综合考虑产学研方面的成就、学术威望、统筹能力和工作作风等因素的基础上，将候选人名单发送到相关行业部门、学术团体、推广机构、主产区专家代表征求意见并推荐排序。根据相关遴选标准，首席科学家组织本产业专家代表讨论并征求相关院士的意见后，提出各功能研究室建设依托单位、综合试验站建设依托单位、各功能研究室的科学家岗位及综合试验站站长人选名单。农业农村部科教司发函就拟定人选名单征求依托单位、有关学会和各省（自治区、直辖市）主管部门的意见。在此基础上，形成各产业技术体系试点建设依托单位和岗位人选的名单，并在网站上进行公示（图3-7）。

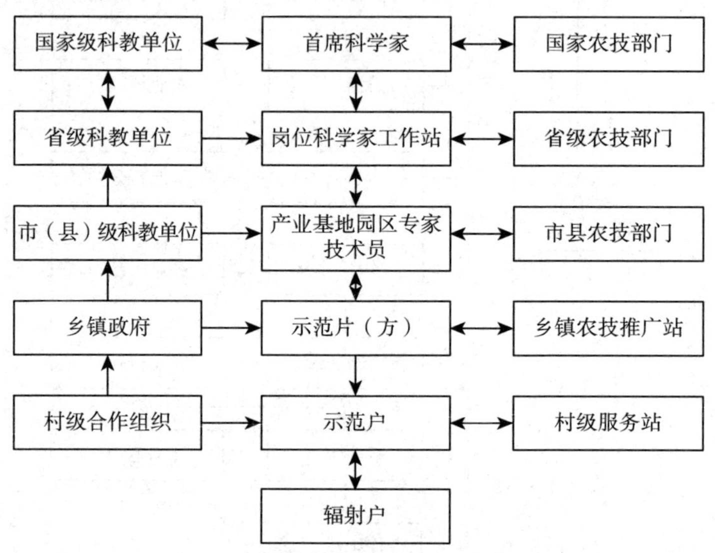

图3-7　岗位科学家农业技术推广模式

（二）非政府主导型推广模式

非政府主导型农业科技推广服务模式主要是指以社会团体、企事业单位甚至个人为主进行的农业科技推广服务形式，目前在我国最普遍的是科教单位主导型、经济合作组织主导型、企业主导型三大类。

1. 科教单位主导型农业科技推广服务模式

农业科研与教育单位以自身科研成果为依托，通过项目经费支撑，与地方政府联合开展成果转让、技术承包、技术开发、咨询服务、成果示范等活动。其资金来源有三个方面：一是政府通过项目经费资助；二是通过创收经费资助；三是涉农企业及个人捐款资助。其主要运行模式是“科教单位＋基地＋农户”、“科教单位＋企业＋农户”、“科教单位＋推广机构＋农户”等。在管理上采用以政府为引导、以科教单位为主导，涉农企业、专业户广泛参与的管理模式。科教单位按照政府制定的相关政策和法规，制定管理办法和激励政策。部分项目实行首席专家负责制，首席专家按项目需求面向社会招聘基地科技人员。这种模式能够充分发挥科教单位的科技创新优势与技术培训优势，最新的成果、品种和技术能够直接应用到农村，迅速被农民掌握。因此，这一模式的科技含量高，示范带动强。农业科研、教学单位，为了将自己的科研成果尽快转换为现实生产力，主动投身到农业生产的主战场，为经济建设服务。有的与地方政府或农村合作组织、协会通过合同或协议方式，建立比较稳固的关系，进行成果转让、技术承包、科技示范等活动；有的直接将农业应用技术研究中的科技成果物化为实物，通过科技市场流通过程，运用价值规律和市场调节机制，将技术从农业科研教学单位转移到农户生产实践中；有的与产业主体联合，采取各种方式解决生产主体遇到的关键技术问题（图 3－8）。

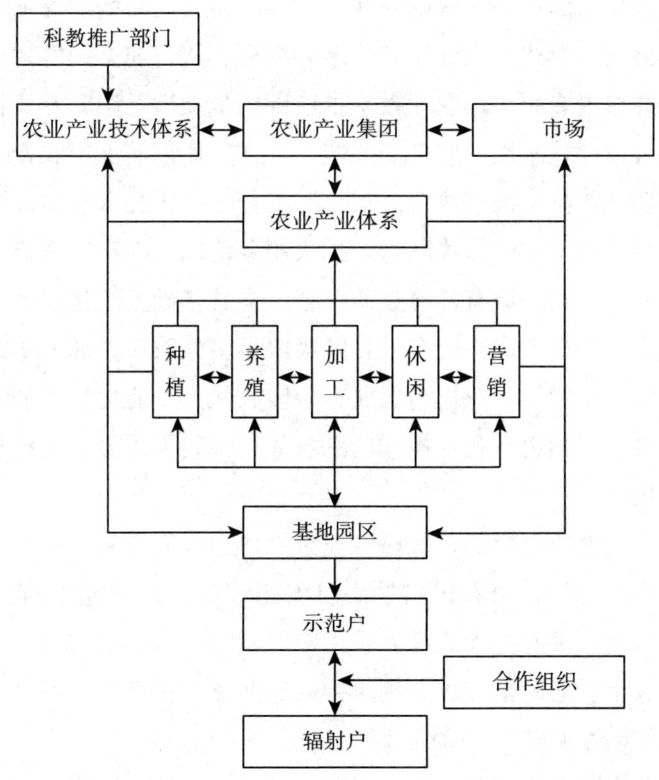

图 3－8　以农业产业技术体系为依托的农业技术推广服务模式

2. 农村合作经济组织主导型推广模式

农民合作经济组织是农民在参与市场的过程中，自发组织起来的，以农民为主体，吸收部分科技人员作顾问，以农民技术人员为骨干，主动寻求、积极采用新技术、新品种，谋求高收益的经营组织。由于这些组织能够不断引进、开发新技术，能够快速而有效实现技术扩散，因此适应众多农户的发展要求，加快了社区利用现代技术改造传统农业的步伐。农民专业合作社是农村经济运行机制的创新，以其独特的形式，灵活的机制，广泛的适应性，在普及农业科技知识、推广农业科技成果、提高农民科技文化素质、促进农业发展和增加农民收入等方面发挥了巨大的作用。目前我国农村合作经济组织主导型的农业科技推广模式大体可分为农业技术推广协会模式、专业技术协会模式和农民专业合作组织模式三种。

一是农业技术推广协会模式。由于各地的经济发展水平不同，农民自身的文化素质各异，因此，在明确农业技术推广协会性质的前提下，农业技术推广协会的类型、形式可因地制宜、多种多样。从目前全国的情况看，农技协会的开办类型主要有：①农业技术推广部门带动型。国家专业技术推广机构主要承担公益性技术推广服务的职能，并在工作范畴上与农业技术推广协会对接，带动农业技术推广协会开展相关工作。②协会联合型。即由一些规模较小的协会，以一定的形式联合，扩大服务范围，提高服务能力。③科技研究会延伸型。即利用原有的科技研究会，在其基础上组建农业技术推广协会，原研究会的会员变成协会会员，并吸收更多的农户参加。④龙头企业领办型。即依托龙头加工企业作为大股东，吸收从事专业化生产的农户加入组建的农民协会。当然也有几种模式的混合体，多元主体会共同参与其中并发挥各自的作用。

二是专业技术协会模式。农村专业技术协会（简称农技协）是在农村经济体制改革中兴起的，由农民自愿、自发组织起来的民间经济技术合作组织。发展农技协不仅有利于提高农民生产经营和进入市场的组织化程度，实现小生产与大市场的对接，还有利于推动农业产业化经营，促进农业和农村经济结构的战略性调整，提高农业对科技的吸纳能力。

三是农业专业合作组织模式。根据《农民专业合作社法》相关规定，农民专业合作社是在农村家庭承包经营基础上，同类农产品的生产经营者或者同类农业生产经营服务的提供者、利用者，自愿联合、民主管理的互助性经济组织。农民专业合作社在各地工商行政管理部门申请设立登记，设成员大会，由全体成员组成，是农民专业合作社的权力机构。农民专业合作社超过150人的，可以按照章程规定设立成员代表大会。在新的形势下，把农业科技型企业、农业科技园区、涉农科教单位的力量整合到农民专业合作社的发展上来，是解决农业新技术在基层落地的重要选择。近些年，全国农民专业合作社在发展中呈现出一些新的特点，经营规模不断扩大，技术需求不断增强，研发能力不断提升，逐渐成为技术示范、推广的主要力量，在技术传递过程中扮演重要角色。

3. 企业主导型农业科技推广模式

企业主导型农业科技推广模式是以企业投资经营为主体，科技专家提供高新技术成果和技术服务，以技术入股等形式组成利益共同体。企业以一定规模和相对稳定的土地为场所，开展新成果、新技术的引进、试验、示范和产业化开发，采取自愿的原则组织农户进行生产，较好地解决了企业与政府、科技、市场、农民的对接问题，整合了“政府、科技、市场、企业、农民”五大要素，形成了有效、灵活的成果转化机制。企业主导型主要有科技示范园、“企业＋基地十农户”等运行模式。

一是科技园区模式。农业科技示范园区是20世纪90年代涌现出来的以市场为导向、以科技为支撑的现代农业发展新型模式。由政府牵头，地方政府组织协调，在农业科研力量较强、技术人才密集、经济较发达的大中城市郊区和沿海开放城市划出一定区域，对农业高新技术成果集中投入、集中开发、从而加速农业高新技术成果的转化和推广速度。在运行机制上，科技示范园模式按照“政府指导、企业运作、中介参与、农民收益”的原则，通过“公司＋基地＋农户＋科技”等运行模式，引导企业依靠科技，面向市场，服务农民。农民借助园区这一平台，通过新品种示范、新技术组装配套、新产品经营服务，以及发展旅游观光农业等多种服务，能够有效地实现信息、技术和产品物流的有机结合，实现对农户自身生产的改造；园区通过发挥技术、人才、资金和信息等优势，与农户有机结合，形成群体化规模优势，实现与市场的有效对接。政府是园区建设的组织者和监管人，企业是园区建设的主体和经营者，农户是园区建设的参与者和生产者。

二是“公司＋基地＋农户”模式。“公司＋基地＋农户”产业化模式在管理上实行企业化管理，自主经营，独立核算，自负盈亏。在运行上，形成了以公司为龙头、以发展订单农业为保证，上连科学家、下连农户的产业链，建立了产加销、农工贸一体化的运行机制。这类组织包括企业化的农业科研机构以及农业产业化龙头企业，其基本形式可以简化为“公司+农户”，即农业技术推广过程的一端是企业化的科研机构和农业产业化龙头企业，另一端是农业生产者，连接他们之间的纽带是“契约”。这种契约化的农业技术推广形式，依托农业企业和科研机构，通过市场机制把分散的农户联合起来，共同抵御农业技术推广过程中的风险，分享农业科技成果产业化的利益。农业龙头企业和企业型科研机构是技术的供给方，它通过向农户转让实用新技术来保证合同的实现。这类推广组织以追求利润为目标，推广农业技术只是为了保证其企业经营目标的实现。这种模式的经费来源完全由企业自身负责筹措建立生产基地，推广的技术多以市场前景好、效益高、可以迅速开发的新技术为主。

（三）混合型推广体系模式

混合型农业科技推广服务模式是指由两个或两个以上主体单位共同参与的农业科技推广服务模式，这种农业技术推广服务模式多样，如两府合作共建型（高等学府与地方政府）、府院共建型（政府与研究院）、科教单位联合共建型、科教单位与企业共建型、科教单位与合作组织共建型等。

1. 两府合作型

两府合作型是指高等学府与地方政府合作，开创送科技下乡，是促农增收、服务“三农”的新形式。这种模式的特点是将大学的科研优势和政府的宏观调控能力有机结合，充分应用大学的科研优势服务农户。

2. 府院合作型

府院合作型是指农业科研院所与地方政府合作，共同推进地方农业经济发展的农业科技推广服务模式。这种模式与“两府合作”型模式基本相似，是在地方政府支持下，充分发挥科研院所的科技人才优势，为地方农业经济发展服务。

3. 院校企联盟型

院校企联盟型，就是指掌握农业科技的普通高校通过与相关企业合作，通过示范、培训等手段使农民掌握相应农产品品种、种养环节中的农业科技，企业掌握农产品加工环节的农业科技；农民依靠农业科技生产合乎企业要求的初级农产品，由企业对初级农产品进行加工和深加工实现农产品增值；在科技推广过程中运用现代科技营销理念，对农业科学技术进行系统推广。院校企联盟模式的特点主要包括：一是农业科技二元配套。在这一模式中，高校同时向企业和农户两个主体推广农业科技，而且针对企业、农户的科技是配套的。二是高校、企业、农户是利益共同体。由于农业科技的二元配套，高校、企业和农户被紧紧地捆绑在一起。三是科技推广持续有效。这种模式对农业科技市场需求的变化反应迅速，针对性强，不仅能有效缩短农业科技开发到实现价值的时间，而且能保证企业、农户的市场生存能力。四是科技推广融入了现代管理。利用市场营销、ERP 等现代管理理念管理，提升联盟对市场反应的灵敏性，实现市场信息的及时畅通流转。

（四）院校与农民专业合作组织共建型

院校与农民专业合作组织共建型是指科研院所、高等学校与农民专业合作组织联合起来共同推广农业科技为农民服务，为农村经济发展作贡献。这种服务模式的组织形式多数为“科研院所（或高校）＋农民专业合作组织＋农户”。该模式的运行机制为农业科技推广活动由农民专业合作组织组织，邀请科研院所或高等院校专家教授到农村上门从事科技咨询、技术服务、技术培训等。这种由专业合作组织、科研院所和高校共同合作的农业科技推广服务一般针对性强、效率高，随着我国农民专业合作组织的发展壮大，这种农业技术推广模式有进一步发展的趋势。

（五）现行农业技术推广模式存在的问题

目前，我国政府主导下的农业技术推广体制转轨滞后，运行机制与市场需求不相适应。传统计划经济体制下发展起来的推广模式是以政府的宏观意志为转移，推广什么技术，推广范围有多大都是既定的，所有的推广活动都表现为政府行为。在这种模式框架下，技术的扩散路径呈现线性均衡的特点，但是可持续性差，技术落地率低。从罗杰斯创新扩散的四个要素看，政府主导的各类推广模式普遍存在以下几个问题：一是创新本身的滞后性。创新具有相对优势、相容性、复杂性、可试性和可观测性等特点，当个体认为某项创新具有很大的相对优势，相容性好，可试性高，并且不复杂，那么这些创新的采用速度比其他创新要快。但是在政府主导的推广模式中，技术研发相对独立，农户的需求被忽视，上游的技术创新与下游的乡土知识缺乏继承性，科研院所闭门造车式的研发成果无法适应农户的生产习惯，最终导致技术的创新性严重不足，所谓的“创新”毫无“新”意。二是传播渠道的单一性。扩散本身是一个非常社会化的过程，人际关系渠道是技术扩散的主渠道。政府主导下的技术扩散方式是逐级下放的，社区层面的技术扩散并非是渠道中的组成部分，当技术由基层推广站接手后，政府层面的推广工作基本完成，社区层面的推广工作要靠基层推广人员去完成，但是又有多少推广者了解自己所在社区的人际关系特点呢？三是时间看似短，实则长。政府推广模式不需要计算创新决策的过程，不需要考虑系统成员采用创新更早或更晚的程度，理所当然地认为强力推动可以实现采用速度的最大化。在政府主导的传统推广模式中，扩散S形曲线相当陡峭，这也间接表明在政府推动下技术可以在短时间内快速扩散，但是这种扩散持续时间不会长久。四是忽视了社会系统的重要性。一个社会系统是一组相互联系的单位，他们面临共同的问题，有着共同的目标，正是这些问题和目标决定了技术的扩散效率。推广人员在推广一项新技术的时候通常不会考察社会系统，不会认识到社会结构对扩散效率的影响，因此并不清楚何种推广模式适用于何种社会系统。如果从创新扩散的要素来看，传统的农业技术推广模式已经无法实现技术在社区范围内的高效扩散，因此需要推广模式的调整与创新。在我国各种农业技术推广模式中，各主体缺乏有效的协调和沟通，弱化了农户应用技术的积极性和主动性。由于科技供给系统与应用系统之间缺乏足够的信息交流，农业科研成果与农业生产者实际经济利益脱节问题突出，导致农业科技研究、推广和应用主体都缺乏积极性，具体表现在各种模式中农业科研教育推广部门联系松散，政出多门，很难形成强大的合力，科研单位长期处于传统的科研管理模式中，立题、科研、实验、鉴定、成果申报，这种管理模式与推广部门没有直接联系，使一大部分科研项目变成了以获奖为研究目的，不能适应农村经济发展之需要，真正先进实用的科技成果不多，造成大量农业科研成果的无效供给。对于农业推广部门来说，不了解农业科研进展情况，所需要解决的技术难题，没有列入科研计划的正规途径。由于没有顺畅的技术来源，对于作为市场主体的农户而言，往往需要的技术得不到，得到的技术又不需要，导致供求矛盾。此外，目前农协组织及一些农业产业化的龙头企业，已经成为农业技术推广的生力军，由于缺乏有效的技术指导服务，在档次、规模上很难适应农户的需求。

四、“一主多元”农业技术推广模式的创新

加快农业技术推广模式创新是实现农业现代化的重要手段，是加快农业科技迅速转化为生产力的根本途径，是依托科技力量支持乡村振兴的关键内容。创新是农业技术推广事业发展的不竭动力，没有创新农业技术推广工作就缺乏鲜活的生命力。在乡村振兴背景下开展农业技术推广模式创新，引入多元主体协同推广，有利于实现农民多渠道、可持续增收致富，有利于推进乡村振兴的深入开展，有利于促进农业更好更快发展。

（一）农业技术推广模式创新的原则

按照农业法“三结合”的原则，顺应市场经济发展需求，农业技术推广模式创新要强化公益性服务职能，精简人员，完善网络，提高农业技术推广单位的功能和水平；要放活经营性服务，扶持农业科研单位、大专院校、农民技术协会特别是农资企业进入农业技术服务领域；要充分调动农民的积极性，将生产者引入农业技术推广体系，结合各地资源禀赋探索多元农业技术推广模式。开展农业技术推广模式创新需要遵循以下原则：

1. 以民为本原则

传统以政府为主导的农业技术推广模式取得了很大成效，成绩和经验不可否认，但是随着社会经济的发展，推广效率难以提升却是客观存在的事实。产生这些问题的原因是多方面的，既有农业技术推广人员自身的因素，也与传统推广思路和方法有关。为有效改善这种状况，需要我们树立起“以农民为本”的推广观念，充分了解农民的行为，尊重农民的意愿，满足农民生产、生活对农业科技的需求，充分调动农民的主观能动性和参与积极性。

2. 市场主导原则

市场主导原则就是强调尊重市场规律，利用市场机制充分发挥非政府部

门的作用，有效引导多元市场主体开展农业技术推广服务，构建一主多元推广模式。政府农业技术推广部门应集中力量完成那些社会效益较高，其他推广机构因难以获得直接经济效益而不愿参与的公益性职能。

3. 效果导向原则

在选择和创新农业技术推广模式时，要用科学有效的方法对推广工作进行系统评估，选择最适合本地区农业经济发展的农业技术推广路径。在进行创新探索过程中，应以是否能够推进乡村振兴的主要目标为基础，紧密围绕市场主体的发展需求，根据他们的行为规律探索有效的推广方式方法，避免从部门利益和地方财政利益出发进行设计和决策。

4. 因地制宜原则

模式的选择和设计必须符合现实条件和资源禀赋，需要因地制宜、有的放矢。我国各地农业生产的自然条件和外部经济环境差别很大，制度设计和体系构建既要体现共性又要兼顾地区特殊性，一些具体的创新做法可以有地区特点，应该不断研究，积极摸索。

5. 主体参与原则

在明确国家农业技术推广机构主导地位基础上，建立以涉农企业、中介组织、社会团体、农业科研机构、教育教学单位、农事企业和各类农民合作经济组织等为主体的农业技术推广体系。打造广泛参与、分工协作、素质优良、服务到位、形式多样、充满活力的多元参与推广格局。各级农业管理部门和农业技术推广机构要支持这些组织和企业的发展，鼓励它们以多种形式向农民开展推广服务和农民培训。

6. 职能细化原则

根据农业技术推广的实际需求合理设置机构，整合各类推广主体，明确各主体的权责和职能，通过各种渠道鼓励引导多元推广主体发展，这样既能达到精简机构、优化队伍的目标，又能通过税收优惠、项目补贴、贷款倾斜等政策措施扶持农资企业，激发多元主体参与农业技术推广的积极性。政府应该有所为有所不为，将部分推广服务下放给市场主体，引导其不断完善技术服务网络、提高产品开发和服务水平、延长培训时间；鼓励市场主体与当地推广单位、科研院校合作，面向市场、面向社会探索经营性农业技术推广服务模式。

（二）应探索的几种创新型推广模式

现实中，可供选用的推广模式很多，但是目前被广泛证明比较有效的创新型推广模式主要有以下几种：

1. 基地型推广模式

这种模式是指科研单位或企业依据优势学科，结合区域主导产业发展现状，在产业中心群建立产学研实验示范基地，开展实验、示范和推广工作。其运行的主要模式包括“基地＋专家＋农户”、“基地＋企业”等。这种模式的资金来源渠道主要有三个方面：一是政府通过项目经费资助；二是通过创收获得经费资助；三是涉农企业个人捐款资助。在管理上，形成以政府为引导，以科研单位为主导，涉农企业、专业户广泛参与的服务格局。该模式的特点是强调区域性，优点是能够充分利用当地的科研机构，做到科研与生产相结合，使最新的科研成果依托基地及时得到转化。

2. 培训型推广模式

这种模式强调应该充分利用社会的师资力量、教学设备，由农业技术推广人员根据区域资源优势、生产现状，围绕农业主导产业开展科技培训。其主要的培训形式包括集中培训、现场培训、网络培训、实地培养等。培训的主要资金来源为政府培训专项经费、企业培训资金等。通过对基层农业技术人员、行政干部、农村致富能手、示范户、企业家和广大农民开展培训和教育，使其开拓视野，转变观念，掌握技术，达到解决农村经济发展中的热点、难点、共性问题和农业生产中存在的关键技术问题。通过培训开展农业技术推广的优点是培训形式多样，利用网络使培训更快捷、方便和节省资金，能够充分利用各地的师资和设备，运行资金稳定有保证。

3. 合作型推广模式

这种模式是指在政府指导和培育下，由科研单位为各类合作组织提供技术培训、技术咨询和指导，提高组织成员的科技和市场意识，为农村和农协培养一批能人，通过农民专业合作社的统一组织和能人的示范带动作用，提高农民科技意识、市场意识和风险意识，促进农业科技成果以点带面推广。这种模式主要表现为“专家＋合作社＋农户”，其资金来源一般由会员集资或者通过劳动者的义务奉献来解决。该模式以自愿组建、自我服务、自我管理为宗旨，建立了风险共担、利益共享的经济利益共同体，借助股份制和股份合作制方式，凝聚内部与外部的技术力量，这样不仅保护了农民的利益，还有利于开拓市场，降低市场风险和交易成本。

4. 参与型推广模式

这种模式注重参与式理念的引入和参与式方法的应用，强调在制订农业技术推广计划、评价推广效果时，要广泛征求农民的意见，让农民参与推广工作的所有环节，强化农民与推广人员之间的互动关系。农民长期生活在极其复杂的社会和自然环境里，十分了解农村的实际和生产中所面临的问题，常年积累的生产、生活经验可供学习、借鉴、分享，可以作为推广的主要内容。同时，用适合他们经验的方式进行讲解、举例，让他们从自己的经验中对新技术触类旁通，引导他们快速理解并接受新技术、新信息，可以更加有效地实现技术落地。参与式农业技术推广强调要建立农民参与选择推广技术的机制，改变“你给的我不要，我要的你没有”的技术供给状况；农业技术推广部门应该及时把市场需求的正确信息、先进技术传递给农民，让农民自己选择，引导其自愿采纳农业新技术。这种模式的特点是农民不再只是农业技术的被动接受者和被动实施者，而变为推广活动的主要参与者。

5. 复合型推广模式

任何一种推广模式都不是万能的，它们会受到时间、区域、制度、人文等因素的制约，复合型农业技术推广模式正是基于这些因素的考虑，结合当地的特点，集众多推广模式的优点于一身，不拘一格地创造出适合当地情况的农业技术推广模式组合。复合型农业技术推广模式没有具体的推广形式，能够给推广人员更大的活动和裁量空间，根据具体的情况来确定和选择。由于没有具体的推广形式，有时会让推广经验不足的推广者无所适从。这种模式的特点是推广方法使用灵活多样，参与主体更加多元，资源整合更加高效，能够发挥不同推广模式的优势，但对推广人员素质水平有很高要求。

（三）农业技术推广模式创新的政策建议

农业技术推广工作是衔接农业科研和农业生产的中介，农业科技成果能否实现潜在生产力向现实生产力转化，关键在于推广主体能否把技术和信息及时顺畅地传播扩散到成果采用者手中。有效的农业技术推广模式可以提升推广工作的效率，以点带面促进创新扩散，因此农业技术推广模式的创新是促进农业科技成果高效转化的决定性前提，政府应从政策上给予鼓励和引导。

1. 强化政府调控，完善用人机制

应理顺管理体制，确立行业主管部门对农业科技推广进行宏观协调和指导的主导地位，以县级农业农村、林业、水利行政主管部门为农业技术推广的具体实施单位，县级派出到乡镇或按区域设置机构的人员和业务经费由县级主管部门统一管理，其人员的调配、考评和晋升，在充分听取所服务区域乡镇政府的意见后进行。明确规定农业技术推广部门的主要职责是将农业新品种、新成果、新技术推广到农业生产之中，属于公益性服务，农业技术推广人员与农业技术推广无关的其他日常性事务工作应让位于本职推广工作，不得挤占正常工作时间。在用人机制上要实现由固定用人向合同用人、由身份管理向岗位管理转变。坚持公开、公平、公正的原则，采取公开招聘、竞聘上岗、择优聘用的方式，选拔有真才实学的专业技术人员进入推广队伍，人员的进、管、出要严格按照规定程序和人事管理权限办理。将农业技术推广人员的收入与岗位职责、工作业绩挂钩，对在推广工作中有突出贡献的人员给予重奖，并提高长期在基层农村从事科技推广科技人员的待遇，以调动推广人员的工作积极性，定期培训推广工作人员以提高他们的专业素质和工作能力。健全激励机制，设立农业科技推广奖，对在农业技术推广工作中成绩突出的单位和个人给予奖励，不断探索创新农业技术推广人员在工作之余开展经营性服务的模式。

2. 加大政府投入，拓展筹资渠道

加大农业技术推广机构的经费投入：一是加大基础性和公益性技术研究推广的国家资助力度，这不仅完全符合 WTO 的“绿箱”政策，还能有效增强我国农业科技和社会经济可持续发展的后劲。二是建立农业科技成果推广专项基金，经费来源可由地方财政收入按一定比例计提。三是对有应用前景的高新技术成果给予推广风险贷款，以保证推广部门的事业经费，做到农业技术推广的风险由政府、科研机构和推广部门共同承担。四是制定一定优惠政策，鼓励农用物资部门和农业技术推广部门以股份合作的形式进行合作，这样既可以提高农用物资的利用效率，又能使农业技术推广所需的物资得到保证，从而解决科技与物资分离的问题，为推广工作提供物质和设施保证。

3. 整合系统职能，创新管理体系

我国目前存在农业科研、教育和推广系统相互脱节的问题，三大系统分属于不同的管理部门，经费来源都有自己固定的渠道，工作开展情况和绩效评价由各自的管理部门负责，相互之间缺乏直接联系。由于三个系统之间各自独立运行，导致研发出来的技术无法通过培训体系传递给生产者，无法依托推广体系直接“落地”。在这点上，美国的政府领导、州立农学院为主体的教育、科研、推广三结合的体系值得我们学习借鉴。美国的农业推广组织管理体系由农业大学、农业试验站和合作推广站三个系统组成，不同体系之间通过联邦推广局、各州农业推广站和县推广办公室等机构紧密联结，实现了上下游推广职能的有机统一。我们可借鉴美国经验，依托国家、省、县三级农业技术推广机构整合教育部门、科研机构、推广系统的优质资源和优秀人才，成立相应的农业技术推广办公室，隶属相应的政府管理。国家级推广办公室主要职责是制定相关的法律法规及激励机制，进行推广项目的审批及经费划拨，协调项目的实施及各省的推广教育活动；省级推广办公室主要职责是组织各省农业技术推广项目的申报、下达、管理、实施及经费的管理，对各类推广主体进行培养和能力提升。

4. 优化服务效能，引导多元参与

应根据我国国情及各地实际情况，积极推进多种形式的社会化农业科技推广体系建设。对公益性农业科技服务，采取政府投入的方式进行。通过完善服务网络建设，建立“以县为中心、乡为枢纽、村为重点、户为对象”的农业科技服务网络，培养科技示范户，建立科技示范场、示范村、示范区、示范园等，将新产品、新技术借助各类园区基地、大户能人以点带面辐射传播出去。逐步将国家基层农业技术推广机构中承担的农资供应、动物疾病诊疗以及产后加工、营销等服务分离出来，按市场化方式运作。鼓励其他经济实体依法进入农业技术服务行业和领域，采取独资、合资、合作、项目融资等方式，参与基层经营性推广服务实体的基础设施投资、建设和运营。积极探索公益性农业技术服务的多种实现形式，对各类经营性农业技术推广服务实体参与公益性推广，可以采取政府购买的方式进行。积极支持农业科研单位、教育机构、涉农企业、农业产业化经营组织、农民合作经济组织、农民用水合作组织、中介组织等参与农业技术推广服务。积极探索科技大集、科技示范场、技物结合的连锁经营、多种形式的技术承包等推广形式。鼓励农业技术推广人员自主创业，对他们创建的经营性技术服务实体，可以优惠使用原乡镇推广机构闲置的经营场地，并享受现行政策规定的有关税收优惠。有条件的地方可以探索农业技术推广有偿服务形式，即让农民负担部分推广经费，采取一次性收取服务费、按新增效益的百分比提取科技推广费等形式。

第四章　农业技术推广人才的能力素质提升

随着现代农业的发展，农业的生产技术、管理方式都发生了很大变化，需要农业技术推广工作不断深挖自身潜力，更好为现代农业发展服务。现代农业发展的核心是提高农业科技水平，农业科技水平提高依赖农业技术推广人才。乡村振兴关键在人才振兴，作为乡村人才队伍的重要组成部分，农业技术推广人才在乡村建设过程中发挥重要作用，其素质高度直接决定着新型技术能否落地、现代农业能否实现。提升农业技术推广人才的能力素质，是农业技术推广事业发展的前提和保障，也是乡村人才振兴的重要工作之一。

一、农业技术推广人才发展需求变化

农业技术推广人才是宣传和实施现代农业高新技术的主力军，是现代农业科技成果的接受者、携带者和传播者。农业技术推广人才如何紧跟现代农业发展步伐，适应新时期农业科技推广工作的现实需要，成为当前农业技术推广队伍建设中一个十分重要的课题。为了提升农业技术推广人才队伍的整体业务水平和综合能力，加快农业农村人才培养进程，各级有关部门启动实施了很多培养项目，探索了很多培养模式，制定了很多培养方案，力求通过外力培育提升队伍的整体服务能力。但是在实践过程中，仍然存在项目培养效果不佳、人才参与积极性不高、计划实施效率低下等问题，这些问题产生的一个直接原因便是项目设计者没有掌握推广人才的实际需求，没有认真分析产生这些需要的深层次原因，没有设计出满足不同主体需求的方法和路径。

现代农业具有生产过程机械化、生产技术科学化、增长方式集约化、经营机制市场化、生产组织社会化、生产绩效高优化、劳动者智能化等特点，这些特点要求现代化的农业技术推广服务内容不仅停留在高效技术的宣传普及，还包括农村生产与生活的综合咨询服务，推广的目标也由单纯的增产增收拓展到促进农村、农业、农民生产的发展与生活的改善。面对现代农业背景下农业技术推广内容的新变化，农业技术推广人员不仅需要在技术应用水平上有所提升，还要了解农村社会发展状况，掌握与农民的沟通技巧，熟悉先进的农业推广方法，具备一定的调研和分析能力。新时代赋予了农业技术推广工作更多的新内涵，对农业技术推广人员提出了更高的要求和期望，这样的外部刺激转化为个体的内在行为动机就产生了发展需求。理论而言，一个人的需求水平就是目标行为表现与目前行为表现的间距，目前行为表现是一个人现有知识、技能和态度的具体反映，由于不满足现状而产生的更高目标和参照物则为目标行为表现①。农业技术推广人才的发展需求就是现代农业发展过程中对农业技术推广人才提出的新目标、新标准与人才队伍目前素质能力状况之间的差值，是一种潜在需求。潜在发展需求并不是真正意义上的发展需求，只有潜在发展需求通过外部激发让主体意识到了某种知识、技能或支持性政策与服务的不足和欠缺，产生了学习的欲望，才会转化为自发的需求，进而才会有参与培养项目的主动性和积极性（图 4－1）。

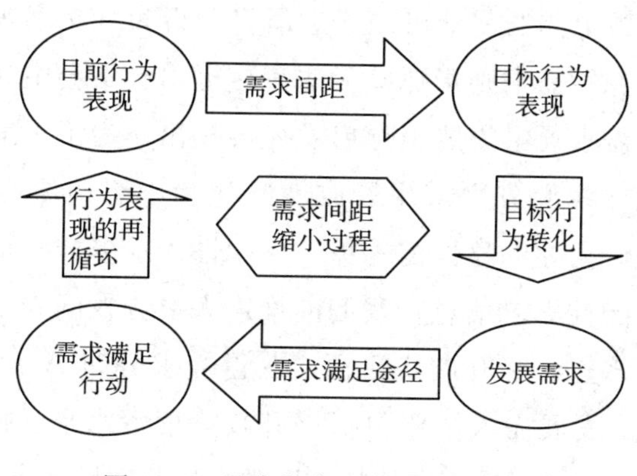

图 4－1 需求的产生与满足示意图

① 北京市农业局．农民培训需求调研指南［M］．北京：中国农业大学出版社，2009：4.

为了了解现代农业发展新环境下农业技术推广人才需求的新特点，寻找有效开展人才培养的路径与模式，我们针对全国各级农业技术推广人员开展了问卷调研和专题访谈。本次问卷调研涉及的内容主要包括：需求间距分析、目标群体分类分层、胜任力分析和培养模式研究等。通过调研我们发现，随着传统农业向现代农业逐渐转型，农业技术推广人才的发展需求出现了新变化，呈现出新特征。

二、当前农业技术推广人才需求的特征

实现乡村振兴需要培养一支懂农业、爱农村、爱农民的“三农”工作队伍，身处农业农村工作一线的基层农业技术推广人才正是这支队伍的重要组成部分。在实施乡村振兴战略的今天，农业技术推广人才具备的素质应该被重新定位，他们应该懂得现代农业发展趋势，掌握技术扩散的方式方法，同时能教化、引导农民成为人才。不同时期农业技术推广人才的需求特征存在很大差异，在当前，我国农业技术推广人才的需求主要呈现以下几个特征。

（一）显性需求单一，隐性需求多样

显性需求是指个体的需求可以通过语言、行为、文字等可感知的形式直接表达出来，隐性需求则指那些无法直接提出、不会主动描述和难以形容的需求，这些需求通常需要引导启发才会提出。为了了解农业技术推广人才的需求情况，我们分别采用开放性问卷和小组访谈两种形式开展调研，结果显示推广人才的显性需求单一，隐性需求多样，传统需求调研方法可能无法获取隐性需求信息。我们向推广人员分发问卷，并且设置了发展需求选项（可多选）和开放式问题，获得需求分布 A（图 4－2）。统计显示，推广人才的发展需求主要包括提升政策理解水平、拓宽视野更新观念、提升专业知识、创新推广方法技能四类。这些发展需求的特点包括：需求种类少；选择比重大；可以通过培训和观摩等传统教学形式满足；具有普遍性。

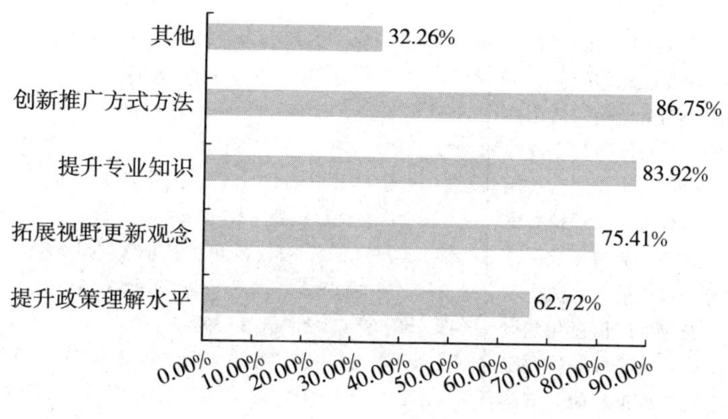

图 4-2　推广人才显性需求分布

在明确推广人才的显性需求后，我们以 10 人为 1 组、每次 10 组的方式开展了 5 次小组座谈，围绕农业技术推广人才的发展需求组织了专题研讨，我们精心设计了访谈框架（图 4-3），在实施过程中运用了头脑风暴、问题树、目标树等参与式需求调研方法，引导学员提出自己的需求，最终得到了需求分布 B（图 4-4）。

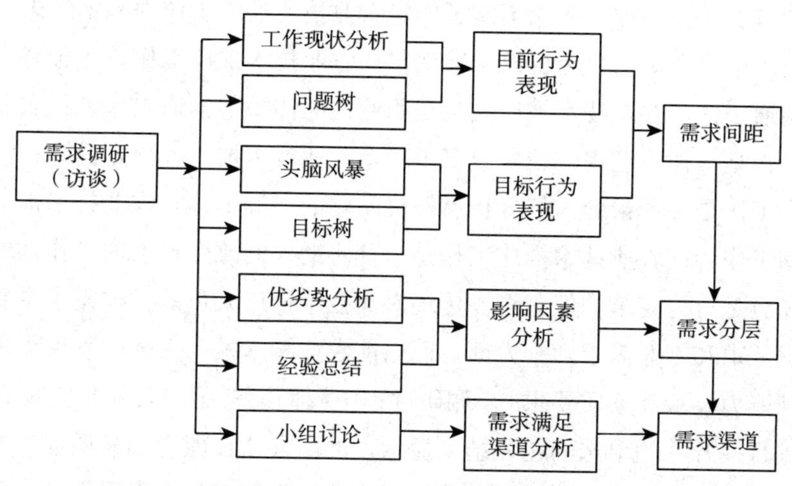

图 4-3　需求调研访谈框架

小组研讨的结果显示，推广人才的隐性需求更加具体、多样，这些需求通常具有个性化特征，多数无法通过传统培训渠道满足。由于隐性需求需要启发引导才能获得，因此经常应用的问卷式需求调研方法无法获得培养对象全部、具体的需求信息。

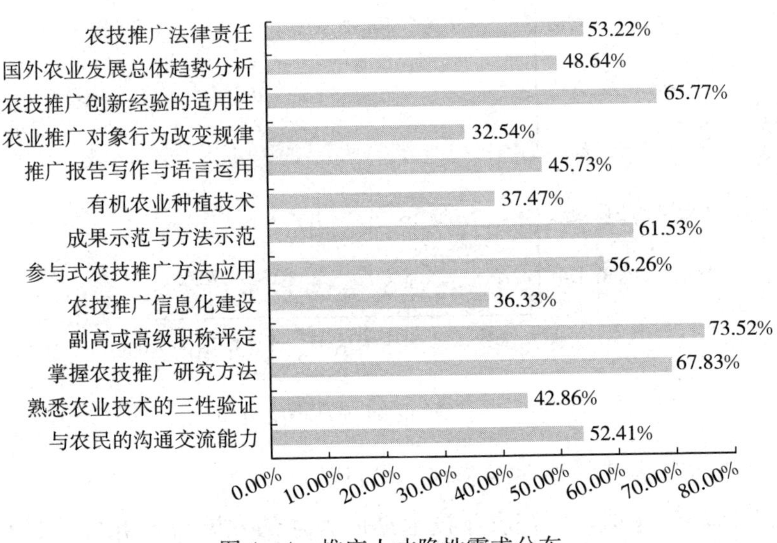

图 4-4　推广人才隐性需求分布

(二) 不再局限于知识和专业层面

随着农业技术推广概念不断延伸，农业技术推广工作内涵不断丰富，对农业技术推广人员的界定也发生着变化。农业技术推广工作是一种特定的传播与沟通工作，农业技术推广人员是职业性的传播与沟通工作者；农业技术推广工作是一种非正规的校外教育工作，农业技术推广人员是教师；农业技术推广工作是一种帮助人们分析和解决问题的咨询工作，农业技术推广人员是咨询工作者；农业技术推广工作是一种协助人们改变行为的工作，农业技术推广员是行为变革的促进者。传统农业技术推广人员的发展需求主要体现在知识需求和专业需求两个方面，而当前农业技术推广人才的发展需求已经延伸到能力要求和素质要求①。调研过程中我们设置了“自身最需要在哪一方面进行提升”的单选问题，结果显示，推广人才在能力和素质提升方面需求较大，在能力需求上具有市场性和现代性双重特点，在素质需求上更加注重创新意识的培养。在能力要求上，更多推广人才希望提升在市场信息服务、农村家政推广、农业技术推广咨询等领域的服务水平，重点强化自身的指导服务能力、市场预测能力和信息处理能力（图 4-5）。在素质要求上，

① 高启杰．农业推广学［M］．北京：中国农业大学出版社，2008：272.

更多推广人才希望提升自身的集成创新水平，能够在推广方法应用、推广模式选择、推广主体培育等方面不断创新、有所突破（图 4－6）。

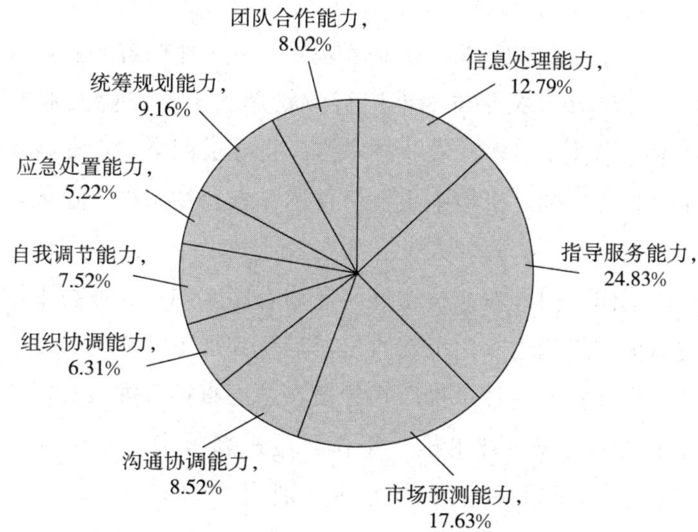

图 4－5　推广人才最急需的能力

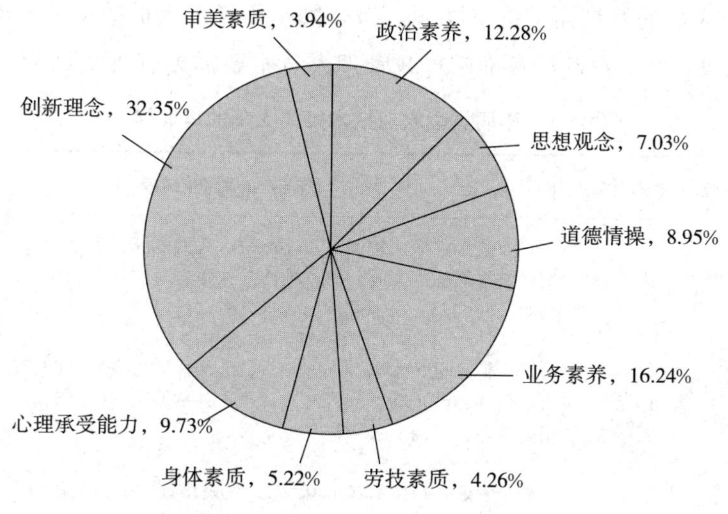

图 4－6　推广人才最急需的素质

传统推广人员培养注重其知识需求和专业需求，主要通过培训方式满足；新型农业技术推广人才更需要提升自身的能力和素质水平，其知识需求和专业需求可以通过日常工作中的技能培训、项目参与、自学等途径满足。

（三）发展需求上存在较大差异性

在调研中我们发现，农业技术推广人才可以分为不同的类型，不同类型农业技术推广人才的发展需求存在显著差异。从工作内容来看，农业技术推广人员可以进一步分为农业技术推广行政管理人员、农业技术推广督导人员、农业技术推广技术专家和农业技术推广指导员四类。农业技术推广行政管理人员在农业技术推广机构中主要负责运作农业技术推广业务，发挥行政主管职责；农业技术推广督导人员主要在农业技术推广机构内部监督和指导农业技术推广工作，引导农业技术推广计划有序实施；农业技术推广技术专家在农业技术推广组织内专门负责收集、消化和加工特定的科技信息，并提供特定的技术指导；农业技术推广指导员在基层直接开展各类农业技术推广活动，指导农民参与农业技术推广工作，促进新技术在基层有效“落地”。四类推广人员在调研对象中所占比例分别为22.6%、15.2%、30.5%和31.7%，其中推广专家和技术指导员是农业技术推广人才中的主力。在分类基础上，我们针对培训课程设置，对四类人员的培训需求进行调查，发现每一类推广人员的培训需求都不相同，但是同一类推广人员的培训需求呈现相似性（表4-1）。农业技术推广行政管理人员主要需要管理类课程，农业技

表4-1　不同类型农业技术推广人员的培训需求

受访者类型	所占比重	所需要的培训内容
农业技术推广行政管理人员	22.6%	农业技术推广法解读（74.52%）；人力资源管理（53.72%）；推广项目申报流程（62.64%）；推广工作报告写作（71.44%）；预算经费编制（68.27%）；推广机构管理（81.94%）等
农业技术推广督导人员	15.2%	推广信息化技术（78.59%）；社会交往能力提升（82.75%）；推广人员培训方法创新（83.26%）；推广评估方法（65.45%）；推广工作报告写作（70.12%）等
农业技术推广技术专家	30.5%	新型农业生产技术（80.05%）；农民培训方式方法创新（72.73%）；新型农业生产模式（71.45%）；国外农业技术和生产模式（63.87%）；推广研究方法（75.46%）等
农业技术推广指导员	31.7%	农业技术推广经营服务（81.24%）；农业技术推广信息服务（65.42%）；农业技术推广培训与咨询（79.53%）；农业技术推广试验与示范（70.05%）；农业技术推广的基本方法（80.32%）等

术推广督导人员主要需要培训类课程，农业技术推广技术专家主要需要技术类课程，农业技术推广指导员偏向方法类课程。传统推广人才培养将培养对象视为一个群体，没有对其进行分类分层，培养工作缺乏针对性。

（四）需求间距较大

所谓需求间距，就是目标行为表现和目前行为表现之间的距离，目标行为表现是发展需求产生的动力①。需求间距可以进行简单测量，经过测量可以了解需求的满足程度，明确自身的发展方向，为下一阶段培养目标的确定提供参考。为了了解推广人才的需求间距情况，我们列举出没有、缺乏、满足基本要求、满足要求以及理想标准五个层级，每个层级分配两个偏好刻度，推广人才可以用数值粗略估算自己在知识、专业、能力和素质四个方面的需求间距，总分为 10 分。我们先让调研对象对自己目前行为表现进行估分，然后将集体研讨后设定的目标行为表现定为 10 分，两者差值为培训前的需求间距。培训完成后，我们采取同样方式对推广人才训后需求间距进行了测量。为了方便对比，我们也随机选择其他推广人员进行培训间距测量（图 4－7）。此外，我们也针对参与实地培养的推广人才开展了需求间距测量（图 4－8）。结果显示，由于对自身期望值较高、有较为明确的职业规划，推广人才的需求间距较大；传统课程设计主要强化技术和知识，对综合能力提升作用不显著，因此培训前后推广人才需求间距缩小幅度有限；实地培养活动在专业知识、视野观念、理论提升等方面缩小间距效果明显，优于传统培训，可作为培训的补充和替代；短期内需求间距的数值变化不大，应在整个项目周期前后进行比较。

（五）发展需求满足渠道缺失

目前，农业技术推广人才需求的满足渠道主要有专业培训、在职进修、考察参观、实地培养、外部激励五类，其中专业培训是主要渠道。调查显示，2019 年全年仅有 62.5％的农业技术推广人才接受过短期业务培训，平均培训时间基本在一周以内，35.5％的人员一年内没有参加过任何形式的业

① 王德海．参与式农业推广工作方法［M］．北京：中国农业科学技术出版社，2013：56.

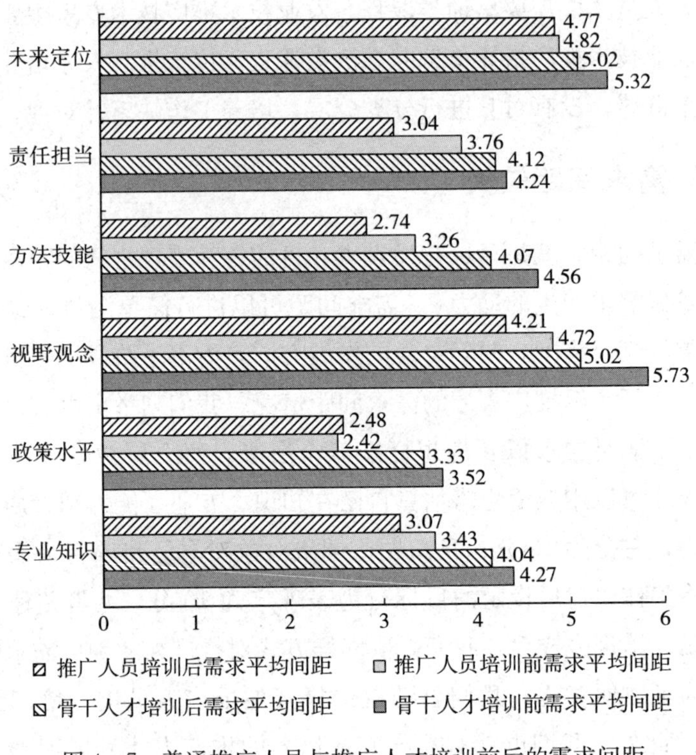

图 4－7　普通推广人员与推广人才培训前后的需求间距

务培训，仅有 2％的人员接受了 1 个月以上的长期系统培训。目前，受访者的自我发展需求满足渠道依次为调训培养（78.7％）、职称晋级（64.8％）、考评督导（52.6％）和个人自学（48.3％），培训和职称成为满足个人发展需求的主渠道。受经费等因素制约，多数地区未建立基层农业技术推广人员培训长效机制，主要依托项目对部分推广人员进行培训，没有专门的人才培养项目，对于常年工作在生产一线的推广人员，基本没有安排外出学习培训的机会。对于调研对象而言，33.5％的受访者认为自己的知识需求没有得到满足，41.7％的受访者认为自己的专业需求没有得到满足，64.2％的受访者认为自己的能力需求没有得到满足，68.5％的受访者认为自己的素质需求没有得到满足，培训难以成为人才成长、需求满足的主渠道。由于很多推广单位缺乏科学、长期的人力资源规划，没有在职进修的渠道，因此导致农业技术推广人才队伍的学历水平普遍偏低：受访者中最高学历为研究生的占 4.7％，本科的占 20.2％，大专学历的占 41.4％，中专学历的占 20.7％，高中及以下

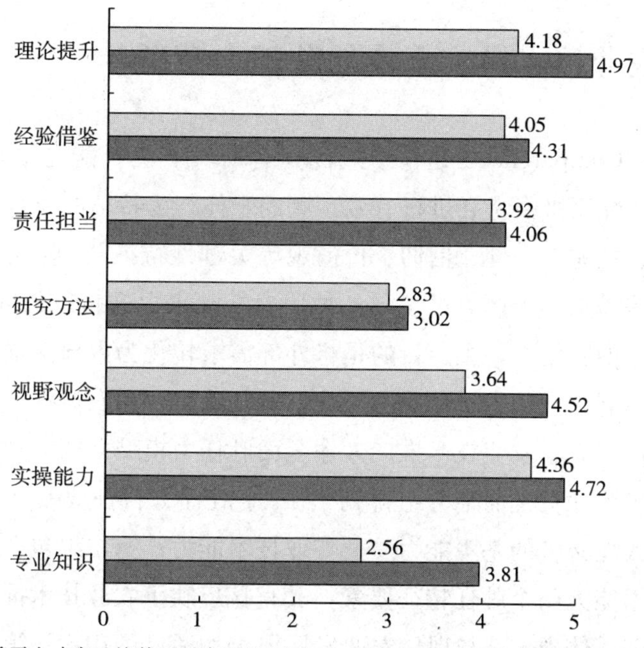

图 4-8　推广人才实地培养前后的需求间距

学历的占 13%。参照新农业技术推广法对推广人员专业技术水平的规定，仍有 33.7%的受访者达不到要求。当问及今后首先选择什么渠道满足自身的发展需求，多数受访者选择了在职进修、职业发展与晋升、定向培养，渠道类型相对单一，在现实中往往因为体制性遗留问题而阻碍重重（图 4-9）。

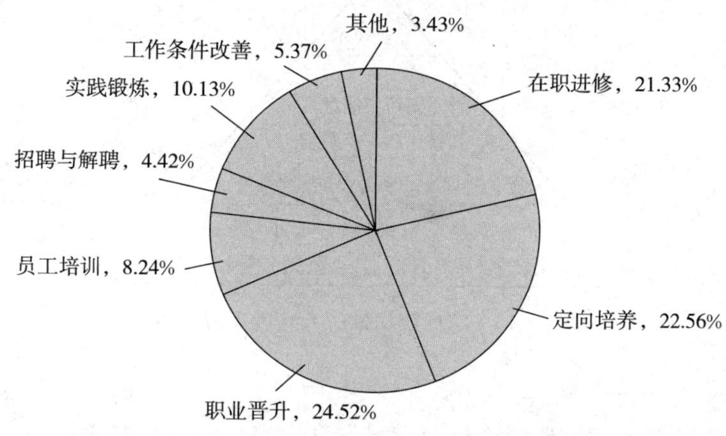

图 4-9　推广人才首选的发展需求满足渠道

三、农业技术推广人才的胜任力模型

胜任力（Competence）是指绩效优异者所具有的，能与绩效平庸者区别开来的，并能用来衡量和进行有效预测的个体行为特征的集合，主要包括个体的知识、技能、个性、信仰、价值观等关键性特征[①]。胜任力可以内化为个体的发展需求，个体通过参与各种培养活动来提升自己的胜任力水平。研究推广人才的胜任力，主要目的是将外部需求转化为内部需求、将群体需求内化为个体需求。基于目前我国现代农业发展需要和农业技术推广体系建设现状，我们建立了农业技术推广人才全面胜任力模型（图 4-10）[②]。这一模型按照逻辑顺序自上而下分组排列了 10 个胜任力特征要素：第一组是农业技术推广人才必备的基本能力——专业技术能力；第二组包含研究创新能力、信息搜索能力两个胜任特征要素，其直接反映了农业技术推广人才自身竞争力的强弱，体现出其与现代农业发展要求相适应的程度；第三组包含教学培训能力、市场响应能力和系统思考能力三个胜任特征要素，这三个要素反映了农业技术推广人才服务于农民能力的大小，是农业技术推广水平的核心所在；第四组包含爱岗敬业能力、团队合作能力、社会公关能力和变化适应能力四个胜任特征要素，反映的是农业技术推广人才的思想品行、道德修养和人格魅力状况，是农业技术推广人才能否长久从事该项工作的基本条件。

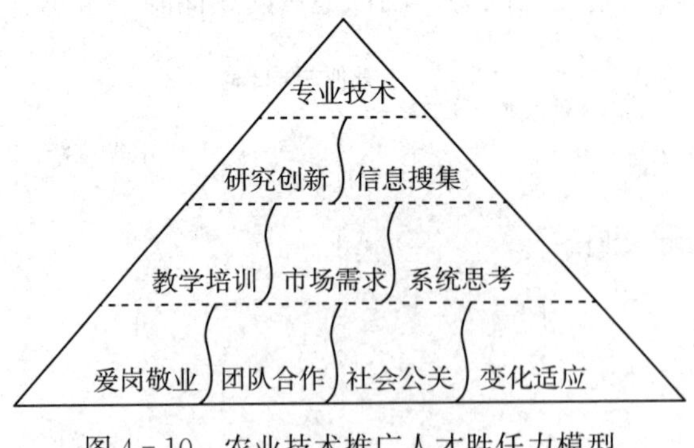

图 4-10　农业技术推广人才胜任力模型

① 杨雪．员工胜任素质模型与任职资格全案［M］．北京：人民邮电出版社，2014：46.

② 该模型参考了 HAY 管理咨询公司的冰山胜任力模型和王重鸣提出的综合胜任力模型。

从农业技术推广人才胜任力模型可以看出，农业技术推广人才的需求水平自上而下在不断提升，每一组胜任力的实现都需要特定需求的满足。专业技术是每一位农业技术推广者需要具备的基本能力，专业技术水平的提升也是传统农业技术推广人员培训活动的主要内容。随着胜任力水平的下移，胜任力组合的特征要素逐渐增多，能力要求越来越高，需求间距逐渐拉大，很多发展需求已经无法通过单纯的培训活动来满足，需要外部提供更多渠道和路径。比如专业技术可以通过技术培训满足，但是研究创新则需要辅之以实地培养、考察参观、外部激励等途径实现，教学培训还需通过专业的 TOT 培训（辅导者培训）和教学观摩来满足，爱岗敬业、团队活动则可以通过拓展训练、事迹宣传、小组座谈等活动实现。构建胜任力模型的主要目的是要通过不同要素组合将人才培养的流程和方法进行分类分层，针对不同类型的需求采取不同的培养方法和模式（图 4 - 11）。

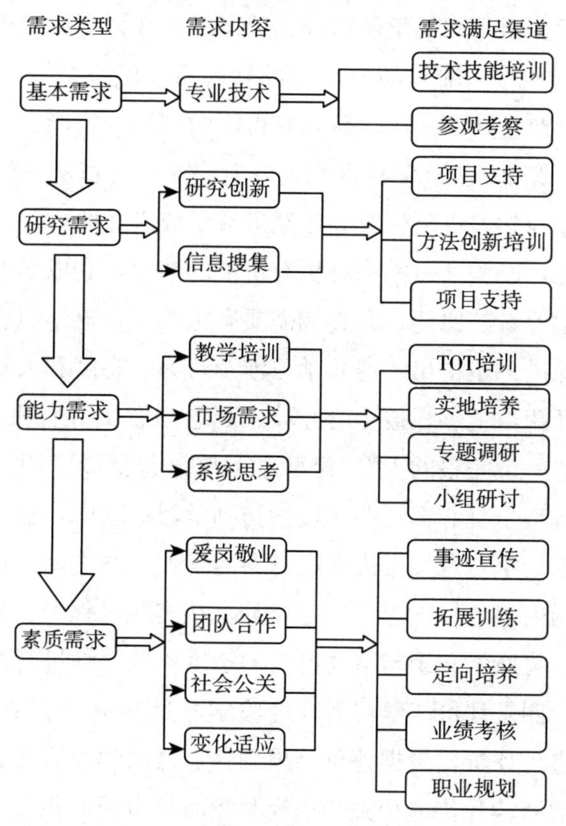

图 4 - 11　农业技术推广人才需求满足渠道

四、农业技术推广人才实地培养模式创新

和其他农业干部不同，农业技术推广人员奋战在农业生产第一线，与农民“零距离”打交道，对其开展培养的模式不能只局限于课堂讲授，培训的内容也不能只限定在技术层面。对农业技术推广人员进行培养，除了通过传统培训方式扩充其理论知识，更需要依托实地培养提升其操作能力和实践水平。目前农业干部培训以课堂讲授居多，鲜有开展系统的实地培养实践，这不利于个体素质的全面发展，也无法构建完整的培育体系。

（一）实地培养的理论基础

成人教育理论认为，由于年龄、心理、生理、环境等方面的差异，成人具有与儿童和青少年不同的学习特征。美国成人教育学家诺雷斯强调，成人是以经验作为学习的基础和动力，通过对这些经验进行详细回顾、深刻理解、系统反思以及重新构建等步骤，获得新的知识、技能、情感、态度或者产生行为改变。20 世纪 70 年代以来，以罗杰斯、麦基罗、库伯等为代表的研究者对成人经验学习进行研究，逐渐形成了成人经验学习理论。美国推广学家罗杰斯认为，经验学习是一种更有价值的学习，它以学习者的经验为中心，把学习与学习者的愿望、兴趣和需要有机统一，让学习者在操作和体验中学习新知。他进一步指出，经验学习涉及行为、态度和人格等方面，是将逻辑与真实、理智与情感、概念与经验、观念与意义等有机地结合在一起，使学习者成为“一个完整的人”。经验学习应该包括以下四个基本要素：一是投入。学习者整个身心都需要积极参与到学习活动中，包括认知与感情的参与。二是主动。学习者发自内心愿意参与学习，并主动选择那些有意义并且自己感兴趣的内容进行学习。三是互补。在实践过程中，学习者往往会结合自己的经验，将所学知识与自身行为、态度以及个性进行互补，在实践中不断完善自我。四是评价。学习者在经验学习过程中，会主动对学习内容、过程、结果等进行评价，根据评价结果调整自己的学习方法。经验学习不是向学习者机械地灌输和传递相关知识经验，而是由他们积极主动地建构；学习者是培养的主体，承担着学习的行动。作为实地培养的另一大理论，实践

性学习理论更强调学习与客观世界的关系，强调对成人进行培养必须找到学习与实践的结合点。美国教育学家约瑟夫·雷林指出，实践与理论的分割导致学习脱离实践，实践性学习则是一种将理论与实践相结合，把知识和经验相统一的学习方式。他将实践性学习定义为在实际情境中，学习者通过融入实践活动而进行的知识经验学习过程。这里的实践活动并不仅仅指学校依据教学要求开设的实践活动（比如现场教学），也包括学习者日常生活中的各种实践活动；实践性学习的内容也不仅仅局限于操作技能、书本知识，而拓展到各种隐性社会知识经验。实践性学习主要有三种形式，第一种是通过观察他人行为而进行学习，即观察学习；第二种是知识理论的运用和操作技能的训练；第三种是通过社会角色和社会关系而进行的具有社会生存意义的隐性知识经验学习。成人实践性学习理论认为，实践性学习的根本属性是在实践情境和实践活动中进行学习。

（二）实地培养的参与意愿

为了了解农业技术推广人员对实地培养的需求情况，汇集学员的各类意见建议，2018—2019 年我们依托各类农业技术推广培训项目，针对 220 名学员开展了实地培养需求调研，了解当前农业技术推广人员的实地培养需求情况。调研数据显示，有 62.5％的学员希望今后在培训活动中压缩课堂讲授比重，增加现场教学和实地培养的比重；84.1％的学员有意愿参加专门的实地培养项目；73.6％的学员认为可以适当采取普通培训和实地培养相结合的方式（图 4-12）。

针对培训时间，有 12.5％的学员愿意参加 6 个月左右脱产或半脱产的实地培养项目，认为充足的培养时间是保证培养质量的关键。有 14.7％的学员愿意参加 3 个月左右的实地培养项目，有 21.2％的学员愿意参加 1 个月左右的实地培养项目，有 30.5％的学员愿意参加半个月左右的实地培养项目。一些学员担心参加实地培养会影响平日推广工作，认为时间不宜太长，一周为宜，以半脱产形式为最佳（图 4-13）。

调研数据显示，在最愿意采取的培养模式方面，有 30.5％的学员选择“科研单位＋学员”模式，即由科研单位专家针对学员开展一定周期的“导师制”培养，最好可以和学历证书捆绑；26.5％的学员选择“推广单位＋学

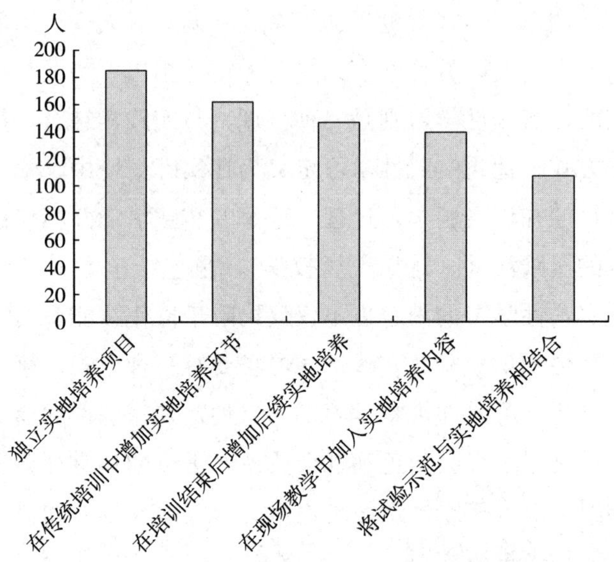

图 4-12　组织形式的偏好选择

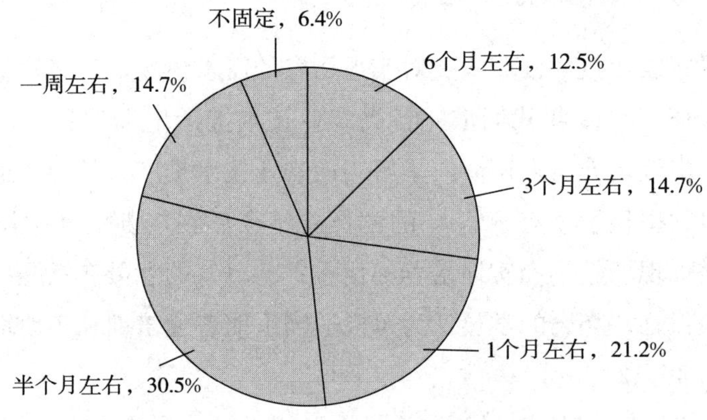

图 4-13　实地培养时间的偏好选择

员”模式，即由推广单位依托试验示范基地开展实地培养，形成推广单位合作共建机制，或者由本单位推广专家对骨干人才进行重点实地培养；21.8%的学员选择“新型经营主体＋学员”模式，即由新型经营主体参与实地培养，形成互利共赢的业务关系；18.5%的学员选择“政府机关＋学员”模式，即通过借调形式培养农业技术推广业务型人才，或者强化新上岗人员的业务水平（图 4-14）。一些学员建议，应该采取多样化的实地培养模式，并探索“企业＋研发中心＋学员”、“院校＋功能研究室＋学员”、“合作社＋

能人＋学员"、"基地（试验站）＋培训机构＋学员"等。

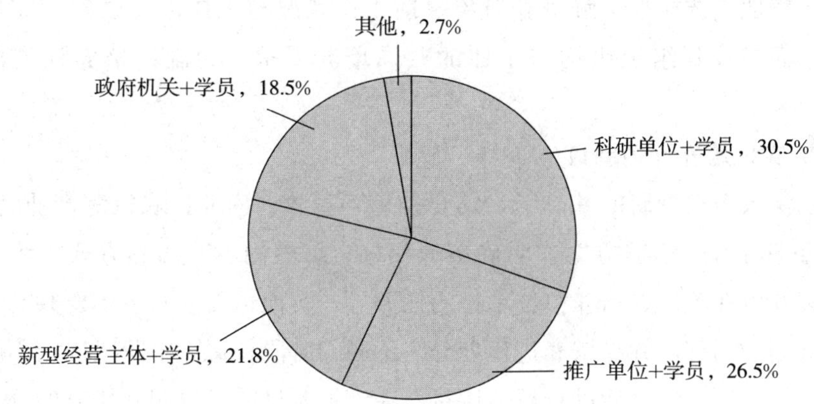

图 4－14　实地培养模式的偏好

为了保证实地培养顺利实施，破解本职工作与实地培养之间矛盾，提高对培养效果的监测评估，学员建议，在经费上，部、省两级主管部门可设立实地培养人才专项保障经费，对于入选的实地培养人员，所在单位及培养单位给予部分资金支持；优先选择课题、项目丰富的科研院所与推广机构作为培养单位，用课题、项目资金解决部分实地培养费用问题。在时间上，应根据产业类型与规律，合理安排培养时间，避开农忙季节，就地、就近开展实地培养；根据参加实地培养人员的工作情况，灵活选取培养方式，尽量保证培养人员脱产培养；所在单位和培养单位应充分考虑推广项目的运行周期，保证培养人员能够全程参与项目实施。在评估上，实地培养人员选拔过程中，应优先考量培养对象的参与意愿、工作能力以及成长空间，适当放宽技术职称等具体指标的要求；全面分析实地培养情况，建立实地培养考核指标，重点考评培养人员、培养单位和所在单位的培养方案落实情况及培养效果；培养人员应定期将培养现状、问题、心得、建议等报送主管部门。

（三）农业技术推广人员实地培养的组织流程

1. 实地培养需求调研

一般情况下，实地培养工作主要包含四个环节，即实地培养需求调研、实地培养计划制订、实地培养工作实施和实地培养效果评估。在组织实施过程中，首先需要针对培养对象开展深入的需求调研。调研的内容应该包括目前工作上存在的问题和困难、培养经费来源、培养时间偏好、培养模式选择、培养地点选择，了解培养对象目前工作状况与工作需要之间的需求间距，进而寻找到组织机构与个体的共同培养需求，为制订培养计划奠定基础。

2. 实地培养计划制订

在深入需求调研的基础上，结合种植、畜牧、渔业、农机等产业特点，制定合理可行的培养方案，明确培养目标、培养内容、培养方式、培养效果，以及所在单位、培养单位承担的任务等。实地培养涉及主体要共同参与培养计划的制订，并将培养过程划分为不同的阶段，每一个阶段确定不同层次的目标，以方便之后进行评估比对。在计划制订阶段要明确培养的分工和权责，以及应用的培养方式方法，在选择方式方法时要紧密围绕培养目标，不同阶段依据不同目标采取不同的培养方式。培养计划最终的产出应该是一张清晰明确的表格，涵盖所有的培养内容和时间安排。

3. 实地培养工作实施

实地培养的实施就是根据计划开展培养工作，在这一阶段通常包含理论学习、实践操作、成果转化等内容，一般采取小组学习和一对一指导等形式。学员可以通过参与科研项目、共同开展工作、合作撰写文章等形式进行学习，在参与中收获新知。为保证实地培养顺利实施，各级主管部门应加强对实地培养工作的指导与监督，强化与实地培养人员所在单位及培养单位的沟通与协调，让他们充分了解实地培养工作的要求；培养人员所在单位和培养单位之间应保持紧密联系，共同落实培养方案，协调解决实际问题，切实保障培养效果；培养人员应正确认识实地培养的意义和作用，把握机会，提高能力。

4. 实地培养系统评估

和传统集中培训不同，实地培养评估更加复杂，一方面是由于不同阶段培养目标存在较大差异，另一方面是因为实践活动的评估主体和评估方法模糊，很多时候无法通过简单的分值反映。开展实地培养过程中要实行分阶段系统评估，在培养的不同阶段要与培养目标进行对照，确保培养能够达到预期效果。此外还要由培养人员和组织单位进行内部评估和外部评估，并将评估结果及时反馈给学员所在单位。实地培养活动的流程可用图 4－15 简单表示。

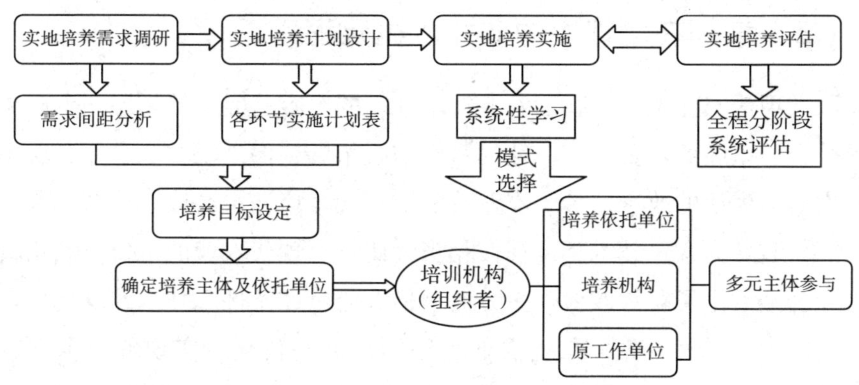

图 4－15　实地培养的实施流程

五、满足农业技术推广人才发展需求的新思路

通过胜任力模型分析，我们可以了解农业技术推广人员培养的路径和方法，并对目前的人才培养策略进行调整和完善。乡村振兴背景下，要求我们今后的推广人才培养要以乡村发展重点为内容，以人才需求为导向，以分类分层为基础，以构建长效机制为保障，通过方法创新提升人才培养效率，构建人才培养可持续发展机制。

（一）创新农业技术推广人才需求调研方法

在开展农业技术推广人才培养项目前，需要针对培养对象开展需求调研。由于隐性需求难以通过传统的需求问卷获得，因此在开展需求调研时，需要选用半结构访谈、专题研讨、开放式问卷等工具，并且引导调研对象找出自身急需的显性需求和没有意识到的隐性需求。对于完全没有意识到行为表现差距的需求，调研者应结合当前现代农业发展的总体趋势和发展需要，激发培养对象在变化适应、社会公关、系统思考、团队合作等方面的学习需求，除了安排培训教学，还可设置一些能力提升方面的活动，并在专题研讨活动中应用 H 图、问题树、目标树等需求调研工具。对于虽然意识到了行为表现的差距，但并不认为是自身缺乏的表现，可以作为需求分析者开展需求调研的分析领域和题目。

（二）增加在培训中的非技术类课程比重

随着现代农业发展，我国农业技术推广的内容已经开始拓展到生产与生活的综合资讯服务，目标由单纯的增产增收拓展到促进农村、农业、农民生产的发展与生活的改善。传统农业技术推广人才培训主要以介绍新技术、新方法、新装备为主，技术类课程占相当大比重。现代农业的本质内涵相较传统农业已经发生了很大改变，一方面是指农业生产条件和技术的现代化，这是物质层面的；另一方面则指农业组织管理的现代化，实现农业生产专业化、社会化、区域化和企业化，这是管理层面的。因此在设计培训课程时，不应将培训单纯定位为新技术、新方法的宣讲，还应设置诸如政策解读、管理技巧、项目申报、工作评估、计划编制、应急处置、新型经营主体培育等方面的课程，编写一些综合性的主体教材和辅助教材；对于一些无法通过课程满足的需求，比如能力提升、方法应用、沟通技巧等，可以选用现场教学、网上教学、经验介绍、案例教学、项目支撑等方式来满足。和普通农业技术推广人员不同，针对农技推广人才开展培训时，应适当缩小纯技术类课程比例，增加管理类课程；技术类课程应紧密结合现代农业发展特点，主要聚焦技术密集型农业、休闲农业、绿色农业等领域。

（三）针对农业技术推广人才采取分类分层培养

多样化的农业技术推广组织体系决定了农业技术推广人才的多样性。应根据不同类型农业技术推广人才的工作内容、业务性质、发展目标不同，选择不同的培养渠道，应用不同的培养方法和模式，以便满足人才队伍的多样化需求。在开展人才培养项目前，可根据培养对象的特点进行分类，将农业技术推广人才分为行政管理人员、农业技术推广督导人才、农业技术推广技术专家和农业推广指导专家四类，并分别采取不同的培养模式，设计不同的课程内容。除了针对国家农业技术推广机构中的推广人才开展培养，还要对农业科研单位、有关学校、农民专业合作社、涉农企业、群众性科技组织、农民技术员等推广主体开展人才培养，分析这些推广主体在开展农业技术推广服务时的发展需求，要针对性地组织培训并给予支持。此外，要以发展需求为抓手，鼓励和支持供销合作社、其他企业事业单位、社会团体以及社会各界的科技人员参与农业技术推广服务，将这些推广主体作为人才培养的对象之一。

（四）开展农业技术推广人才需求间距跟踪评估

开展培训和人才培育工作，需要进行系统科学的评估，以便衡量工作的实施效果。检验推广人才需求满足程度的直观指标便是需求间距，通过测量需求间距可以了解发展需求的满足程度，明确在今后培养过程中应该在哪些方面有所侧重。和普通农业技术推广人员相比，农业技术推广人才对自身发展有长远定位，国家或者单位对其的期待值也偏高，因此造成推广人才的需求间距较大，需求满足难度也较高。对需求间距的动态测量，可以适时掌握培育的效果，为科学设计、调整培养项目提供参考。进行需求间距测量需要明确评估方法、评估流程、刻度标准、现有需求、目标需求等，并在培育活动的全过程开展评估工作和间距测量。培养活动开展前，需要明确现有需求和目标需求，将需求间距设定五个刻度，即没有、缺乏、满足基本要求、满足要求和理想标准；在培育过程中进行阶段性评估，了解间距的缩小程度，进而改进和完善培育方案；培养项目结束后进行效果评估，用目标需求减去现有需求得到需求间距数值，确定间距缩小幅度，进而为下一阶段培养工作提供参考。根据需求间距，可以更加科学制定短期培养计划、长期系统培养计划、个体培养计划和培训课程计划。

（五）拓宽农业技术推广人才发展需求的满足渠道

传统的农业技术推广人才发展需求满足渠道主要包括专业培训、在职进修、考察参观等形式，但是这些需求满足渠道比较单一，无法满足那些非技术、非技能需求和隐性需求。从目前农业技术推广人才自身需求而言，传统培训活动只能满足较低层面的业务素质需求，无法满足诸如心理品质需求、职业道德需求、创新能力需求等。相较于技术类需求，农业技术推广人才可能在工作中更加关注办公条件、职称评定、业绩考核、工资提升等内容，这些需求无法通过参加培养项目实现。为了满足推广人才多样化的需求，需要综合运用经济方法、行政方法、思想教育方法、精神激励法和法律方法，在人力资源规划、招聘与解聘、人员甄选、定向培养、业绩考核、职业发展、工作条件改善等方面做文章，进行多渠道、多路径的整合，让农业技术推广人才自身发展有希望、有动力、有目标、有渠道。

（六）构建农业技术推广人才需求保障的长效机制

对于农业技术推广人才培养而言，光靠短期的培养项目还远远不能满足其多样化的发展需求，需要探索构建满足推广人才发展需求的长效保障机制，在培养路径、开发投入机制、人才使用机制和人才激励机制等方面进行创新，各相关部门广泛参与、大力协调，不断加强条块之间的协调联动。应不断完善农业技术推广人才的管理机制，探索农业技术推广人员职业资格制度，建立有效的激励与考核机制，并按照新农业技术推广法的要求分阶段落实好推广人才培育工作。

第五章　农业技术推广方式方法创新

农技推广员在开展推广工作时要学会熟练掌握和灵活应用各种农业技术推广的基本方法和技能，不断进行推广方式方法的创新，不断提升推广工作效率。农业技术推广方法是农业技术推广部门和人员为了实现农业技术推广工作的目标，运用各种沟通技巧、培训方法、推介流程等，启发、教育、激励推广对象提升生产和经营效率、改善作业方式、强化生产能力的组织措施和服务手段。作为农技推广员，掌握科学有效的农业技术推广方法可以达到事半功倍的效果，可以在方法应用过程中不断提升自身的能力水平，在推广技术的过程中了解农民需求，掌握技术应用效果，发现潜在的乡土知识和农民智慧。随着以政府为主导“自上而下”推广模式向以农民需求为主导“自下而上”推广模式过渡，参与式农业技术推广方法和理念开始引入我国，成为农业技术推广方法创新的一种有效形式，逐渐显现出巨大的优越性。

一、农业技术推广方法的分类

农业技术推广方法的种类很多，每一种方法都有自己的特点和适用范围，目前比较主流的推广方法包括大众传播法、集体指导法和个别指导法。从世界范围来看，农业技术推广正在发生着潜在的变化：农业技术推广目标对象从物向人转变；农业技术推广主体从单一化向多元化转变；推广模式从主导式向参与式转变。面对这样的背景，参与式农业技术推广方法应运而生，成为目前农业技术推广方式方法创新的重要成果。

（一）大众传播法

大众传播法是指农技推广员将有关农业信息经过选择、加工和梳理，通过不同的大众传播媒介传递给农业技术推广对象的方法。它的特点是信息传播具有权威性、时效性、信息沟通单向性等。在农业技术推广实际工作中，要根据大众传播媒介的特点和农民采用新技术的不同时期，灵活选择合适的传播媒介，提升农业技术推广成效。例如在农民认识采纳新技术的阶段，可以利用广播、电视、网络等传播农民需要的科技信息，提高农民的关注度。大众传播法适用于推广农业新技术、新产品、新成果等，通过激发农民的兴趣，让其认识新事物的存在及其基本特点。大众传播法所依赖的大众传播媒介主要有文字印刷品媒介和视听媒介两种类型：文字印刷品媒介主要包括报纸、书刊和活页资料等，读者可以主动选择时间、地点进行阅读。这种媒介在传播理论、观念及较详尽的知识和技术等方面，效果较好。文字印刷品媒介主要包括报纸杂志、墙报、黑板报、书籍等。视听媒介主要是指可以被视觉、听觉感知到信息的媒介，主要包括广播、电视、录像和电影等，这种媒介比单纯的语言、文字等媒介传播信息更加直观、形象、生动，传播效果更好。从事农业技术推广工作，要根据大众传播媒介的不同特点和农民采用新技术的不同时期，灵活选择合适的传播媒介，以提高农业技术推广的效果。一般而言，大众传播法适用于六种情况：一是介绍农业新技术、新产品和新成果，让广大农民认识新事物的存在及其基本特点，从而引起他们的注意，激发他们的兴趣；二是传播具有普遍指导意义的有关信息（包括家政和农业技术信息）；三是发布市场行情、天气预报、病虫害预报、自然灾害警报等时效性较强的信息，并提出应采取的具体防范措施；四是针对多数推广对象共同关心的生产和生活问题提供咨询服务；五是宣传有关的农村政策和法规；六是介绍推广成功的经验，以扩大影响。

（二）集体指导法

集体指导法又称群体指导法或团体指导法，它是指农技推广员在同一时间同一空间内对具有相同或类似需要与问题的多个目标群体成员进行指导和传播信息的方法。集体指导法的特点是成员之间具有共同的利益，易于沟通，信息反馈及时，但个体的特殊要求难以满足。集体指导法的表现形式有很多，最主要的几种形式包括小组讨论、示范、短期培训、实地参观等。小组讨论是由小组成员就共同关注的问题进行讨论，以提炼解决问题方案的一种方法。对于农技推广员来说，通过组织小组讨论，一方面使大家共同关心的问题得到所有成员的认可和共识，另一方面通过交流，达到互相学习的目标。这种方法的优点在于让参加者积极主动参与讨论，同时可以听取多方的意见，提高个体分析问题的能力。农技推广员在组织小组讨论的时候，需要提前确定讨论的主题，明确参加者的人数和讨论地点，并做好通知工作。一般情况下，参加小组讨论的人数应该控制在 6～15 人，讨论地点应该优先选择较安静、环境好的地方。小组讨论一般由农技推广员主持，如果参加讨论人员中有组织能力较强的，也可以协助农技推广员进行主持。讨论过程中，主持人和参加者要一起就座，围坐成圆圈以消除彼此之间的隔阂。在讨论开始时，主持人要向参加者介绍讨论的主题，并简明扼要介绍讨论的目的和意义，此外还可进行“破冰”行动，让大家通过自我介绍彼此认识。在讨论过程中，主持人要尽量为小组讨论创造一个轻松、愉悦的氛围，创造条件让所有参加者都能够积极主动参与讨论，畅所欲言。在讨论结束后，主持人应当就大家共同关心的问题进行解释和总结，以巩固讨论效果。示范包括成果示范和方法示范。成果示范指农技推广员指导农户把经当地实验示范取得良好效果的新品种、新技术等，按照技术规程要求加以应用，将其优越性和最终成果展示出来，以引起他人的兴趣并鼓励他们效仿的过程。方法示范是农技推广员把某项新方法通过亲自操作进行展示。示范是农业技术推广极为重要的方法，对于农业创新的采用与扩散具有非常重要的作用，掌握农业技术推广示范是农技推广员必备的基本技能。短期培训是针对农业生产和农村发展的实际需要而对农民进行的短时间脱产学习。一般包括实用技术培训和农业基础知识培训。搞好实用技术的短期培训，在培训过程中要多讲怎么做，少讲为什么。对农民开展农业基础知识的培训，目的就是为了提高农民分析问题、解决问题的能力，讲课内容要力求语言通俗、易懂，尽可能应用直观的教学手段提高教学效果。实地参观就是组织农民小组到某农业推广现场就其所示范的农业领域或先进经验进行参观和学习，是一种通过实例进行推广并集讨论、考察、示范于一体的重要推广方法。参观的地点可以是一个农业试验站、一个农场、一个农户或者一个社区组织。该方法最大的特点是可以让农户实地亲眼看见一些新技术及其应用效果，增加农民应用好新技术的信心，提升他们的感性认识，扩大他们的视野。实地参观的一般程序包括：选择参观团的负责人；负责人提前与参观地点的有关人员进行接洽联络，确定参观时间、参观地点和参观人数等，并做好交通工具的安排；出发前，负责人将参观的目的、参观地点和详细活动日程安排告诉大家；参观过程中，农技推广员要进行详细的讲解，与农民边看边议，进行现场指导和操作；参观结束后，负责人组织农民讨论，并且让农民表达自己的观点和感受。

（三）个别指导法

个别指导法是指农技推广员和个别农户接触与沟通，讨论共同关心或感兴趣的问题，并向农民提供信息和建议的推广方法。个别指导法最大的优点是能直接与农户进行面对面的交流和沟通，真实地了解农户的需要，从而有针对性地帮助农户解决实际问题。个别指导法的特点是针对性强、因人施教、有的放矢、沟通双向性以及信息发送量的有限性。个别指导法的主要应用形式有：农户访问、办公室访问、信函咨询、电话咨询等。从农业技术推广方法的特点来看，选择大众传播利于扩大人们对某种创新的认识，集体指导法与个别指导法则在学习某种新技能、新技术时较常采用。农户访问是指农技推广员深入到特定农户家中，与农户进行沟通，了解其生产经营管理的现状和需求，与农户进行深入交流沟通，了解其生产经营管理现状和需求，传递农业创新技术的信息。农户访问是农业技术推广中最常见、最常用的推广方法之一。由于农户访问主要是推广人员同每个农民之间进行交谈，要求在很短时间内进行大量的信息交流，因此该方法要求农技推广员具备较高素质。一般个体访谈法要强调注意三个方面：一是访问前的准备工作。访问开始前农技推广员要明确访问的目的和意义，确定访问的时间和对象，尽量掌握受访者的详细情况。访问对象一般重点选择农村的科技户、示范户、专业户以及具有代表性的一般农户。二是访问中的技巧和要领。进行农户访问的推广人员在与农户沟通过程中要注意创造轻松的交流氛围，在交谈中尽可能维持双向沟通，并虚心、诚恳、耐心听取农民的意见和要求，避免触及个人隐私。农技推广员要做好访问记录，并对下一次的访问进行周密计划。三是访问后的总结工作。农户访问结束后，农技推广员应就一些关键性的数据和结论进行当面的核实，以消除误差，并在结束后撰写详细的访谈报告。办公室访问是指农技推广员在办公室接受农民的访问和咨询，解答农民提出的各种问题，或者主动向农民提供技术信息、技术资料的推广方法。在开展办公室访问过程中，农技推广员要注意以下几点：第一是要注意办公地点和时间的选择；第二是要注意与农户交流时的语气和态度；第三是要用通俗易懂的语言介绍技术、传递信息。信息咨询是个别指导法中一种非常重要的方式，是以发送信函的形式传播信息，这种方式不受时间、地点等的限制。进行信函咨询时应注意推广人员在回答农民的问题时要尽可能选用准确、清楚、朴实的词语，避免使用复杂的专业术语，字迹要清晰，对农民的信函要及时回复。电话咨询是利用电话进行技术咨询的一种推广方式，是一种及时、快速、高效的沟通方式，在通讯事业发达的国家和地区应用较为广泛。

（四）网络推广法

随着我国农村信息化服务工作的深入开展，逐渐形成以信息网络技术为手段的农业推广指导方法，该方法既可存在于以上三种方式中，又可自成一体形成综合系统的农业信息化网络技术指导方法，具体表现为：形成产业性的专业互动网站，发布农业技术新成果、新技术、新方法，管理网站互动用户、共享网络资源；建立区域产业性的农业短信群发系统，发布生产和气象等信息，做到快捷、准确、直达，统一农业措施，提高农业综合防治、统防统治技术水平；还可根据需要开发即时互动交流平台（如 QQ 群、MSN、E－mail 等），打破传统的推广人员与推广对象口耳相传、见面交流形式，突破时间和空间的限制，使农业推广的形式和内容更加多样和丰富，效果更显著。

（五）参与式推广法

“参与”从字面看是指以第二或第三方的身份加入、融入某事件之中。除了字面上的理解，“参与”还可以被视作是重要的发展话语，也可以被视为一整套的程序和工具。“参与式农业技术推广”中所指的“参与”，并不是一个狭义的界定，更多是意识层面的理解，强调自我管理（Self－management)，强调社区能够动员和控制它自己的资源，达到自我管理并最终接近“自立”(Self-reliance)的目标。狭义的农业技术推广是通过试验、示范、培训、指导以及咨询服务等，将农业技术普及和应用到农业产前、产中、产后全过程的活动。而现代农业技术推广是一项旨在有效利用农村人力资源的农村教育与咨询服务，农技推广员通过沟通等方式组织与教育农村居民，使其增进知识、提高技能、改变观念与态度，从而自愿改变技术应用和农业生产行为，最终采用和传播农业创新，并获得自我组织与决策的能力来解决面临的问题。参与式农业技术推广是国际组织开展发展干预项目的成果，其形成可以追溯到20世纪60年代的绿色革命运动。参与式农业技术推广相较传统农业技术推广模式，更加强调相关利益群体的参与度，强调对弱势群体的赋权，尊重农民的乡土知识，其核心就是将传统以推广者为核心的自上而下的推广流程，转变为以农民为核心的自下而上的推广流程。“参与式农业技术推广”主张的推广理念包括：最了解农村的是农民自己，农村的发展是农民素质的发展，农业推广应以提高农民素质为核心，推广人员通过提高农民的综合素质来促进农业革新成果的应用和农村的发展，通过示范、培养、交流、讨论等活动，从社会学、心理学、技术科学等方面引导和帮助农民，推广人员的基本职责是走访和培训农民，着重帮助农民解决生产、生活中的问题与困难，使农民建立自信心和获得自我发展的能力；参与式农业技术推广是一种社会力量多元化参与的推广，它要求科研单位进行以农民需求为中心的科研，同时建立发展各类专业技术协会、经济合作组织，要求农民参与推广，并吸纳企业进入推广的进程中，建立专业人员、农民、企业等多元参与的农业推广队伍；参与式农业技术推广还强调社区观念和社区发展，对农村中的弱势群体（妇女和儿童等）给予特殊关注。参与式农业技术推广方法主要由调研方法、计划方法、实施方法和评估方法组成，包含农事系统分析、互动研讨与访问方法、参与式农村评估、农民田间学校等方法类型。

二、农业技术推广方法的应用

农技推广员在平时工作中都要面对农业技术推广方法的选择，不同目标群体、资源禀赋、技术类型、社会条件等都会影响农业技术推广方法的应用效果，因此，农技推广员在选择推广方法时首先要对方法的特点进行比较，整合多个推广方法开展应用，发挥不同推广方法的优势，同时要充分利用现有的科技条件和基础设施。

（一）农业技术推广方法的选择

不同的农业技术推广方法具有不同的特点和功效，适用于不同的环境和条件，因此科学选用农业技术推广方法，可以达到事半功倍的效果。农技推广员在选择推广方法的时候，应当结合不同需求、目的和条件科学选择：一是以扩大知识量为目的。以扩大农民知识量为目的的适宜方法是利用大众传播媒介、讲座、交谈等传播信息，即大众传播法。例如：CCTV7 主办的《致富经》栏目和各地的农业类栏目就是以广阔的视角，通过举办农业技术专题讲座、宣传先进致富经验等形式向广大农民介绍新信息、新品种和新成果。二是以认识掌握技能为目的。以认识掌握技能为目的的适宜方法是集体指导法，即通过小组讨论、成果示范、方法示范、短期培训和实地参观等方式达到农业推广预期效果。通过实地参观、考察、学习，让参加者增强了感性认识和理性认识，更快地掌握新技术的基本要领、操作技能和管理方法，从而使新技术迅速达到预期的推广效果。三是以调查了解采用者需求为目的。以了解采用者需求为目的的适宜方法是个别指导法，无论是农户访问，还是办公室访问等都能够最大限度地全面了解采用者的需要，针对性地解答采用者提出的问题或是向其提供技术信息、技术资料，从而充分满足采用者的要求。

推广对象在接受某种新技术过程的不同阶段，表现出不同的心理和行为特征，因此在不同阶段，应选择不同的农业技术推广方法。在技术认知阶段，采用大众传播方法，如通过广播、电视等进行广泛宣传，以增大新技术的影响力，加深农民对新事物的认知；在农民感兴趣阶段，为了让其了解所推广的农业技术，激起人们对新技术的兴趣，最好采用以成果示范、实地参观为代表的集体指导法；在技术试用阶段，可以结合农户访问掌握推广对象需求和存在问题等第一手资料，从而让推广对象尽快掌握该项技术。在选择和应用农业方法时，还应该考虑农业推广机构的自身条件。在经济发达地区，应采用各种大众传播手段；而在经济状况相对落后的偏远地区，主要还是以个别指导法和集体指导法为主。在推广人员数量较多的地区，可以以采用个别指导法和集体指导法为主，并辅以其他方法；在推广人员数量较少的地方，应多采用速度快、效果好的大众传播法，并结合集体指导法等。新时期的信息化网络技术使农业技术推广形式多样，内容丰富多彩。通过信息网络化技术的开发应用，将各种农业技术推广方法相互融合，优势互补。打破时空限制，既可多点多层次交流，又可一对一交流；组织人员开发农业技术数据库，将农业新技术和新成果本地化、数据化、信息化、网络化，提高技术信息共享利用，加强技术信息利用效率；开发各层次推广人员、对象交流平台，建立问题的发现、上传、解决、反馈机制。

（二）农业技术推广方法的实践

农业创新采用与扩散的阶段性规律、农业科技成果转化的S形扩散规律以及农民行为改变原理都告诉我们，农业技术推广工作是把具有潜在生产力的农业创新传递给广大农民，让其自觉接受和采用，进而转化为生产力的过程。必须选择和应用多种方法才能达到良好的效果。农业技术推广实质上也是一种农技推广员与农民交流沟通的过程，沟通的效果与沟通的内容多少、采用方法的多少具有正相关关系。因此，农技推广员应该学会选择和应用多种农业技术推广方法。每种农业技术推广方法都有不同的效果，但是由于不同推广项目的内容和目标不同，方法应用的效果也会不同。表5-1列举了常见的农业技术推广目的所对应的具有效果的方法组合，表明农业技术推广工作要根据农业技术推广项目的特点和农业技术推广组织和目标群体的特点，精心设计农业技术推广方案，选择和配置农业技术推广方法组合，以达到预计的推广效果。

那么在实际工作中应该如何选择和应用农业技术推广方法呢？推广人员面对多种多样的农业技术推广方法，在具体的农业技术推广活动中要有所选择，将几种不同的推广方法进行综合应用，使不同的推广人员在针对不同推广对象、在不同的推广阶段都有有效的方法可以应用。选择农业技术推广方法时，要考虑选择的方法被采用后能否达到推广的目标，比如是否能够实现更新知识、提高技能、改变态度和行为？是否能够通过信息反馈使推广人员清楚了解到农民所看到的、所听到的、讨论的和执行的事务？不同的农业技术推广方法是否可以被整合成一个有机整体？在计划的时间范围内是否可能顺利完成所有的农业技术推广活动？是否适当考虑到推广对象的需要、技能和辅助手段？为了更好地选择和应用农业技术推广方法，农技推广员需要掌握以下几点要领：

表 5-1　各类农业技术推广方法应用效果的比较

目的	推广方法									
	小组讨论	方法示范	成果示范	实地参观	短期培训	农户访问	推广教材	新闻报道	广播电视	办公室访问
技术指导	√	√	√	√	√	√				
大众接触							√	√	√	
促使农民思考问题	√	√	√	√	√	√				√
争取社会各界支持								√	√	
使农民有成功的感觉	√	√	√	√			√	√		
引起农民的关注	√	√	√	√	√	√	√	√	√	
让不能参加集会的农民学习						√	√	√	√	

一是要考虑农业技术推广所推技术的特点。当前，新型农业技术层出不穷，各种技术都具有自己的特点，在农业技术推广中尤其要考虑其复杂性和难易程度，从而选择适当的农业技术推广方法。如果技术容易操作，通过课堂讲解和技能方法示范就可以使推广对象完全理解和掌握；如果技术比较复杂难懂，则要综合使用多种方法、手段，如课堂讲授、模型演示、实物和现场参观、放映录像、技能培训等，以刺激推广对象各种感官，达到学习、理解和掌握技术的目的。针对那些当地从来没有推广过的技术，作为开创性的工作，推广人员首先要帮助更多的农民充分了解和认识新技术。此时需要通过大众传播方法向农民提供有关新技术的信息。同时采用巡回访问、个别座谈等个别指导的方法有针对性地解决不同人的问题。通过组织参观成果示范等，使农民产生直观的认识和了解新技术，帮助他们结合自家生产的实际进行评价和试用。如果某个技术在当地推广过，已经有部分农户在使用，但仍有一部分农民没有采纳，想要进一步扩大技术的应用范围，就需要农技推广员通过调查了解农户未采纳或未掌握技术的原因，明确这些人不采用是因为经济条件不允许，还是没有掌握技术应用技巧和流程。当推广人员弄清楚原

因之后，将采取适当的、有针对性的农业技术推广方法来解决问题，促进创新技术大范围扩散。如果农民同意并愿意采纳新技术，但对技术应用的效果和效益不放心，这时就需要农技推广员给他们进行指导，帮助他们掌握技术。如果是生产资料供应出现问题，则要疏通支农服务的渠道，保证生产资料的供给。

二是要考虑推广对象的特点。农业技术推广对象存在异质性，个体之间有很大差异，如年龄、性别、受教育程度、生产技能、价值观等。这种差异决定了推广对象具有不同的素质和接受新知识、新技术、新信息的能力。因此，在开展农业技术推广活动时要考虑推广对象的特点，适当选择和应用推广方法。对于整体素质高的先进农户以及富裕地区的大户，以散发资料、电讯、网络等信息渠道为主，同时作为实验、示范农户重点进行个别辅导，让他们成为带动其他农户应用新技术的革新者。对于文化层次较低的老年人，首先要采用宣传、培训、参观和现代多媒体手段，让他们直观感知、了解到新技术的好处，深化认识，提升积极性。此外，还可以多开展几次成果和方法示范活动，增强和提高其生产技能。对于自然和经济条件落后的地区，要以改善其生产经营条件为主，帮助他们全方位搞好资金、生产资料和产后产品处理的服务，同时加大培训和生产过程中的跟踪指导，帮助农户实现新技术的最佳效益。

三是考虑新技术不同采用阶段的特点。农民在采用新技术的不同阶段，会表现出不同的心理和行为特征。在不同的创新采用阶段，农技推广员应选择不同的农业技术推广方法。比如在认识阶段，应用大众传播等手段，尽可能快地让农民获取新技术的信息，通过家庭访问、小组讨论和报告会等形式，帮助农民详细了解技术应用的细节，解除其思想包袱，增加他们应用的兴趣和信心。在评估阶段，农技推广员通过试验示范、经验介绍、小组讨论等方式方法，帮助农民了解技术规范、操作要求、预期效果等，针对不同农民的具体条件手把手指导，尽可能为农民提供已有的实验技术，进行田间试验、技能培训和参观考察，并着重加强巡回指导，鼓励、帮助农民避免技术操作失误，争取获得良好的试验效果。最后的采用阶段是农民大面积试用新技术的过程，在这一阶段，农技推广员要经常性指导农民总结经验，提高技术水平，帮助其获得生产资料及资金等经营条件，扩大采用新技术的面积。

四是要考虑技术推广机构自身的条件。农技推广员选择应用农业技术推广技术，需要结合单位自身的条件，如果条件不允许，再好的方法也难以真正落地。农业技术推广机构自身的条件包括推广人员的数量和素质、基础设备、推广经费、职能范围等内容。在经济发达地区，农业技术推广机构普遍拥有较为充足的推广经费和较为先进的推广设备，可以应用大众传播推广方法促进创新扩散；在经济欠发达地区，农业技术推广机构财力、物力都较为贫乏，可以将个别指导和集体指导两种推广方法相结合。目前在推广人员数量不足的情况下，采用电讯和网络等现代化推广手段，可以提高农业技术推广效率。

三、参与式农业技术推广方法

参与式农业技术推广方法是一种以参与式农村发展理念为指导、以参与式评估为基础、以农民需求为导向的推广工作方法。这种方法不是自上而下的行政命令，而是自下而上的一整套群体决策方法的总和。应用参与式农业技术推广方法是以小组为单位，小组成员包含了与推广项目有关的所有利益相关者。参与式农业技术推广方法主张当地人与外来者一起开展数据收集和分析工作，始终强调方法应用的灵活性、形象性、具体性，注重小组讨论、交流、形成共识和定性比较。和传统的农业技术推广方法不同，参与式农业技术推广方法是用一种透明公开的形式将讨论过程和结果明确地展示给所有参与者，具有可视性。

（一）参与式农业技术推广方法的分类

参与式农业技术推广的基本方法主要可以分为访谈类方法、分析类方法、排序类方法、展示类方法、会议类方法五类：

1. 访谈类方法

参与式农业技术推广应用最多的访谈类工具是半结构访谈，这种访谈方法又可以细分为个体访谈、主要知情人访谈、小组访谈和焦点小组访谈，其共同的特点是能够通过访谈鼓励访谈者和被访谈者之间的双向交流，创造和谐的访谈气氛；获得的信息不仅包括问题，而且包括问题产生的原因，能够实现信息的认证；有助于推广工作者和社区成员的相互熟悉。应用这种方法的流程：一是设计访谈框架，明确讨论的主题和交流的内容；二是确定访谈群体、样本规模和选样方法；三是熟悉访谈技巧和流程，提高引导、归纳、判断的技能；四是开展实地访谈；五是分析访谈信息；最后是开展结果讨论。

2. 分析类方法

参与式农业技术推广选题和项目设计中常用到对比分析和因果分析，对比分析方法主要以优势—劣势—机遇—风险（简称 SWOT）分析为主，因果分析主要包括问题分析和目标分析。在应用 SWOT 分析方法时，农技推广员首先要确定分析的问题（如社区资源利用现状、产业现状、农村市场体系、人力资源发展状况等），向参与者介绍讨论会的背景、目的、方法和步骤，绘制矩阵表并解释 SWOT 四列内容的含义。在矩阵分析过程中，农技推广员要组织参与者收集优势条件，采用对比分析方法寻找劣势和缺陷，通过优劣势比较确定发展与改革的潜力和可能性，针对机会和潜力分析潜在的发展机会，以及可能存在的外部制约因素。SWOT 方法的针对性、系统性强，直观表达效果好，但是对主持人能力要求比较高。问题分析方法是在参与者和推广工作者的帮助下，从社区主体的视角对其面临的环境和初始条件进行系统分析和认知的过程。在应用问题分析方法时，农技推广员要用通俗易懂的语言介绍问题分析的目的、步骤、方法、分析结果的产出格式等；采用集思广益的方式邀请参与者以一定的方式，从不同的视角对社区、农户或个体面临的问题用负面描述方式表达出来；主持人向大家展示并宣读收集的问题，按照问题领域进行逻辑归类、整理；最后从分类整理的描述中选出一个能反映现状的核心问题，将核心问题放在展示板中间，将其他问题按照与核心问题的因果关系进行整合，属于原因的放在核心问题的下边，属于结果的放在核心问题上边。

3. 排序类方法

排序类方法可以分为简单排序和矩阵排序两种。简单排序是指对问题的排序是单列的，不包含根据不同指标来进行判断的内容，矩阵排序不仅加入了进行判断的指标，还要通过横向和纵向的综合比较才能得出最后的排序。

4. 展示类方法

展示类方法是从视觉、听觉方面给社区内的成员及推广工作者提供信息的工具，这类方法主要用于参与式问题分析过程及成果展示。展示类方法很多，主要有展示板、壁画/墙报、录像带等。

5. 会议类方法

会议方法是最常用的参与式推广方法，主要有村民大会和小组会议两种形式。该方法的特点是在很短时间内，在一个很和谐平等的气氛中，在主持人的引导下全体与会者针对某一问题提出自己的想法和意见。这种方法的最大优点是快速全面地反映大家的想法。应用会议类方法的流程一是要进行操作方法的说明，二是确定主题，三是征集相关主题的看法和意见，四是分享并展示结果，五是进行大致归类，六是结果审查和结果展示。

（二）应用参与式农业技术推广方法的注意事项

针对上述五种方法，农技推广员最重要的是要掌握开展半结构访谈和进行主持两个基本功。半结构访谈一般相对于全结构性访谈而言的。后者应用的典型方法是问卷调查，所有问题都事先考虑、设计好，甚至连几种可能的答案都确定好了，从而失去了交流、深究、获取大量生动信息、并与被访问人进一步建立密切关系的机会。开展半结构访谈时调研人员会有访谈大纲作指导，其中只有初级主题和次级主题是事先准备好的，具体问题都是在讨论或集体分析过程中形成的，因此要灵活把握。半结构访谈不仅是组织小组访谈或个别访谈所必要的工具，也适用于我们采用其他参与式农业推广方法和工具进行分析和决策。采用半结构访谈应该注意语言明确、简练，尽可能用当地老百姓的语言表达。

小组座谈或运用参与式工具讨论、分析，都需要有主持人，主持人必须不带偏见，不把自己的意见强加于人，让每个人畅所欲言，帮助当地农民一起来分析他们的情况、规划相应的行动，并达成共识。要成为一个合格的主持人，应该做到以下几点：一是能创造一个友好、平等、和睦的工作气氛。应用方法前主持人首先要说明来意和目的，表现出一些诚意，不要一上来就开展具体工作；二是调动参与者的积极性。主持人借助笔、纸来分析农民在生产生活中存在的问题、需求和创收的机会，用各种方法把农民分析问题的潜能充分发挥出来；三是给所有参与者以同等机会。主持人要善于观察、发现、并鼓励过去不习惯或没有机会在公众场合发言的人，特别是贫困农户、妇女畅所欲言；四是尊重参与者的意见。由于好多农民，特别是贫困农户、妇女往往有自卑感，因此主持人不能轻易去否定他们的观点和看法，更不能给他们的参与热情泼冷水。在整个过程中，主持人必须保持中立立场，不存偏见，避免做主观评判。主持人必须始终保持敏锐思维，善于提出相关问题，捕捉新的信息，引导农民加深对问题的讨论、分析；要善于把农民的发言、观点加以归纳、精炼，并写在大纸或卡片上，展示给大家，询问、征求意见，予以纠正、完善，最终形成共识；应该尽可能让参与者自己主持、自己讨论，自己退居其后进行观察，必要时做补充和点评。

参与式农业技术推广方法在应用中应注意以下几点：一是要判断所选择的推广方法是否适合。比如明确所选择的方法是否适合对象的知识、技能、态度和行为？培训活动的安排是否符合农民的看、听、说和做的习惯？所应用的推广方法之间是否有互补和强化的作用？所计划的时间是否能够满足开展活动的要求？所制订的推广计划是否充分考虑了农民的需求？二是要判断采纳过程与推广方法的适应性。农民的个体采纳过程要经历从不知道到知道的意识阶段→知道了之后要有一个感兴趣与否的心理活动→如果个人对此项技术感兴趣，就会对这个技术进行初步评价，看与自己情况的适应性如何→个人如果有条件就想做点试验，看看效果→后根据试验的结果来决定自己是否采纳这项技术。个体采纳过程的每个阶段都有与其相对应的参与式推广方法，要科学选择和应用。

农技推广员在应用参与式农业技术推广方法时需要避免以下几点：一是要避免工具化。在学习和应用参与式农业技术推广方法的时候更多地注重某种工具的使用，而忽略工具的设计理念和应该发挥的作用；到工作结束后进行评估时，往往比较的是画图的质量而不是在过程中体现的赋权价值。二是要避免形式化。在与农民一起工作的实践中，不能为了使用参与式方法而用参与式方法，不能照搬流程，不能僵化使用工具，在与农民一起工作的时候应更多强调激发农民的积极性。三是要避免表面化。如果农技推广员在与农民做调研时，农民感受不到调研的意义，不了解项目实施能够给自己带来什么好处，农民会渐渐失去参与的兴趣。农技推广员必须在应用参与式工具过程中让农民体会到技术带来实实在在的好处。

（三）参与式农业技术推广需求评估

1. 农业技术推广需求评估

对于农技推广员来说，需求评估可以理解为信息收集的过程。也就是农技推广员为了开展好推广工作，为了了解工作对象的需求所开展的相关信息的收集活动。参与式农业技术推广需求评估是农技推广员与目标群体一起为了提高农业推广效果而预先了解农业、农民和农村基本现状和分析农业推广面临的问题、产业发展与农民需求的过程。这里的“需求”一词指的是农业技术推广目标群体的需要。农业技术推广需求评估也被称作需求评估，广义的意思是为制定农业推广项目计划和实施找到优先序和作出决策的一个有系统的工作过程。具体的含义可以界定为为了找出“现状是什么”和“应该推广什么”之间的间距，然后据此获得决定需求要素的优先序。一般来说，需求往往分为几个层次。农技推广员在开展需求评估的时候需要慎重考虑哪些是对实现目标所必需的需求，哪些是可取的或有用的但并不一定是必需的需求。农业技术推广需求可分为产业发展需求和农民生计需求。产业发展需求是指主导产业的确立、发展现状和未来的发展趋势所要求的改革和创新，一般更多的是由政府的产业发展规划与产业发展现状之间的间距决定的。农民的生计需求是指农民对未来生产生活的发展期望，一般是由农民的生产生活现状、农民对这种现状的认识，以及农民对未来的期望之间的间距决定的。产业发展需求和农民的生计需求不是一个水平的需求，有的时候可能还会存在矛盾。对于农业推广人员来说，应该尽可能在自己的工作中将这两种需求统一起来。

2. 参与式推广培训需求评估的内涵

一个人目前的行为表现是一个人现有知识、技能和态度的具体反映。一般来说，培训需求始于组织或个人对目前行为表现的不满足。由于不满足现状，内心就会自然而然出现比目前好的目标或参照物，这就是目标行为表现。换句话说，只有出现目标行为表现，才可能产生对目前行为表现的不满足。所以，目标行为表现是培训需求产生的动力。例如，一个种植小麦的农户，亩*产250千克，而他的邻居达到亩产500千克的水平，那么，邻居的产量水平就可能是这个农户的奋斗目标。250千克小麦的产量指标要求农户具备一定的管理水平，而增产所需的知识、技能和态度与这个农户现有的知识、技能和态度的差距，就是这个农户的培训需求。如果将农民培训确定在农民技术培训层面上，农民的培训需求实际上就是在农民为了实现增产增收的目标下，农民目前的行为表现与实现既定目标所要求的目标行为表现在知识与技能方面的差距。农民培训需求评估是指调查者运用适合的方法，在产业发展战略和发展目标指导下，系统地了解农民为了实现既定目标需要具备的素质和能力，并且明确提升农民能力的培训方式和重点。农民培训需求评估的目标是制定农民培训计划。农民培训需求评估应该从产业发展问题入手，评估后要求围绕主导产业发展制定三类培训计划，即长期和短期系统培训班计划、单个培训班计划和培训课程计划。

3. 参与式农业技术推广需求分析的流程

在开展参与式农业技术推广需求分析时，需要首先对农业技术推广目标群体进行定位。目标群体与群体不同，群体是指由一些个体组成的、按一定规则结合在一起寻求实现共同目标的个体群，是联系个人和社会组织结构的中心环节。群体的特征主要包括：影响人的个性形成、态度和价值取向（群体规范）；给成员以隶属感、安全感、满足感和自我实现的机会；使个体受到一定的影响、制约和压力（群体压力）；同一群体内的成员具有共同的价值观、成就感和语言；群体内成员既有合作也有竞争。目标群体是指推广机构或推广人员根据推广目标选定的一类具有相同特征、机会和能力的人们，他们可以获得某些组织机构所提供的统一信息、物品或服务。从技术推广的角度看，技术的采纳群体往往并非包含所有的农民，当你认真分析农村社区基本情况时，你会发现在农村中一些农户与另一些农户之间往往存在着显著差异性。因此，目标群体是在某个具体的推广项目中，推广机构或推广工作者根据某些项目设计所确定的特定的工作对象群。在开展需求评估之前，需要优先选择目标群体。目标群体的选择是根据当地社区的基本情况来确定的，主要考虑农村人口的基本状况、社会经济发展水平、社会系统的特点

* 1亩=1/15公顷。

等。一般来说，在实际推广工作中根据经济条件、产业类别和知识水平可能有下面几种目标群体：年龄群体：老年、青年和儿童；性别群体：男性农民和农村妇女；经济群体：特困户、贫困户、中等户、富裕户；功能群体：专业户、兼业户、示范户；文化群体：初中以上文化水平的农民，小学文化水平的农民，文盲农民。

在定位目标群体之后，就需要开展目标群体分析。目标群体分析是指社区以外的外部机构在特定社区中按照一定目标选择、识别和确定工作对象的分析过程。目标群体分析活动的实质是将社区中所有农民按照某些共性特征划分为多个目标群体，然后分别制定与这些同质性目标群体的特征和条件相匹配的推广策略。目标群体分析的步骤包括：农村人口访谈→产业结构分析→农村人口分类→农民需求调查→推广项目分析→目标群体定位。

进行目标群体分析之后，就要针对分析结果开展培训需求分析。培训需求是开展有效培训工作的出发点，不考虑培训需求的培训就像不问季节的播种，只能是浪费金钱和精力。培训需求分析是指通过问题分析、培训对象分析，最终确定培训需求的过程。开展培训需求分析的目的主要有六点：一是找出真正需要接受培训的培训对象。不是所有人都是培训对象，也不是所有培训对象都需要接受同样内容的培训，培训需求分析就是要通过问题分析，确定真正需要培训的培训对象。二是要找出受训者的自发学习需要。只有当学习者在实际工作中意识到了某种知识或技能的不足，产生了学习的欲望，才会主动、自愿参加培训活动。三是要找出学习者没有意识到的需求。没有意识到的需求分为完全没有意识到和虽然意识到了但不认为是缺乏，对于第一种情况，虽然没有意识到，并不说明不需要培训；对于第二种情况，至少为分析者提供了培训需求分析的方向和主题。四是要找出受训者所具有的知识和技能水平。通过培训需求分析，要搞清楚学习者在某个特定领域所具有的能力，并为这种能力准确定位，从而确定学习者需要哪方面以及在什么层次上的培训。五是要找出受训者将来所需要的知识和技能水平。个人是包含在组织当中的，但是个人目标和组织目标存在一定的差距，在开展培训需求分析时，既要考虑组织目标，也要考虑个人发展，最优目标是实现两者的结合统一。六是要找出通过培训不能够解决的问题。不是所有的问题都可以通过培训能够解决的，培训需求分析就是要找出这些问题，并且尝试通过培训以外的方式解决它。

4. 参与式农业技术推广需求评估的过程

参与式农业技术推广方法强调以农民为中心的价值取向和以农民需求为导向的工作目标，因此和普通需求评估相比较，参与式农业技术推广需求评估往往更强调程序的合理性和科学性。按照传统的工作方法，决策过程往往是自上而下的，许多决定都是在没有开展深入调查的基础上做出的，而这种基于信息不足而做出的决策会不可避免地带有盲目性和风险性，会给社区发展工作带来很大隐患。因此，越来越多的人认识到，全面地收集信息、深入地分析信息是做好任何决策工作的基础。为了体现参与性和科学性，参与式农业技术推广需求评估主要由以下几个步骤组成：

（1）成立社区需求评估小组。社区需求评估小组可以分为两类，一类由社区外部人员组成；另一类由社区内部人员组成。以外部人员为主的小组需要吸收一部分当地人以保持与当地社区的紧密联系；以社区内部人员为主的调研小组在组成人员选择上应注意将贫困户、妇女、老人等弱势群体吸纳进来。

（2）确定需求评估的目标。需求评估的目的是为了确定目标群体、制定工作计划、提高人们意识、落实领导意图、帮助计划决策以及鼓励民众参与并开展某些行动等。在目标设定时一定要明确你想要从主体那里获得什么信息。

（3）确定需求评估内容。调研内容依调研目的而定。一般来说，一个调研目的包含的调研内容往往很多，需要组织者对调研内容进行分类。此外在这一阶段还要明确针对不同调研内容的调研任务量、使用的调研方法与工具、预期产出、完成时间等。

（4）制定需求评估计划。评估计划一般应该在既定调研目标的指导下确定调查对象、调查时间、调查内容、调查方法、调查路线、工具与材料的准备、交通与后勤安排和经费预算。最终要形成一份书面计划报告。

（5）实地开展需求评估。实地开展需求评估时需要分解需求评估内容，开展需求评估预调研，在明确评估内容、完善评估方案基础上开展需求评估正式调研。

（6）总结分析需求评估结果。在调研实施结束时，调研小组需要对所有调研结果按照调研设计的题目和一定格式分别进行分析、汇总。注意在汇总整理过程中一定要将分析的结果保存好方便以后核对。

（7）需求评估报告的撰写。报告撰写要从实用出发，报告并不是越长越好。可以将报告内容整理成可视化的PPT，便于今后展示和汇报。

四、农业技术推广方式方法创新要点

创新是指以现有的思维模式提出有别于常规或常人思路的见解为导向，利用现有的知识和物质，在特定的环境中，本着理想化需要或为满足社会需求，而改进或创造新的事物、方法、元素、路径、环境，并能获得一定有益效果的行为。创新是农业技术推广事业不断发展的不竭动力，在推广模式、方法、流程等方面进行不断创新，将会大幅提升农业技术推广效率，发挥技术优势，促进科技转化率，最终实现农民增收致富和农村经济发展。那么农技推广员在平时进行农业技术推广方法创新时，应该注意什么？

首先，创新不能随意。农技推广员在进行方法创新时，无法预知创新的效果和产出，一些盲目的创新活动甚至可能导致一定风险和不良后果。为此，农技推广员在开展方法创新活动时，应当小范围进行试点试验，确定方法应用效果良好后再大面积推广。

其次，创新要注意条件。针对不同的目标群体，所应用的推广方法是不一样的。世界上不存在放之四海而皆准的方法，也不存在能够让所有人都受益的方法。为了提高方法应用的针对性和使用效果，农技推广员需要对方法应用的地区、目标群体、实施场合、涉及技术等内容进行深入的分析，结合分析结果完善方法流程。

再次，创新要计算成本。很多时候，好的推广方法意味着高投入，比如应用可视化的农业技术推广方法，需要提前准备放映器材、电视、展板等设备，这些设备的开支巨大，对于贫困地区也许并不适用，选择明白纸、手册这样低廉的宣传媒介反而更为适用。农技推广员在应用一项创新方法时，首先要进行成本核算，确定有限资金和设备支持下能否最大限度发挥新方法的功效。

最后，创新需具有可复制性。一项好的推广方法，最大的价值就是可以被别人借鉴和复制，那些流程复杂、要求严格、条件苛刻的推广方法不仅无法让其他人学习复制，而且会严重影响参与者的参与积极性。那些不可持续、无法复制的农业技术推广方法，多数是违背了推广理念和原则，没有考虑到推广的诸多影响因素，这种推广方法可能会短时间取得明显效果，但是长期应用的价值并不高。

第六章 农村实用人才成长规律与路径

乡村振兴离不开人才，抓好农村实用人才队伍建设，是发展农业生产、调整农村产业结构、促进农民增收的关键环节。近几年，国家高度重视农村实用人才培育工作，力求整合各方资源，拓宽培训人才的渠道，建立科学有序的农村实用人才培养机制。但是现实中，我国农村人才管理方式仍然比较滞后，对农村实用人才成长规律和机制认识不清，难以有效开展培养和扶持工作。因此，我们首先从农村实用人才的成长规律与路径出发，进一步研究人才行为特征、人才培养机制、影响人才开发的主要因素以及促进人才成长的外部干预策略。

一、人才培育的相关研究梳理

对人才培养的研究自古有之，国内外学者都从不同角度论述了人才的成长规律、人力资本的可持续开发、人才培养的模式创新等议题。在国外，学者还针对人才研究创立了人才学，主要研究人才成长、人才培植和人才管理使用规律等。通过对人才培育的研究成果进行梳理，可以对我们培育农村实用人才有所启发。

（一）人才成长的一般规律

人才成长过程的研究是人才学理论研究的核心内容，也是进行相关分析的基础。由于视角和判断标准不同，不同学者对人才成长阶段的划分存在一定差异。雷祯孝、蒲克（1979）在《应当建立一门“人才学”》中首次指出人才成长可划分为求学时期、寻找目标、完成创造、社会公认和人才成型5个阶段；王通讯（1985）在《人才学通论》中将人才成长过程划分为始发期、继承期、创造期和发展期四个阶段；东京大学名誉教授度边茂（1995）按照年龄将人才发展阶段划分为成长阶段、活跃阶段和总结阶段，并且指出不同职业的年龄划分区间存在明显差异。事实上，人才成长和发展的过程复杂多变，每个阶段都有自身的特征和规律，不同职业、年龄、环境下的个体成长规律也存在差异，必须认识到人才成长和发展规律的复杂性和系统性。

针对人才成长和发展规律，爱德华·丹尼斯（1958）在修正舒尔茨人力资本理论的基础上，指出成才的关键因素不是个人智商、外部环境以及资源禀赋，而在于受教育程度。Arrow（1962）则深入研究了外部成长环境和自身发展的相互作用，提出“干中学”和在职培训将成为个人发展的直接动力，而培训效果的评估标准在于劳动效率和产出量。叶忠海（2010）等人在《中国人才学研究新进展》中不仅从人才学范畴对人才的成长机制进行研究，而且从哲学视野和地理学视野对社会人才总体运动规律进行探讨，提出了时势造就人才规律、人才空间分布规律等，进一步拓宽人才规律研究的视野。

人才研究脱离不了对“人”本身的审视，一些学者从宏观的研究视域回归到对个体“人”的研究，从微观角度考察“人”的成才规律和途径。刘圣恩、马抗美（1986）在80年代中期的《人才学简明教程》中就提出，可以将人才成长和发展规律分为人才个体规律和社会人才总体规律：前者涉及范围仅限于人才个体，包含人才个体成长规律，后者涉及范围是社会人才总体，包含社会人才总体成长规律；王康（1987）在《人才学基础》中也指出，个体人才转化规律与群体成才有显著区别，个体成长规律受到内在因素和外在因素的双重影响，内外因素之间是相互影响、相互制约的关系，个人具备的内在因素可以概括为德、识、才、学、体，这其中“德”居首位，“识、才、学”是基本条件，“体”是基础；罗青兰（2012）等人强调个体成才具有一定的潜在规律，都是个体成才过程完结之后，向与它有必然联系的人才过渡或质变的关系，这便是“创造实践成才规律”；梅介人（2008）也从个体成才规律角度指出，影响微观个体成才的关键因素包括：需要人才辈出的社会动力、先进的社会制度和发达的教育，并将个体成才规律与群体成才规律整合研究，提出人才培养既要考虑群体的培养目标，又要兼顾个体的差异化需求。

（二）人才成长与知识转化

20世纪六七十年代，一些西方学者开始意识到知识对于人才成长的重要价值，并开始研究知识转化在人才成长过程中的作用。很多学者进入知识管理学研究领域，探讨人才成长的基本规律和知识转化的常规路径。比如艾维特·罗杰斯关于创新扩散的研究、托马斯·艾伦关于信息和技术转移的研究、森格关于“学习型组织”方面的研究等。1991年，知识管理学重要奠基人野中郁次郎提出了人才成长过程中的知识螺旋概念，认为人才在成长过程中知识的学习与能力的提升主要有四种模式，即从隐性到隐性，从显性到显性，从隐性到显性，从显性到隐形，四种模式在人才成长过程中发生着动态的交互作用。1998年，一些学者提出了“Ba”（场）的概念，对人才成长过程中的知识创造和共有环境进行了深入研究。日本学者伊丹敬之（1999）在此基础上提出人才成长过程中的四种对应场，即创发场、对话场、体系场、实践场。

赫德伯格（1918）曾经将人才成长过程分为四个清晰的环节：对环境刺激的感知、对刺激的选择、对刺激的解释、做出反应。他认为人才成长就是一个历经信息获得、信息扩散和共同解释的过程，整个过程发挥作用除了受制于知识转化的影响，还涉及个人思维习惯、原有知识储备量、交往方式、性格、偏好和文化环境等因素，因此有效成才路径就是要去除这些因素的制约。日本学者竹内广隆（2002）进一步指出，知识转化和多元因素固然重要，但是人口特质这样的软性因素也不能忽略，人口属性在人才成长中具有深远的影响，比如东方人的性格特质和表达方式使人才成长的路径更加依赖于群体之间的相互信任关系。林夏竹（2010）专门对农民知识转化行为进行了深入研究，认为农民成才的路径与企业员工成才路径有较大区别，不同人口属性、社会属性和经济属性的农民成才路径也各有不同，其对政府干预行为的意向和活跃度也存在差异。他认为农民成才的内生路径主要是观察模仿、日常聊天和“干中学”三种途径，而社区内部这种他助式学习过程也有助于知识转化效率的提升。

(三) 农村人才开发与培植方式

Van Crowder (1998) 认为政府对农村社区人才培育是一种公共物品,在消除贫困的同时能够使农民广泛参与到社区、国家和全球的发展中来,让农民享受发展带来的收益。他同时也指出,农村人才培养方式具有自身的特点和规律,如果认识不到很可能会影响培植的效果。李君甫 (2006) 指出,目前我国农村人才的培植方式主要有三种供给来源,即政府供给、市场供给和非营利组织供给 (表 6-1),其中政府供给为主要形式。王波 (2009) 指出,人才培植的政府供给模式有两种,即政府主导型模式和政府诱导型模式,前者主要特征是政府决策占主导,人才培植的效果判断标准来自政府偏好,而后者的培植活动则主要是一种市场行为,人才的界定主要是由市场化的指标体系决定。不过,很多学者也对政府供给模式进行了反思,指出由政府来单一开展农村人才培养项目会导致"政府是计划性培养,农民是市场性趋向"的矛盾,这就要求农村实用人才培养应采取"一主多元"的形式,在坚持政府主导地位的同时引入多元培植干预主体,并倡导"参与式"理念。

表 6-1 农村公共物品供给机制比较①

供给机制	政府供给	市场供给	自愿供给
供给主体	政府	自愿联合供给或营利组织供给	自愿捐助的公民个人或单位
决策机制	集体选择	自主决策	分散决策、个人选择
使用机制	安排政府支出,用于农村纯公共物品或准公共物品	安排收取费用的使用,提供具有消费排他性的农村准公共物品	直接捐助或通过中介机构间接捐助,提供农村公共物品
筹资机制	强制、规范、无偿的税收收入为主,使用者收费为辅	受益者交费	自愿、无偿或部分无偿的捐赠收入

① 石洪斌. 农村公共物品供给研究 [M]. 北京: 科学出版社, 2009: 81.

（续）

供给机制	政府供给	市场供给	自愿供给
监督约束机制	政府内部以及公民与公民代表、公民代表与政府之间同时存在的监督制约问题。农民的支持度、同级政府间的竞争以及上级政府的满意度都会转化为激励因素	应设法控制公共物品的成本费用水平，监督费用的收取和使用状况以及公共物品的质量。降低农村公共物品供给门槛、实行优惠的税收政策、优化投资环境将有效地激励农村公共物品的市场供给	政府应对捐资的使用状况进行严格的监督，并确保相关信息的透明度。此外政府对捐助的税收优惠政策和精神以及物质褒奖会对自愿供给农村公共物品产生激励作用

（四）系统型人才培训模式

学界始终认为培训是人才培植最重要的途径，人才成长离不开教育，培训和教育是任何人才培养项目中不可或缺的重要组成部分。虽然人才培训模式多种多样，但是关键流程和环节具有趋同的倾向，那就是通过知识传导、示范教学等方式让受体接受信息，以达到提升个体能力的目的。目前，系统型人才培训模式已成为世界主流人才培训模式，其强调教育流程是循环和分层开展的，主张培训应该是一种双向互动的流程。自 20 世纪 60 年代，系统型人才培养模式就已经发展成熟，并得到广泛应用。系统培训模式推广的意义不仅在于它使培训者认识到有步骤、有规律开展培训的重要性，还强调了对培训活动应实行有效评估，这种评估活动应贯穿培训整个流程。该模式有两个突出特点：一是培训被认为是一系列连贯的步骤；第二是可以在适当的阶段将培训需求评估引入培训流程。英国人事管理学会（IPM）在教材中介绍的计划性培训模式就是系统培训模式的变体（Kenny&Reid，2004），该模式同样强调了分阶段评价、反馈的重要性。以此为基础，IPM 开发了“国家培训奖”模式和持续发展型模式，前者突出了建立人才评估与激励机制的重要性，后者则注重开发组织资源，强调高层管理集团开发资源的主动性。

（五）人才成长过程的“参与式”

“参与”是指以第二或第三方的身份加入、融入某事件之中；“参与”还可以被视作是重要的发展话语，或一整套程序和工具。从人才成长角度看，人才形成过程本身也是一个主体“参与”的过程，在这一过程中主要强调个体自我管理（Self-management），强调“社区能够动员和控制它自己的资源，达到自我管理并最终接近‘自立’（Self-reliance）的目标”（M. Ashraf Poswal，2006）。在人才成长干预过程提倡“参与式”，就是强调人才培养不是线性而是相关利益群体的互动与沟通，行动与心理的“卷入”贯穿人才培养始终。曾琦（2001）指出，对人才开展“参与式”培养，就是应用一种特定的方法和工具使个体始终处于一种“投入状态”，这种状态可以从两方面来理解：一方面，“参与”是个体在活动中认知感情方面的卷入，个体与其他个体通过互动而受到群体的影响以及个体影响群体的方式和程度；另一方面，人才成长过程中使用“参与式”干预还具有推动社会民主化的意义，倡导个体相信自己拥有自给自足的能力，能够独立解决问题。

二、农村实用人才的特点

农村实用人才是指户口所在地属于农村，有一定知识和技术，在当地起到示范带头作用，并得到周围群众认可的农村专业型劳动者。与普通农民相比，农村实用人才在技术水平、德道素养、价值观念、创业能力等方面都存在优势，他们是社区的精英群体和意见领袖。

（一）传统的行为模式

无论是传统的小农还是高素质农民，其行为逻辑都具有相同性。在当前的经济社会背景下，农村实用人才仍未脱离传统农民的行为模式，但也开始具备一些时代性特征：农村实用人才始终是集体经济的体现者，同集体所有制存在紧密联系；开始向商品生产者转化，但很多还维持一定的自给或半自给状态；基本已经解决了温饱问题，很多已经到达了马斯洛需求层次的更高层级，比如尊重需求和自我实现需求；仍然属于小生产者，但是具有自发走合作化道路实现共同富裕的意愿；随着新一代农民的成长，在完成农村劳动力队伍新老更替的基础上逐渐形成了一批开拓型人才；观念形态发生变化，商品价值观念增强，创业意愿浓厚，在实践中敢想敢干。新时期，农村实用人才会长时间处于传统小农向新型职业农民的过渡形态，其行为和意愿不可能完全脱离传统农民的特征范畴。

（二）丰富的人才类型

农村实用人才类型和内涵十分丰富。一般农村实用人才包括农业科研人员、农业技术推广人员、种植能手、养殖能手、农产品加工能手、农村经纪人、农民专业合作组织负责人、农业产业化龙头企业经营者、动物防疫员、植物病虫害综合防治员、农村信息员、农产品质量安全检测员、肥料配方师、农机驾驶操作和维修能手、农村能源工作人员、农产品加工仓储运输人员、畜禽繁殖服务人员、社会服务性人才、技能带动型人才等，每种人才类型都有自己的特点和成长路径。随着现代农业的进一步发展，农村实用人才的新类型还会不断涌现，种类之间的分化还会进一步加剧，农村实用人才的类型是与农业发展的集约化、专业化水平、组织化和社会化水平呈正相关。如果将农村实用人才作为一个组合，那么需要针对不同的人才类型制定不同的培养策略，采用不同的培植方式，开展不同的评估活动。

（三）多样的组合形态

我国的农村实用人才群体组合形态多种多样，尤其是随着新型经营主体的不断涌现，人才组合形式开始向着规模化扩张和精细化分工发展。传统的农村人才组合形式主要有两种：以原子化形态存在的个体和以人才群形态存在的宗族型结构，前者多见于自主经营，后者多见于家庭、邻里及亲属间的自组织。随着市场经济发展，更多农户开始突破旧有的宗族型结构，向产业型结构转化。所谓产业型结构，就是从事专业生产或经营的专门人才的集合，这种集合可以实现产业内部智慧资源的整合与共享，可以促进产业内部规模化的实现。除了产业型结构，目前主要的农村实用人才组合形态还有管理型结构、互助型结构、外援型结构等，主要特征便是人才组合的管理方式呈现序列化、各主体之间存在紧密联系、人才发展既有内源驱动也有外源支持等。农村人才的组合形态随着传统农业向现代农业的转化，逐渐由小而全的生产方式过渡到小而专、专而联的专业化、社会化生产方式。

（四）较强的辐射作用

农村实用人才具有比普通农户更强的辐射带动作用，通常在社区具有一定威望和号召力，敢于尝试新的事物，在技术上先行先试，在事业上勇于开拓创新。那些高素质农民通常懂技术、善经营、能管理，能够在生产经营过程中发挥表率作用；在一定条件和范围内，其行为具有可推广和可复制的特点，能够带动周围农户共同发展；对本地农业经济发展做出过突出贡献，农民对其行为和贡献比较信服，将其视为意见领袖；具有一定的创造性和积极性，与农村一般人力资源有所区别，能够先行尝试、先行发展，先行致富。一般情况下，农村实用人才是农村人力资源的优秀代表，具有高于本区域发展平均水平的生产规模和经营收益，能够辐射带动较大区域的农户，能够发挥经济带头人的作用，这种人才比例一般不会超过当地农村人口的5%。

（五）持续的资本积累

个体的发展离不开内、外部资源的整合与有效利用，是否占有一定数量的发展资本直接决定着个体未来的发展方向与路径。个体的发展资本包括人力资本（生计能力）、社会资本（可及性）和经济资本（储蓄）等，而个体获得这些发展资本的前提便是具有一定规模的自然资源、基础设施、经济文化政治环境和外部冲击与变化。农村实用人才在成才过程中积累的发展资本和得到的外部支持更多，资本积累更容易产生规模效应，人才成长的速度也会越来越快。农村实用人才相较普通农户更具有积累资本的优势，生计策略更趋于多样化，比如农业生产的集约化、生计的多样化和人员的流动性增强（Scoones，1998）。相较普通农户，农村实用人才的生计行为多数是建立在非自然资源基础上的，属于市场型农民，资产禀赋更加优越，在后天资本积累的获得方式和可获得性上更具优势。

三、农村实用人才的成长规律

因为经济、社会、文化、价值观等多方面的影响，农村实用人才的成长规律与普通人才相比既有共性也有特性，但总体可以概况为能量渐变规律、社区激励规律、内源培育规律、行为改变规律、价值导向规律和成长时效规律。

（一）能量渐变规律

从农业生产领域的组织或社会结构看，人口资源、人力资源、人才资源和高层次人才资源基本呈典型的金字塔分布结构，人才资源处于金字塔的顶端。但是，从宏观社会角度考虑，任何人才成长与发展都离不开整体人才队伍的发展水平。那些地处偏远、农民素质普遍不高、经济发展落后的地区，孕育的人才数量和规模都十分有限；而那些经济发展水平较高、区位条件较好、外部支持力度较大、思想较为开化、接触市场经济较早的地区，反而会出现很多农村实用人才。从宏观视角看，农村实用人才的培植与社会群体总体的发展状况密切相关，而社会群体人力资本状态始终处于渐变过程，因此人才发展也是一个渐变的过程，农村人才能力水平与社会群体人力资本发展水平呈正相关；从微观视角看，个体学习知识和积累能量是一个循环往复的过程，自身能力水平不可能永远呈上升趋势，当人才资源得到充分利用，个体能量实现充分释放后，人才发展渐进过程变缓，能量积累达到饱和。农村实用人才成长是一个能量积累的渐变过程，人才开发必须具有计划性和系统性，应当在个体能力停滞或衰退阶段采取必要的外部干预措施促进其成长。

（二）社区激励规律

和其他产业相比，农业的人才流动效率较低，人才成长缺乏外部持续的激励措施；和城市相比，农村人才市场并非完全开放性的，人才自由流动受到传统差序格局、人际网络、地域条件、户籍制度的制约，缺乏人才竞争的外部环境，人才开发和使用效率偏低。不同于普通人才激励措施，农业实用人才所处乡村环境的特殊性决定了对其的外部激励多数来自社区内部，激励机制脱离乡村环境难以发挥激励效力。农村和农业并不是一个完全市场化的领域，市场竞争与外部激励难以发挥资源配置作用，因此人力资源的培植机制只能交由社区内部自发协调。政府在制定农村实用人才培养政策的时候就需要以社区为单位，向社区内部植入激励机制，促进人才开发由计划向市场转变、由单位人向社会人转变、由身份向绩效转变；依托社区内部组织培养农村实用人才，构建个体和部门、合作组织之间的紧密关系，实现人才从“控制型”向“合作型”、从契约关系向盟约关系转变，促进人才在社区内部实现合作，以新型经营主体的身份面对市场。

（三）内源培育规律

普通人才在成长过程中需要从外部不断获得发展资源，比如知识、资本、福利等，成才过程离不开外部资源的持续性输入。农村实用人才所处的乡村环境是封闭的，农业自给自足的特征使他们与其他产业的联结比较松散。在农村，社区成为群体发展的基本单元，农户成为个体发展的基本单位，因此人才的发展必须是内源式的，具有一定的自发性。农村实用人才内源发展规律主要体现在：首先，农村实用人才的原始知识积累来自乡土知识，其自身知识积累过程并不是通过教育培训体系，而是通过自发的反复试错和经验积累，这一过程中乡土知识成为社区发展的技术支撑力量；其次，由于农民的生产行为和服务行为都是个体在乡村社会环境中自发实现的，外部干预作用较小，人才主动性、能动性、创造性、可开发性和可共享性的发挥基本仍局限在社区内部；最后，政府对农村实用人才的支持需要依托社区，任何支持政策都要以社区事务为基准发挥作用，脱离社区任何人才培植计划都有可能架空。农村实用人才的培养路径应该是内源的，这进一步说明对人才资源的开发应该立足社区建设和产业发展，通过合理配置内部资源以促进干预政策实现最大效用。

（四）行为改变规律

农村实用人才行为改变规律包含个体和群体两个层面：从个体角度讲，“农民个体行为受到其年龄、性别、个性、地域、所处阶层的影响，同时又因为其文化、历史、经济条件的差异，在行为上表现各不相同，行为的改变也大相径庭。”[①] 虽然行为表现各异，但是行为目标却具有趋同性，那就是为了增加收入，提高生活质量，改善人际交往，提高社会地位，这也成为农民任何行为的主要出发点。从群体角度讲，农民群体行为是以多数农民行为

---

① 颜丙昕．新农村建设中农民行为改变规律及策略分析［J］．新农村建设，2008（4）：8.

为基础，其行为改变的目的受大多数农民个体行为影响，但是又不是个体行为的简单叠加。在培养农村实用人才过程中，个体行为表现与群体的总体行为倾向具有密切关系，因此培养农村实用人才不仅要设计针对个人的培养计划，还需要考虑群体对个体成长的影响，要善于利用群体行动趋向来改变个体行为方式。此外，影响农民行为改变的因素有很多。一般情况下，农民素质越高，其态度和行为越容易改变，对其开展培养的效果就更好；农民家庭经济收入越高、承受风险能力越强，对其开展技术推广、提供贷款、持续培训后更容易成长为人才；传统的小农意识、生活氛围和生活习惯会影响人才培养的效果，对农民成才产生负面影响。

（五）价值导向规律

农村实用人才是一种特殊的人力资源，这种资源的开发需要外部给予正确的价值引导，缺乏价值引导不仅导致人才发展取向出现偏移，而且使潜在的人才资源无法转化为现实生产力。人才的主观能动性有正向和负向之分，对于社会的价值作用也存在差异。当外部力量采取目标拉动、政策推动、教育引导、榜样带动等方式产生正向激励作用，人才就会启发、立志、自强、行动、取得成绩，并愿意为事业付出心血；当外部力量对个体的引导出现偏差，没有给予及时、大力的扶持，即便个体才能再出众，也会因为缺乏正向引导而使才智湮没。一般情况下，农村实用人才通常界定为精英、示范户和意见领袖，这些可以作为显性人才；那些平时社会资本积累较少，与政府部门交流较少，没有参与政治活动的潜在能人，基本处于自发活动的状态，这些可以作为隐性人才。无论是显性人才还是隐性人才，都要外部正确的价值引导，使其产生正向能动作用，避免和减少负面影响。外部干预者应始终坚持以价值创造衡量人才，在激励机制、分配机制、扶持机制上进行创新，使知识、技术、管理和资本等生产要素参与收益分配，将物质激励与成就激励、精神激励相结合；在发挥显性人才优势的同时，也要挖掘那些隐性人才，通过价值激励使隐性人才显性化。

（六）成长时效规律

任何人才成长和人才资源开发，既受自然属性的制约，又受社会属性的制约，其才能发挥和绩效取得具有时效性和阶段性。与其他产业领域的人才不同，农业劳动者的年龄区间较大，最佳年龄峰值随着农村人口老龄化问题的出现逐渐后移。一般科学人才的最佳年龄峰值为37岁，最佳年龄区间为25～45岁，但这一规律并不适用农村实用人才。农村人才理论上并没有绝对的年龄上下限，这是因为农村人才脱离正规教育体系的受教育年限，也没有退休的制度限制，只要有劳动的意愿，掌握一定的专业技术，具备一定的能力要求，就可以成长为农村实用人才。对于农民而言，当经验积累到一定程度，并有从事农业相关行业的意愿，个体就具备成才的潜能，这一年龄区间通常处于15～45岁之间，45岁之后个人精力投入、体力投入进入衰退期，同时事业步入稳定期，成才的概率大幅下降。一方面，农业专业化、标准化、规模化、集约化发展对人才知识与能力要求更高，需要个体经历长时间的系统学习；另一方面，随着分工细化，复合型人才需要合理配置人力资源才能发挥作用，农民合作化路径要求个体不仅要具有生产水平，还需要具备一定管理能力和变通能力，为了快速适应社会变化、不断开拓创新，人才通常年龄不能偏大。

四、农村实用人才的成长阶段

任何人才的成长过程都可以被划分为几个阶段，每个阶段都展现了人才行为和思想上的变化趋势。农村实用人才的成长过程可以按照普通人才成长的阶段划分，由于其自身的特殊性，每个阶段都具有明显的特征，需要我们进一步识别，针对不同阶段的特点进行人才培养。

（一）人才成长阶段的划分

1. 第一阶段——生计意愿确定

生计（Livelihood）就是维持生活的手段和方式，其内涵能够完整描绘个体生存的复杂状态，目标是实现个体的可持续发展。和普通人才成长路径不同，农户的生计意愿更加复杂，其确定意愿时必须考虑多重要素，比如对农业未来发展风险的预判、对从事其他产业机会成本的估算、对投入产出的评估等。成为农村实用人才，个体必须具有在农村生产生活、服务农村的意愿，这种意愿并不是暂时和短期的，应该具有长久的规划，从事职业应有一定的稳定性。确定意愿是人才成长的第一阶段，也是最关键的阶段，一方面确定意愿反映了个体发展的主观态度，另一方面也为人才确定了成长的方向。

2. 第二阶段——发展资本积累

积累发展资本是个体成才的基础条件，经济资本、社会资本与人力资本的积累程度与个体成才的概率呈正相关。社会资本对个体而言能够创造价值、完成工作、达到目标，具有不可让渡性、公共物品性和不可消耗性。获得社会资本是一个累积的过程，个人关系网络的建立与转化是个体发展过程的关键环节。人力资本是凝结在劳动者身上的知识、技能及其所表现的劳动能力，接受正规教育、培训需要一个较长的过程，即便在个体成才以后积累人力资本的过程也没有停止。经济资本是个体发展的直接动力来源，即便个体具备丰富的社会资本与人力资本，如果没有充足的经济资本，无形的资本也无法顺利转化为产出。资本积累过程的长短因人而异，通常包括正式发展资本积累和非正式发展资本积累，前者指个体接受正规教育、获得充足的资金、得到外人的帮助和扶持；后者指工作经验的积累、获得一定的物质支持、结识社会资本积累较多的朋友等。正式发展资本积累过程较短，非正式发展资本积累过程较长。对于农村实用人才而言，由于农村社会获得直接发展资本的路径较为单一，因此非正式发展资本积累过程更加重要。

3. 第三阶段——立业计划实施

经历前两个阶段，个体发展具备一定的发展目标和社会资本，此时进入立业计划的实施阶段。立业计划实施的重要前提是个体愿意在从事涉农产业或者为农村社区服务的过程中投入一定的精力、劳力和财力，具备一定程度的发展资本，专业从事生产、服务活动，此时个体将会为组织管理和技能提高做出较大贡献，在完成基本工作的同时，能够充分应用自身积累的发展资本进一步获得各种资源。如果将立业计划实施阶段进一步划分，还可以分为几个子环节：首先是立业计划的制定。由于农业产业涉及类型较多，因此在考虑发展前景的基础上个体需要制定一个长远的规划；其次是生产风险的规避。由于农业是高风险行业，个体立业时需要考虑资源禀赋、气候条件、市场行情、物流通路、政策变动等因素；再次是单一产业的发展。个体在起步阶段通常生计单一，不会拓展产业类型，也不会轻易发展规模经济，集约化水平通常较低；最后是生计多样的策略。当个体单一产业发展成熟时，会倾向于选择生计多样化策略，拓展产业领域，并从单一农业向加工业和服务业延伸。

4. 第四阶段——成长速度减缓

任何人才成长都会有一个极限，当个体成长为人才并且取得了较高成绩，下一阶段必然会步入综合能力发展的极限，在其他非人为因素的作用下，心理和生理都会有一个退化和减弱的过程。如果将人才成长周期视为个体生命循环的过程，那么个人能力已经到了缓慢增长甚至减弱的阶段。农民在成才前受教育程度普遍偏低，经验积累有限，专业知识匮乏，加之农村教育培训工作滞后，导致其初始人力资本通常积累不足。这种人力资本积累不足的弊端在人才成长早期阶段通常并不明显，但是当个体成才后需要进一步发展时就会表现出后劲不足，导致决策失误、安于现状、能力停滞、转行转业等问题。和其他产业不同，从事农业生产的劳动者基本处于作物生长季的轮回周期中，劳作方式比较固定，所获得的乡土知识远比外部知识多，因此在成才初级阶段旧有知识体系完全可以满足发展需求；当个体成才后需要进一步发展，一方面自己旧有的知识结构已经无法适应拓展业务、加强管理、分工细化的需要，另一方面传统的农业生产组织形式难以有效弥补人力资本的缺失，在组织体系内部无法形成知识、经验、理念等优势互补的发展机制。当缺乏内部组织结构优化和外部人力资本支持的情况下，人才成长将遭遇屏障。

（二）农村实用人才成长阶段的特征

任何个体在成才过程中都受到两个因素的影响，即动机的支配和外部环境的作用，但是在不同的成长环节，两者的影响力是不同的。和其他类型、产业的个体成才不同，农业的独立性和封闭性造成个体动机支配在不同阶段呈现出不同的特点，个体面对外部影响的行为特征也存在差异。比如在传统农业地区，农民的行为会受到亲戚、朋友和邻居等周围人的影响，外部干预对个体行为的影响反而会削弱。

在生计意愿确定阶段，农民的行为具有不稳定性，在识别和发现问题上容易受到很多因素的影响，比如其他农户的生产生活行为、外部政府项目干预、既有发展资本积累情况、受教育情况、思想认识水平等。这个阶段农户的行为意识介于完全理性和非理性之间，态度、感情、经验和动机均难以预期。传统型农区中的制度、文化、宗族、伦理、仪式、信仰、价值观、社会网络等元素，均会对个体行为决策产生影响。

在发展资本积累阶段，农民可以通过社区人际网络积累一定社会资本，但这种乡土性的社会资本具有一定的局限性：首先，这种社会资本只局限于社区内部，无法像在都市那样可以无限延伸，人际沟通网络规模是既定的；其次，农业与二、三产业存在地域隔绝性，农业自身的独立性造成社会资本难以跨产业积累；最后，农业的社会资本积累到相同规模，要比二、三产业花费更多的时间，而且政府资源成为社会资本的重要组成部分。同社会资本一样，经济资本与人力资本的积累也与其他产业存在差异。比如经济资本投入粮食生产所面临的风险相较其他产业类型要低，人力资本边际积累门槛比其他产业要低，经济资本和人力资本可以通过短时间的积累达到从事基本生产的最低规模。相较其他产业，农村实用人才在这一阶段经历的时间和投入的精力要低很多。

在立业计划实施阶段，个体行为会因为职业类型、所在地域、规划方向、种养结构、扶持力度的不同而出现差异，这种差异化直接决定了个体在这一阶段的成长路径。对于农村政治带头人，成才的关键便是在这一阶段成为村级党组织的领头雁、建设社会主义的带头人，其工作内容是党的路线、方针、政策在农村的贯彻落实，社会资本对于个体成才发挥关键作用；对于农村经济带头人，成才的关键是成为有影响力的社区集体企业负责人或其他经济能人，他们具有一定的辐射带动作用，其资本在内部升值的同时也会外溢给社区，经济资本对于个体成才发挥关键作用；对于农村技术带头人，成才关键是成为在农村社区中能影响其他成员生产活动的技术能人，这些人对社区普通农户具有很强的带动示范作用，能够将知识和技术转化为经济资本，人力资本对于个体成才发挥关键作用；对于农村社会带头人，成才的关键是通过为村民提供意见与信息，获得村民的普遍信任，进而对社区的政治、经济生活产生深远影响，这些人通常具有较高的综合素质，各种资本均对个体成才发挥关键作用。立业计划实施阶段是人才塑造与成型的阶段，也是人才成长最为关键的阶段。

在成长速度减缓阶段，个体的行为与意识基本固化，事业发展处于平稳状态，能力发挥基本达到极限。由于个体之间存在差异，人才进入成长速度减缓阶段的时间也存在不同，主要受到受教育程度和身体素质的影响。“个体受到一定程度教育后，人才的非智力素质会自然而然得到提高，在学习过程中，在劳动锤炼中，他们的思想会受到很大的冲击，一些根深蒂固的传统观念会得到改变，从而有利于提高其非智力素质。”① 因此，对于受教育程度较高、面临发展机遇较好的个体，成长速度减缓阶段通常会向后推迟，但是最终会因为人的能力发挥至极限而进入平稳发展的阶段。此外，个体的身体素质也直接影响成才进度，那些身体素质好、精力充沛、干劲十足的个体会较迟进入成长速度减缓阶段，当个体达到一定年龄，或者患病，体能开始衰竭，此时事业开始走入下坡状态，个体处于成长速度减缓阶段。除了受到受教育程度、体能的影响，造成个体成长速度减缓的因素还包括外部生产生活环境、个体主观意愿、发展条件等，因此进入成长速度减缓阶段的时间与原因因人而异。

五、农村实用人才培养路径与方式

农村实用人才培养是全国人才工作的重要组成部分，直接关系到现代农业发展。因此选择什么样的培植模式，采取什么样的培植策略，直接关系到农村人力资本能否为现代农业发展提供智力支持。农村实用人才的成才路径可以从宏观群体与微观个体两个层面来考虑：对于群体而言，政府对人才的教育与培养发挥关键作用，群体成才的路径主要是培养领军型人才、开展农民创业培植、构建完善的农村人才培训教育体系；对于个体而言，个体成才路径具有多样化特征，个体可以通过自主创业、合作经营、继续深造、转产转业实现自身的发展，也可以通过利用社区内外部资源成长为能人、精英，并带动群众增收致富。无论从哪个角度分析人才成长路径我们都会发现，虽然培养机制存在多样化，但是主要成才路径有两种：内部成才路径和外部成

① 张兔元，冯晓燕．农村人力资源管理［M］．北京：中国社会出版社，2006：21.

才路径，前者通过个体或群体自发形成，后者通过政府外部干预形成。

内部成才路径包括自己探索、自发合作、自主创业、自由流动等，其中以自主创业最为典型。“创业是激发社会发展的强大动力，是优化配置生产要素的重要途径。”[①] 创业培植目前已经成为农民成才的主要路径。内部成才路径在个体自发实现自身价值的同时也会存在一定的问题：内部成才对个体综合素质的要求很高，需要个体在创业初期具备较多的原始资本积累，以及较高的知识和文化水平；内部成才路径需要自身主动摸索，摸索过程会比较复杂，且缺乏正确指导和科学规划；自主成才具有一定的自发性。内部成才路径的主要特点：一是强调发展主体的自觉性和主动性，通过充分发挥个体的主观能动性以提升成才的成功率；二是由于资源有限，配置资源的效率会更强，个体获得资源的路径更加多样；三是个体成才面对的风险较大，包括经济风险、社会风险、政策风险、自然风险等，个体缺乏规避风险的渠道；四是个体成才主要依靠自己摸索，发展路径具有不确定性，这种不确定性可以使个体灵活应对外部环境的变化；五是个体成才行为与外部组织干预可以有机结合。

外部成才路径包括组织引导、创业培植、技术培训、经费支持、专家带动等，其中以创业培植最为典型。引导农村实用人才创业是各级党委、政府和部门的重要责任，也是拓展成才路径的有效举措。引导农民开展创业实践，鼓励有条件的农民创业发展，意义重大，影响深远。面对“村庄空心化、农业兼业化、村民老龄化”等问题，需要培养农民创业型人才，建立“金字塔”式的人才结构。培养农民创业型人才，鼓励其结合各地产业特点和农业生产实际在某一领域发挥专长，在服务当地主导产业和特色产业发展、促进农业农村经济发展和农业发展方式转变方面，都发挥积极推动作用。农村实用人才自身具有鲜明的单一性、地域性和兼业性，其在创业过程中可以引进更多的农业生产技术和市场信息，并在农业新技术、新模式的示范推广过程中发挥越来越大的作用。通过创业培植，农村各类涉农从业者转化为农村实用人才，这种人才成长路径主要依靠外部干预力量，以外部支持实现人的内源发展。外部成才路径的主要依靠力量是外部的组织，比如政府

---

① 朱嘉蔚，朱晓妹．江西省农民创业的环境因素分析［J］．特区经济，2009（12）：201.

和合作组织，其特点是在短时间内获得启动创业的发展资本，对培植行动有一个科学的规划。但是外部支持容易将统一的培植方案应用到异质性的个体，导致统一的人才规划满足不了个体的差异性需求；外部支持的资本运作效率会很低，成本难以合理控制；会造成个体对外部培植路径产生依赖，使人才培养工作不具有可持续性；会变相造成不平等性，少数人受益的同时其他人丧失了受到外部扶持的机会。外部成才路径的主要特点包括：一是外部成才路径具有多样性，这种多样性得益于外部组织可以提供大量的发展资本；二是外部支持可以降低发展的门槛，使更多发展资源匮乏的潜在能人依靠外部支持成长为人才；三是外部支持的供给主体主要是政府或者实力较强的经济组织，在其扶持下经营风险和损失会降至最低。

为了实现农村实用人才培养，外部成才路径和内部成才路径通常是统一在一起进行的：首先，农民参与农村实用人才培养必须有一定的行为动机；其次，要考虑农民参与农村实用人才培养的需求、参与的态度以及开发的诱因三方面对农民参与农村实用人才开发行为动机的影响；第三，要明确农民参与农村实用人才培养的行为动机及其影响；第四，要明确外生变量对农民参与农村实用人才培养行为的影响；最后，要明确多因素影响下农民参与农村实用人才培养行为形成机制（图 6-1）。

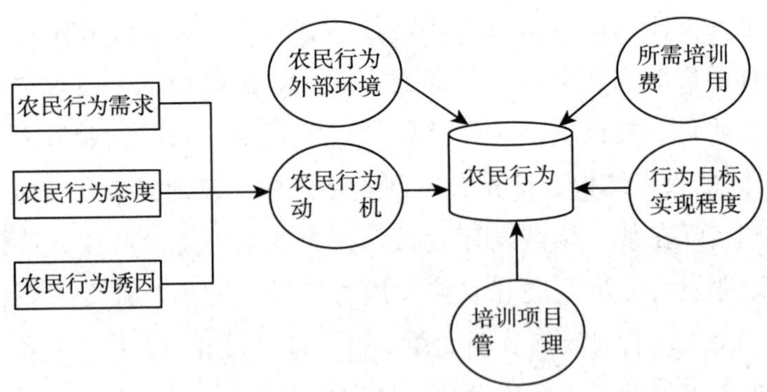

图 6-1　农民参与农村实用人才开发行为的理论模型

实践中，政府主导的“自上而下”人才培植模式依然是主要形式，但是在延续旧有以培训为主的干预策略的同时，很多政府培植项目开始依托不同主体开展活动，为培植对象提供多样化的成才路径。下面我们以“杭州模式”为例介绍项目是如何整合资源提供多元化的成才路径（案例 6-1）。

案例6-1 “杭州模式”的多样化成才路径

目前全国尚无形成一套完整的培养模式和路径，杭州自身摸索了“体制外”人才培植路径，率先在全省启动农村实用人才培养工程，搭建实用人才发挥示范带动作用的平台，打造出农村实用人才培养的“杭州模式”。2005年，杭州市在全省率先出台了《关于加强农村实用人才队伍建设的意见》，经过几年的实施探索，逐步形成了“农办具体负责、有关部门配合、社会广泛参与”的新型农村实用人才开发体制。“杭州模式”的主要特点包括：一是建立了农村实用人才登记制度。出台了《杭州市农村实用人才选拔管理暂行办法》，从选拔条件、选拔机构和程序上共选拔认定农村实用人才62 106余人，其中生产能手25 645人、经营能人21 501人、能工巧匠5 455人、乡村科技人员4 672人、其他人才4 833人。二是实施了农村实用人才培训工程。重点抓好“125”培训工程，针对经营能人、农村经纪人、农民专业合作组织带头人、村级农技推广人员和种养能手开展专题培训。三是创建了农村实用人才示范实训基地。2007年开始设立了人才实训基地，基地的经营或管理者是市级及以上农村优秀实用人才，具有较大规模和较强示范带动能力、经济和产业前景发展良好的种植养殖基地（园区）、农产品加工企业、农民专业合作组织、“农家乐”大户和农村文化之家。还与市科协共同评选农村科普示范基地。四是开展了“三培养三推荐”活动。把农村优秀实用人才培养为入党积极分子，积极推荐进入村组领导班子发挥示范带动作用；把农村党员培养成实用人才，积极推荐进入农村经济合作组织发挥先锋模范作用；把村组干部培养成农村致富带头人，积极推荐进入地方基层的人大、政协参政议政。五是创建了“杭州市农村人力资源网”。将农村实用人才信息库、农民素质培训管理系统、农村劳动力培训师资库、劳动力就业和农村实用技术与农产品市场信息等网络资源进行整合，实现农民教育培训的远程管理与全市的数据共享。

在扶持农民创业方面，相关部门大力拓展创业渠道，秉承“行行出状元，村村有能人”的理念，建立选拔认定机制，开展培养培植。政府选择的培养路径主要依托以下几种渠道：一是农村实用人才“125”培训工程。即对市本级每年培训年产值千万元以上农业龙头企业、农产品加工企业的经营管理者100名，农村经纪人和农民专业合作组织带头人200名，种养致富带头人500名落实培养培训机制。二是“1+1”农民转移就业人才培训。采用“政府统筹抓总，学校招生培训，企业定岗招工”的运作模式，进行了“1+1”培训试点。通过组织农村富余劳动力参加3～6个月的定向转移就业培训后，取得一张职业资格证书，获得一个工作岗位。三是举办农民研究生班和高等学历教育班。与浙江工业大学联合在全省率先举办了农村实用人才研究生课程进修班，对杭州市属各区、县（市）的30名优秀农村实用人才开展了学历教育，还与浙江大学远程教育学院（杭州农业学习中心）联合举办了农村实用人才高等学历教育班，开办了农业技术与管理、农业推广、畜牧兽医等4个专业。四是开展“三培养三推荐”活动。把农村实用人才要发挥好示范带动作用和共产党要发挥好先锋模范作用进行了结合，开展了“三培养三推荐”活动。五是引进“SIYB”创业创新培训模式。“创办你的企业和改善你的企业”是由国际劳工组织与劳动和社会保障部合作开发的创业培训项目，它包括“产生你的想法”（GYB）、“创办你的企业”（SYB）、“改善你的企业”（IYB））、“扩大你的企业”（EYB）四个培训模块。2013年，全市开始将“SIYB”创业创新培训模式纳入农村实用人才和农民素质培训之中。

在形式和方法上，“杭州模式”创建了农村实用人才示范实训基地，以其作为领头羊辐射带动周边农户致富；在2006年设计的“杭州市农村实用人才登记表”基础上，自行开发了数据统计软件，实现了远程管理、数据共享，方便了基层对农村实用人才信息的查找、统计和利用，2008年又按照中央和省里的文件精神，在原来的基础上进行系统升级，建设完成《杭州市农村实用人才数据处理系统》，实现市、县、乡分级管理；创建了“杭州市农村人力资源网”，帮助农民找政策、找技术、找市场、找工作、找培训，帮助农业企业找人才，有效促进农业科技的快速传播、农村劳动力资源的优化配置（图 6－2）。

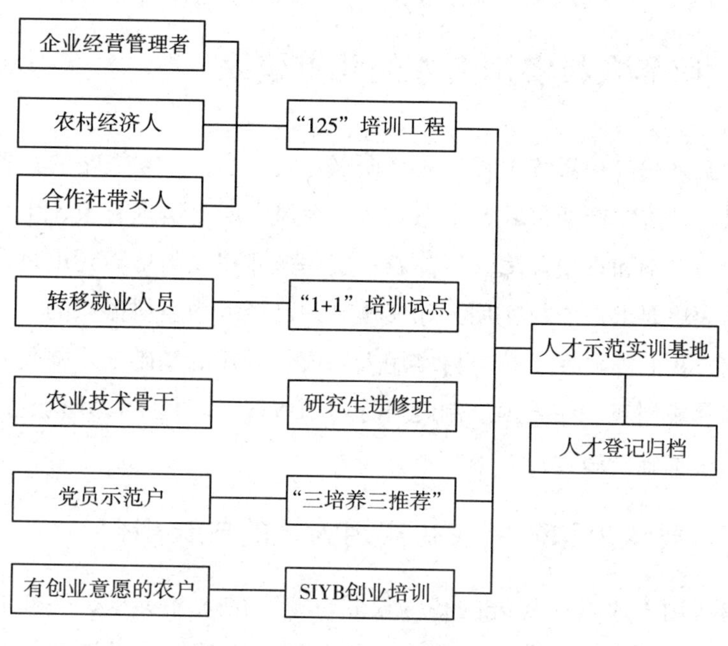

图 6－2　“杭州模式”人才培养路径

从“杭州模式”我们可以看出，市场经济条件下人才成长路径具有多元化的特质，任何培植项目依靠单一的路径都无法满足个体多元化的发展需求。随着产业分化，很多农民脱离传统农业生产向二、三产业转移，除了依靠传统的培训，还有更多的农民成才路径可供选择。此外，在人才培植项目中，多元服务供给主体加入进来，比如企业、科研院所、非政府组织等，多元供给减轻了政府的财政负担，大幅度提升了培植效率。“杭州模式”将不同市场主体和非政府组织纳入人才培养项目，依托市场针对主体的年龄、性别、体质、文化水平、专业技能开展培养、提供服务，有效弥补了某些领域农村人力资源开发与管理的缺位。通过人力资源的优化配置、排列组合和价值增值，最大限度为人才培养供给主体创造更多的经济效益和社会效益。此外，在“杭州模式”中，不同的人才培植“子项目”对应着不同属性的对象，比如“三培养”工程培训班主要面对的群体是都市型带头人、“中心村”管理人才、新任村干部等，并针对这些主体分别制定了培养计划，安排了专题培训班。对人才分类分层，走差异化的培植路径，有利于提升人才培养的效果，多渠道吸纳农村人力资源。

六、培养农村实用人才的几点建议

乡村振兴战略是系统工程，人才振兴是实施乡村振兴战略的必备要素和重要资源，是落实产业兴旺、生态宜居、乡风文明、治理有效、生活富裕总要求的推动力量和重要保障。目前农村实用人才建设与培养还不足以支撑乡村振兴的战略要求，农村实用人才瓶颈制约已经成为乡村振兴的突出问题之一。因此，我们需要在了解农村实用人才成长规律的基础上，强化农村实用人才培养模式创新，完善顶层制度设计，引入多元培植主体，构建成才支撑体系，加快基础设施建设。

（一）要认识和研究农村实用人才的成长规律

农村实用人才具有传统的行为模式、丰富的人才类型、多样的组合形态、较强的辐射作用和持续的资本积累，其成长过程可以被划分为四个阶段：生计意愿确定、发展资本积累、立业计划实施和成长速度减缓。根据其行为特点与发展过程我们可以揭示出具有普适性的成长规律：首先，农村实用人才成长是一个能量积累的渐变过程，因体力、智力、能力、经验等因素的制约，个体能量经历了产生、积聚、释放和耗尽的过程；其次，对于个体的激励不是来自社区外部，而是依靠社区内部人才与事业、能力与职业、绩效与报酬等自发调节实现；再次，人才成长具有一定的自发性，其发展资本情况主要依靠自身既有资源禀赋，社区成为人才发展资本配置的主要平台；第四，个体行为受到群体行为的影响，但是影响效果具有不确定性，与年龄、个性、性别、地域等有关；第五，人才成长需要外部力量采取目标拉动、政策推动、教育引导、榜样带动等方式产生正向激励；第六，人才成长受到自然属性和社会属性的制约，存在最佳年龄峰值与最佳年龄区间，因个体类型的差异，峰值与区间可以前后移动。根据人才成长规律与路径，相关部门应该针对农村实用人才异质性特征开展差异化培训，推进潜在农村人才职业化进程，将群体发展作为个体成才的“孵化器”，建立人才培养的社区内外双重激励机制，依托农业产业化经营为农村实用人才发展提供良好环境，提高农村实用人才的开发与配置效率。

（二）要加大农村实用人才的培养力度

在实践中，我们要根据农村实用人才成长规律，依托各种项目认真制定短期、中期、长期人才培养规划，重点培育那些“学得精、用得着、留得住”的新型高素质农民，努力通过人才分层分类培养形成村有技术指导员，组有科技示范户，户有致富能人和创业者的人才结构；要坚持农村实用人才技能和理念培训相结合，课堂讲授与现场教学、案例教学相结合，传统教学方法与参与式教学方式相结合，种、养、加、销、管、引系统培训与“一业一传一训”相结合，分类培训、服务产业、注重实效；要充分利用农广校、职业技术学校、党校等教育培训机构的培训资源，鼓励有条件、有意愿的企业、合作社、科研院所开展农村实用人才培养，引导多元主体投资，优化配置内外部资源；创新应用各类远程培训教育手段，扩大农村实用人才培训覆盖面，有计划选送各类优秀农村实用人才参加各类培训、项目和评奖，带领农村实用人才到农业发达地区参观考察，拓宽视野；要完善激励保障措施，对作用突出的农村实用人才给予奖励和重点扶持，促进和引导其发挥示范带动引领作用，对带领群众脱贫致富的优秀实用人才，积极推荐其进入村级领导班子；建立农村实用人才信息库，通过个人自荐、群众举荐、摸底调查、组织考核等办法，将那些懂经营、会管理、有专长的农村实用人才汇集筛选，登记造册、分门别类，形成动态管理、及时增减补充；要持续为农村实用人才创业活动提供信息咨询和技术指导，及时收集、分析、研究市场信息，由政府统筹开展择业指导、薪酬评估、信息点评和咨询答疑等活动。

第七章　参与式农民培训与农民田间学校建设

农民培训是农业技术推广的重要组成部分，也是农村人力资源开发的重要活动形式。乡村振兴背景下，我国正处于由劳动密集型的集约农业、向知识技术密集型的现代农业转变的关键时期，农业农村发展对科学技术的依赖性更强，使农民培训成为创新扩散和技术转移的重要载体与媒介。随着农民返乡大潮的出现和政府对创业创新支持力度的不断加大，农村人力资本将迎来一个崭新的机遇期，农民培训也将对提升农村人力资本水平发挥巨大作用。

一、我国农民教育培训的历史与现状

回溯历史，我国农民培训活动自古有之，但主要是由政府支持与发起，主要目的是实现政策宣贯、道德教化和技术转移。在组织形式上主要采取课堂式讲授，沿用的是传统的学生教学方式，在教学理念和培训方法上都比较落后。新中国成立至今，农民中有相当一部分已经分化成社会的各个阶层，农民教育培训实际上已经演变成对农村所有阶层人群的智力开发活动，成为一种农村人力资源开发的主要形式。

（一）古代农民职业教育

《学记》有云："化民成俗，其必由学"，我国自古开展了针对农民的职业教育活动，这些教育活动主要是通过设置农官、师徒间传授、出版农学专著和开设农业教育机构四种方式实现（胡钢、谷小勇，2005）。

所谓“农官”，“便是职掌劝农、屯田、营田、仓储、田赋、农田、农户、水利、赈济等不同事务的官员”①，在中国历史上农官制度始终是国家政治制度的重要组成部分，是政府鼓励和推动农业生产的一项重要措施。作为国家专设的农业管理机构和专派的事农官员，其主要掌管农业知识的传播、农业技术的更新、农具的推广应用等，并且指导农民从事农业生产活动。自商设立“农正”、“司民”等官员，到西周设立了从中央到地方“司徒”一类的劝农官，“设官教民”制度雏形初步形成。秦朝尊崇“国以民为本”的儒家思想，农官开始转向官僚制，统治者设立了从中央到地方的世袭的劝农官制度。之后的历朝历代，劝农官的称谓虽各异，但基本职能都是以行政力量督促农业生产。

师徒间传授是一种学习农业新知识和新农具应用的非正式职业教育方式，其实质是依托一种非正式的培训，将知识迅速转化为群体成员的共同财富。氏族部落阶段之后，师徒间传授开始演进为一种自发式教育活动，春秋战国时期神农学派奉神农为祖更首开农家私学之先河。事实上师徒间传授的方式并非仅局限于民间，宋太祖时期官府在全国设置的“农师”，让“农师”协助地方政府官员督导农事、教化农民，此时，“农师”便成为我国最早的农业技术员②。

通过农学著作来促进农业知识的交流和传播，也是古代一种比较常见的农民职业教育形式，而我国各朝代所编纂的农书可谓蔚为大观。在历代公私书目中都有农书的著录，在正史艺文志或经籍志中，均有农家类农书的著录。日本学者天野元之助对中国各朝代农学典籍做过统计：“先秦 9 种、汉 4 种、三国·晋南北朝 4 种、唐 5 种、宋 45 种、元 8 种、明 78 种、清 139 种”③，而近人统计“中国历代农学古籍多达 830 种之多”④。事实上，由于“农家条目，至为芜杂”，因此大农业范畴的农业古籍实际上远远超过统计数字，“有些农书并未列入农家类，散见其他类目，如农时、占候书在五行类，

① 王勇．中国古代农官制度［M］．北京：中国三峡出版社，2009：12.

② 秦敏．试论两宋时期陕西的战时农业经济［J］．西北农林科技大学学报（社会科学版），2004（4）：101-104.

③ 彭世奖．中国古农书考［M］．林广信，译．北京：农业出版社，1992：25.

④ 梁家勉．中国农业科学技术史稿［M］．北京：农业出版社，1989：573.

兽医书在医家类，相牛、相马书在形法类或艺术类，许多竹木、花卉书则在谱录类中”①。

开设农业教育机构，就是通过设立专门的机构对农民进行有关农业知识和技能教育，这是一种由国家主导的对农民进行的系统全面教育。“我国唐代就从中央到地方建立了教育门类齐全、学制完善的农业教育体系，这种体系中设立的教育机构有官办的，也有半官半民的，有中央设置的，也有地方民间设置的，但都有相当的办学规模”②。元代统治者为发展农耕而创办“社学”，“十家立一社，每设立学校一，择通经者为师，农隙使子弟入学。择年高晓农者为社长，社长专以教劝农桑为事”，其“社学”成为我国古代第一所兼有文化教育功能和技术推广功能的农事学校。开设农业教育机构，使政府对农民进行职业培训的渠道更加畅通，农民教育也趋于正规化和制度化，无形中为当时农业的发展起到了助推的作用。

（二）近代的乡村建设运动

随着西方宗教改革和文艺复兴的洗礼，“平民化”、“大众化”教育的思潮初见端倪，并在工业革命的推波助澜下逐渐取代了传统上层阶级的精英教育。19世纪中后期，资本主义的发展和民族国家概念的出现使得平民教育成为近代国家教育的主流趋势，民众素养和国家整体文明程度的提升促使西方社会率先迈入现代文明社会的“大门”。20世纪初西方各种教育思潮和教育运动此起彼伏，并孕育出了众多教育思潮和价值理念，其最重要的成果便是终身教育和指向全民的“成人教育”。20世纪30年代兴起的乡村建设运动，“以平民为教育对象、以扫盲教育为主要手段进行的社会改良运动，从思想源头上看，直接或间接地继承了近代梁启超的新民教育思想，也与近代的教育救国论一脉相承的”③。乡村建设最初萌芽于1904年河北定县翟城村米氏父子开启的“村治”活动，此后金陵大学农学院所开展的农村活动成为真正意义上的乡村建设。20世纪20年代，晏阳初提出“乡村建设”概念，归国创办“中华平民教育促进会”，将工作重心转移到乡村，并于1926年在

① 高宏．中国古代农业文献论述［J］．中国农学通报，2010（9）：392.

② 胡钢，谷小勇．中国古代农民职业教育方式［J］．中国农学通报，2005（9）：413.

③ 祝彦．评20世纪20年代的平民教育运动［J］．党史研究与教学，2005（2）：57.

河北定县进行了以识字教育为中心的乡村建设试验，史称“定县模式”。晏阳初在了解定县社会概貌的基础上开展“四教三式”试验，通过学校式、家庭式、社会式三大教育方式，以“文艺、生计、卫生、公民”四大教育以期医治中国农民“愚、穷、弱、私”四大病症。20世纪50年代以后，晏阳初将中国农村改造实验所取得的经验推向于亚、非、拉各国，并被诸多发展机构加以吸纳利用，成为参与式发展理论的重要实践源泉。除了“定县模式”，同时期以改良农村、建设农村为宗旨的乡村建设运动还有梁漱溟的“邹平模式”、卢作孚的“北碚试验”、陶行知的“晓庄试验”、杨开道的“清河镇试验”以及黄炎培的中华职业教育社。

（三）新中国成立初期的扫盲识字运动和思想改造运动

新中国成立以来，教育农民、发动农民一直是党所坚持的一贯政策，为巩固国家政权和发展经济，党和政府开始致力于提升农民群体的文化素质，并且希望通过农民扫盲为国家提供充足的农村人力资源。新中国成立之初，全国人口约5.5亿，而文盲率高达80%，国民整体文化水平低下成为新中国发展道路上的障碍，扫盲成为新生政权亟待解决的难题。1958年2月《人民日报》发表社论指出：“我们国家现在正面临着一个全国大跃进的新形势，工业建设和工业生产要大跃进，农业生产要大跃进，文教卫生事业也要大跃进”。同年5月，《人民日报》发表了《用革命精神扫除文盲》的社论，成为全国扫盲“大跃进”的纲领性文件。从新中国成立初期开始到50年代末60年代初扫盲运动接近尾声，其间共形成了四次扫盲运动高潮。由于农民群体自身的特殊性，因此地方施教主体针对农民群体的特性摸索出了一些新的教育模式和教学方法，力求实现扫盲效果的最大化，比如编写农民识字课本、开展农民小组互助学习以及避免“复盲”的阶段性学习。新中国成立之后，农民翻身做主的心态使得农民将扫盲运动视为政治上当家作主的需要，是文化翻身的必然要求，因此参与热情较高。

与扫盲“大跃进”齐头并进的农民教育活动还有社会主义改造运动过程中的农民思想改造。新中国成立初期共产党在全国掀起了对农业、资本主义工商业和手工业进行社会主义改造的高潮，农民思想改造伴随着农业社会主义改造的开展拉开序幕，这次改造从理论层面来看是毛泽东农民教育和农民改造思想的一贯体现（储诚炜，2010）。经历了农民运动和革命事业，毛泽东清醒地认识到农民是中国革命的主力军，但是农民深受几千年来封建思想的影响，形成了思想上的桎梏，表现为缺乏历史使命感、认识趋于狭隘、思想文化生活上愚昧迷信、分散型特质难以对其进行组织管理，因此根据苏联经验，需要长时间和细心的工作，才能实现农业的社会化（毛泽东，1949）。毛泽东在新中国成立初期开展的农民教育和农民思想改造始终强调思想政治教育的重要性，其改造基本聚焦于思想上和政治上的强化和整合；而在教育活动的开展过程中，国家资源自始至终都是全力支持，并且强调党组织在活动开展过程中的主导地位。在这一过程中，半农半读逐渐发展成为一种特定的教育实践活动，并演化为一种制度化的运行模式。农民思想改造始终是从革命性质的角度去认识和实践的，因此政治性始终是教育的首位，思想行动上的统一和对农民思想教化的一致性保证了改造目标的实现。

（四）社会主义建设和探索时期的农民政治教育

社会主义建设和探索时期的农民教育包括人民公社体制下的农民管理和农民教育，“文化大革命”时期的知识青年上山下乡教育、社会主义教育运动、“农业学大寨”等。

人民公社体制下的农民教育比较注重文化和科学知识的传播，每个公社、大队以及生产队都建立了自己的文化科技阵地，并与城市农业科研院所对接。从1964年开始，大批的农业科学工作者开始深入农村并建立长期研究基地，与农民一同开展科学种田。70年代初“朝阳经验”开展的短训班和“赤脚医生”农民健康教育可以说是这一时期最具代表性的农民教育形式。1963年至1966年，中共中央开始在全国城乡开展社会主义教育运动，史称“四清运动”[①]。“四清”的出发点是认为基层干部的工作作风存在严重问题，通过整改活动让基层干部参与农村生产劳动，并将其作为运动成效的

① “四清”早期是指“清分工、清账目、清仓库、清财产”，后期是指“清思想、清政治、清组织、清经济”。

重要标准。当然在整个运动过程中，农民不仅作为旁观者而且也参与其中，从某种程度上使农民自身也在这场活动中受到了教育，对其心理造成了潜在的影响。知识青年下乡运动是对农村发展影响深远的社会运动，虽然运动最初意图是让知识青年接受贫下中农再教育，但是无形中也产生了逆向效应，农民本身也受到了来自城市文化的熏陶和冲击。在这场文化中，知青下到基层与农民互相学习和沟通，并携手参与生产实践，在交往中也间接教育了农民。知青在生产活动中对农民开展基础教育，传播城市文化，推广农业技术，无形中促进了当地农民群体整体文化素养的提升。1964 年，毛泽东发出“农业学大寨”的号召，在全国开始掀起“农业学大寨”的高潮。在运动期间，农民受到了广泛的教育，而“大寨”所代表的自力更生、艰苦奋斗的教育精神更是对农民产生了极大的感召力。大寨农业实践中，合作主义的生产方式和农业科技教育活动强化了政治语境中的集体主义，使农民的价值观得到了强化，其核心价值观教育、合作精神教育、科技技能教育以及大寨经验推广教育都对农村产生了十分深远的影响。

（五）改革开放后的农民技能培训和职业教育

改革开放后，随着农村改革工作的启动以及政策的调整，农民教育工作开始步入正轨，完全意义上的农民培训工作从此展开。十一届三中全会后，中央开始着力推进农村教育改革，鼓励通过多种渠道开展农民培训和农业技术推广活动。1979 年《关于加快农业发展若干问题的决议》出台以后，在农广校推动下，“绿色证书工程”、“跨世纪青年农民培训工程”、“农业科技电波入户工程”等项目开始逐渐在全国推广实施，并且使农民培训工作进入正轨、法制化的轨道。改革开放后比较重要的农民培训项目包括绿色证书工程、三教合一、科技入户等。

1990 年 4 月农业部印发了《关于开展农民技术资格证书制度试点工作的意见》，宣告农民技术培训工作开始向规范化、制度化方向迈进；1994 年 3 月国务院办公厅印发的《国务院办公厅转发农业部〈关于实施“绿色证书工程”的意见〉的通知》，标志“绿色证书”制度已经成为一项政府职能进入开展实施阶段；1997 年农业部印发的《“绿色证书”制度管理办法》标志着“绿色证书”制度已经步入成熟阶段。相较于欧美发达国家开展的证书准入制度，我国的“绿色证书”主要是培养农民骨干技术队伍，其针对的是具有较高文化素质的农村青年、村干部、示范户、科技户等在技术性较强岗位从业的农民。

农科教三教合一是指把农村经济、科学、教育三者有机地结合起来形成合力，以实现经济为中心、科技为动力、教育为依托的农村现代化建设。1993年中央和国务院共同颁布《中国教育改革和发展纲要》要求：“积极进行农村教育、城市教育和企业教育综合改革，促进教育和经济、科技三方面的密切结合。县乡两级政府要把教育纳入当地经济和社会发展的整体规划，分级统筹管理基础教育、职业技术教育、成人教育，统筹规划经济、科技与教育的发展，促进燎原计划与星火计划、丰收计划的有机结合，落实科教兴农战略”（国务院，1993）。“三教合一”的提出主要是针对长期以来农业、科技、教育在培训、推广和人才培养上的条块分割、自成体系，因此将三者合一有助于资源和效力的重新配置。

2004年10月农业部印发了《关于推进农业科技入户工作的意见》，并于同年11月出台了《2005年全国农业科技入户示范工程试点行动方案》，从而拉开了全国农业科技入户示范工程的序幕。科技入户工程是“以科技直接服务农民为主要方式，以满足农民个性化需求为内容，以农技人员包村联户为措施，建立科技直接进村入户、农民主动参与的农技推广新机制和新模式”①。全国开展农业科技入户的意义在于通过创新机制和整合资源，探索新时期农业科技推广新机制，解决农业科技“最后一道坎”和农业科技成果转化“最后一公里”的问题，科技入户从某种程度上是希望建立科技成果快速转化的长效机制。

（六）乡村振兴时期的农民培训与教育

乡村振兴，人才为要。习近平总书记始终高度重视人才工作，指出发展是第一要务，人才是第一资源，创新是第一动力。总书记指出的乡村振兴五个具体路径中，人才振兴占据重要地位。人力资本是掌握知识和技能的人力

① 马建庄，宋振山．实施农业科技入户完善推广服务体系［J］．作物杂志，2009（1）：109.

资源，人力资本进入社会生产过程，靠知识和技能提高劳动生产率，从中得到较高的回报，并且实现自身的再生产——知识得到增长，技能得到提高。从人力资源到人力资本需要投资，教育培训等投资可以使人力资源成为人力资本，也可以使人力资本得到加强。人力资本的价值在交易中才能发现、在使用中才能体现，要更加重视以人力资本所创造的物质和精神财富作为评价人才的依据，进一步健全完善人力资本交易市场。人力资本进入再生产过程并带动其他资本，才能提高全要素生产率，生产率的提高归根结底是人力资本作用的结果。把加快培育新型农业经营主体作为推进乡村人才振兴的要求，深刻揭示了人才与经营主体的关系。人才在社会生产活动中发挥作用，必须实现主体化，或者成为独立的经营主体，或者融入其他经营主体，成为其中的一分子。因此，人才的培养必须与主体的需要相适应，人才作用的发挥必须以主体为依托。包括专业种养大户、家庭农场、农民合作社、农业产业化龙头企业、农业社会化服务组织在内的各类新型农业经营主体，是人才从事经济活动的组织形态，是人才发挥作用的平台。只有加快培育新型农业经营主体，乡村振兴人才支撑才能落实落地。

近年来，国家高度重视培育高素质农民，2019 年农业农村部与教育部合作启动实施“百万高素质农民学历提升行动计划”，该计划的总体目标是全面完成 2019 年高职扩招培养高素质农民任务，经过 5 年努力，培养 100 万名接受学历职业教育、具备市场开拓意识、能推动农业农村发展、带领农民增收致富的高素质农民，形成一支“永久牌”乡村振兴带头人队伍。打造 100 所乡村振兴人才培养优质校，显著提升涉农职业院校培养高素质农业农村人才的质量水平。基本形成遵循乡村振兴带头人成才规律和学习特点的涉农职业教育选才、育才、用才政策机制，为乡村振兴战略提供人才支撑。项目重点培养现职农村“两委”班子成员、新型农业经营主体、乡村社会服务组织带头人、农业技术人员、乡村致富带头人、退役军人、返乡农民工等。和传统农民培训不同，学历提升行动首次将农民培训与学历教育整合在一起，农民培训和教育活动更加规范有序，农民可以直接进入科研院校接受培训。2020 年，农业农村部办公厅印发《农业农村部 2020 年人才工作要点》也明确要实施农村实用人才带头人素质提升计划，发挥农村实用人才培训基地的综合平台作用，实施高素质农民培育计划，加大创新创业人才培养力度。随着乡村人才振兴工作的不断推进，农民教育培训工作进入提质增效的关键时期，这也要求今后的培训工作要努力适应新形势、新变化、新要求，形成部门联动合力、拓宽工作平台载体、强化理论研究支撑，让农民教育培训工作真正能够为乡村振兴事业提供支撑与保障。

二、参与式农民培训的要点

参与式培训是参与式教学的一种，也是参与式农业技术推广的主要组成部分，其特点包括：培训者是辅导员，作用是组织和管理学习过程；学员参与到学习计划的制定、学习内容的安排和实施以及学习效果的评估过程当中，用自己的学习积极性和实践技能来指导自己的行动；培训者与学员的关系不是教与学的主从关系，而是对等的互动关系；学员与培训者围坐在一起讨论问题，利用参与式可视化的多种方法和工具开展有兴趣的学习活动；培训评价由学员来做，学员对培训班的组织、方法、内容等提出意见和建议，注重对问题理解的变化和培训后的反馈。

（一）对“参与”的理论解读

参与式农民培训的核心是“参与”，这种“参与”可以从两个层面理解，一个是教学层面，一个是意识形态层面。

在教学层面，“参与”被理解为一种行为、一种心理活动；广义来讲，“参与”是行为、认知和感情的有机统一。参与式教学的出现是教育界对传统教育观念进行反思的产物，是在教学实践中逐渐开始将“人”视为教学过程的核心。参与式教学的核心价值取向是一种权力的分享，学员“应该是完全的参与者，而不仅仅成为研究的对象”[①]。参与式教学要求人们从一个更宏观的社会背景下看待学习问题，将学习看作为民主过程中公民表达意见以及参与的一种方式，将学习看作是一个解放的过程，区别于促进社会分

① J. Willis. The maturing of constructivist instructional design：Some basic principles that can guide practice ［J］. Educational Technology，2000 (1)：6.

化、要求服从少数统治者的霸权的传统教育（Michael P. Breen，2002）。总结归纳学术界的基本认识，参与式教学的理论基础主要包括以下一些内容：

表 7-1 参与式教学基本理论建构

学科分类	理论基础	理论内容
哲学基础	存在主义：存在先于本质	——以人为中心，以人的存在为首要前提 ——尊重人的个性和自由 ——强调人对自己命运的主宰
	解构主义：消除等级与权威	——否定单中心论和二元对立论 ——消解和取缔“话语霸权”
	解释学：视域融合	——了解对方视域并放大意见表达力度 ——彼此换位思考，实现视域融合
社会学基础	对话理论：生活就其本质而言就是对话	——强调人际之间的思维互动 ——求同存异，多元共存 ——对独特价值观的尊重和开发
	交往理论：交往是相互理解、达成共识的前提	——社会角色在发展中的平等参与 ——伙伴关系的确立 ——需求、观点、意见的尊重和理解，最终实现共识
心理学基础	人本主义心理学：人之为人	——尊重人的本性和价值 ——重视情感体验和潜能挖掘
	构建主义心理学：人是主动的建构者	——学习过程就是自主建构过程 ——根据动态环境优化自身的认知结构和认知方式
教育学基础	终身教育理论：学会认知、学会做事、学会共同生活、学会生存	——讨论、协商、接纳、相处、协作 ——教育面向群众，贯穿人一生
	主体性教育理论：主体性首先表现为自主性	——发展学员的主体性 ——主体对任何决策拥有发言权
设计学基础	使用者设计论	——个性化设计思想 ——用户标准评判 ——设计是一种社会性行为

在意识形态层面，参与的核心是“赋权”。如果说参与式教学主要是指“课堂”上的参与，那么参与式农民培训的外沿要比参与式教学本身的

外沿更广。首先，培训与教学在概念上存在差异，培训针对的是成人，是有组织的知识、技能、标准、信息、信念的传递行为，其目标是通过培养和训练实现主体体力和智力的发展，并提高劳动生产率和人对自身处境的满足程度；其次，如果从项目设计和实施人员角度来看，参与式农民培训又可被视为是一种为达成某种目标而使用的策略，在国际援助中这种策略的最终目标是使弱势群体获得发展的资源并能够独立的发展；最后，如果将培训作为一个项目的具象，那么参与式农民培训实际上是对传统项目决策模式和互动模式的调整，而这种调整的目的也回归到“赋权”本身。“参与”不仅是教学过程中主体简单的“卷入”，而是农民参与项目决策、实施和分享项目利益的过程，最终实现福利增加、个人成长、自力更生等目标。从这个层面考虑，项目的核心应该是对农民的“赋权”，对于干预者来说就是要摒弃过去发展实践中的“农村发展旅游主义”（Chambers, R.，1994）倾向，深入了解农民的需求，并与农民建立良好的伙伴关系，从而使培训项目更加符合社区的实际情况。从培训项目结构看，传统自上而下的决策过程实际上是项目目标流失的过程（图 7－1），“赋权”实际上是赋予农民决策的权力，使项目决策能够自下而生，农民成为决策的真正主体（图 7－2）。

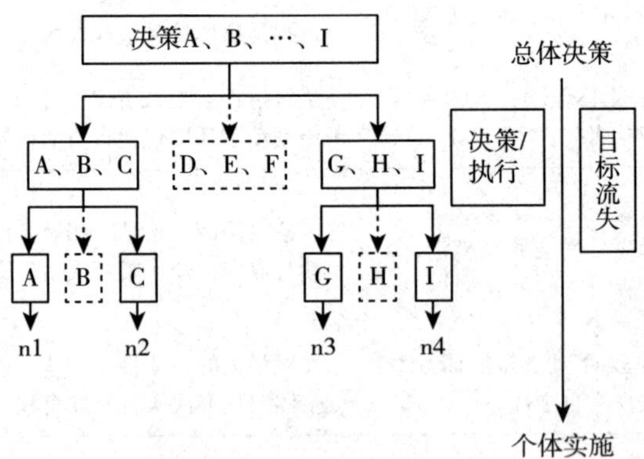

图 7－1　传统项目决策模式①

① 朱恩林，王山．参与式发展理论对农业项目的影响——对 IPM 项目参与式发展模式和特点的分析 [J]. 中国植保导刊，2006（2）：11.

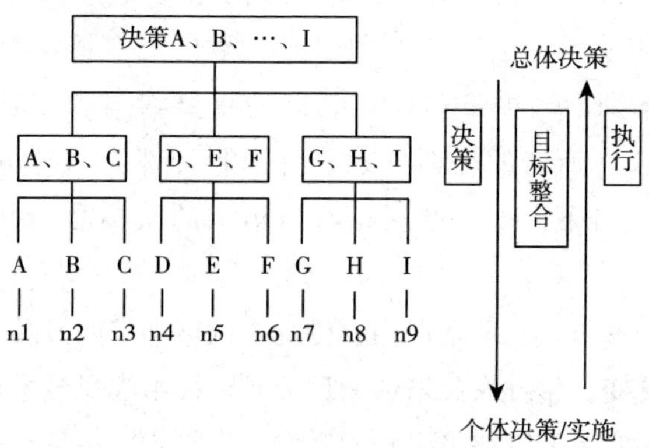

图 7－2　项目参与式决策模式①

（二）参与式农民培训的内涵与原则

参与式培训是参与式教学从注重长期、普适、侧重知识和态度的教学活动向讲求实效、侧重技能的成人培训过渡的产物，其特点包括：培训者是辅导员，作用是组织和管理学习过程；学员参与到学习计划的制定、学习内容的安排和实施以及学习效果的评估过程当中，用自己的学习积极性和实践技能来指导自己的行动；培训者与学员的关系不是教与学的主从关系，而是对等的互动关系；学员与培训者围座在一起讨论问题，利用参与式可视化的多种方法和工具开展有兴趣的学习活动；培训评价由学员来做，学员对培训班的组织、方法、内容等提出意见和建议，并注重对问题理解的变化和培训后的反馈。由于参与式培训注重实践性和主体人格赋予，因此这种培训模式更适合于日出而作、日落而息的农民。

“参与式农民培训模式是指在农村田间地头、工厂车间、工程建设基地等现场，农民参与讲解、示范、操作和解答等活动的培训方式”②。和传统农民培训不同，参与式农民培训主要有以下几个要点和原则：学员都应该有均等机会参与到培训的各项活动中；学员必须有同等发言的机会，能够

① 朱恩林，王山．参与式发展理论对农业项目的影响——对IPM项目参与式发展模式和特点的分析［J］．中国植保导刊，2006（2）：11.

② 曾增河．参与式新型农民培训模式分析［J］．现代农业科技，2008（20）：314.

充分自由表达自己的培训需求；学员多样化的观点和看法应该得到尊重和肯定，并在培训过程中加以考虑和引导；学员要在培训过程中产生归属感，能够成为培训活动决策和计划制订的重要参与者；学员应该拥有完整的培训参与权，所有的培训方案、流程制订都应以学员的意见为出发点，决策过程“自下而上”开展；参与培训的人员必须共同协商、相互尊重。

综上所述，参与式农民培训相较传统农民培训有四点转变：首先，培训目标从物向人转变。传统农民培训的目标是传授给农民技术，实现技术的快速转移，培训内容主要围绕技术知识开展；参与式农民培训的目标是人而不是物，培训是为了改变人的知识、观念、技能和态度，实现学员能力和素质的提升，进而改变学员的行为，让培训的功能由“输血”向“造血”转变、由简单技术转移向人力资本深度开发过渡。其次，培训主体从单一向多元转变。传统农民培训的组织者都是政府，采取政府主导下“自上而下”的方式组织项目实施，导致培训项目实施效率低，政府拥有绝对的话语权和决策权，农民只是被动接受教育的目标群体；参与式农民培训强调多元主体的参与，主张在项目中采用多中心治理结构，将非政府组织、农民协会、农民专业合作组织、民营企业、家庭农场以及社会化服务组织纳入培训项目中，充分科学地进行培训资源的优化配置，形成以政府为主导、多种推广主体并存和相互合作的多元化农民培训组织形式。再次，培训内容由单一技术型向综合发展型转变。传统农民培训是技术推广体系中的关键环节，决定着新研发的技术能否落地，是否被农户采纳，单一的技术是培训的主要内容。随着推广内涵外延的不断扩充，单纯技术层面的知识和技能已经不能满足农民的生产生活需求；参与式农民培训强调学员综合能力和素质的提升，培训内容除了涉及农、林、牧、副、渔的农业生产技术，还包括公共健康、医疗保险、环境卫生、社区发展、环境保护、资源管理、乡村治理、公共福利和组织建设等内容，尤其是乡村振兴背景下，农业部门的职能由农业事务向农业农村事务拓展，培训内容还将进一步延伸。最后，培训方法由主导式教学方法向参与式教学方法转变。传统农民培训是以行政指令的工作方式开展培训，应用的是传统教学方法，采用的是一言堂的讲授方式，农民在课堂被动聆听老师讲课；参与式农民培训注重成人教育理论的实践，应用的是参与式教学方法和工具，提倡教学环节辅导员与学员的互动和学员乡土知识的分享，强调学员在教学过程中的知情权、发言权、分析权和决策权，课程设计和教学开展以学员需求为导向。和传统教学不同，参与式农民培训要求推广人员和辅导员要从农民的培训需求出发，与农民一起工作学习，通过引导农民自己发现问题、分析问题和解决问题，提高农民的素质水平和自我发展能力。参与式农民培训不是简单的知识与信息的线性单向流通，而是由研究者、推广者和农民组成的一个双向交流沟通的知识系统，整个学习过程中应用的是具有综合性、参与性、灵活性、简约性和可视性的参与式教学方法。

三、农民田间学校的概念和原则

农民田间学校是以农民为中心，通过组织农民参与分析、研究和解决农民生产中的实际问题，从而提高其自信心和决策能力的一种自下而上的参与式农业技术推广和农民培训方法。农民田间学校源自国际组织开展项目时对农民培训经验的系统总结，是参与式理念在教育培训领域的应用与创新，如今已在全球得到了广泛推广。

（一）农民田间学校的概念

农民田间学校是一种以农民为中心，以需求为导向，以田间为课堂，以实践为手段，以农民主动学习为特征的参与式推广和培训方式，也是一种以赋权为核心的人力资源开发方式。在农民田间学校的学习中，辅导员组织农民学员以小组为单位，利用参与式、启发式、互动式、实践式和经验式的学习方法，紧密联系农业生产实际，发现、分析和解决生产中遇到的实际问题。推广农民田间学校，农民学员在不断提高农业生产知识和技能水平的同时，提高自我决策、自我组织和自我发展能力。

“参与式”概念是在后发展主义时代学者对传统发展思想的不断反思与批判中逐渐形成的，其核心主要强调发展应该回归到作为主体的人本身。从20世纪70年代开始，人们在反思传统方法论的同时提出了新的科学范式，开始强调和重视社会发展、社区发展和对发展目标群体的能力建设和权利保障。在这种发展战略向人本回归的过程中，西方国家的许多农业研究与推广项目开始逐步采用“参与式”方法，并取得了显著成效。随着改革开放和市场经济的发展，参与式理念于20世纪80年代末开始引入我国。90年代以后，国内外的“参与式”方法和理论在不同领域逐步走向成熟，“参与式”工具在我国农村工作实践中也得到极大的推广和应用，政府主导的外部干预逐渐弱化，“参与式”理念日益成为发展的主流。农业推广工作本身也是由众多主体参与的发展干预行为，其内涵已经从传统的“技术指导”和“教育”演变为一种综合性的“咨询服务”，作为参与主体之一的农民也由传统的吸纳技术的“受体”转变为选择服务提供者和服务产品的“主体”，这一转变必然经历对传统推广理念的革新和对农民的“赋权”。在现代推广活动中，“参与式”已经不再局限于对方法和工具的简单描述，不再单纯作为某种“手段”来应用，而是成为一种工作“目标”，一种具有人文色彩的现代农业推广和培训理念。

农民田间学校和以往的传统农业技术推广培训有很大的不同，主要表现在：在推广培训理念上，农民田间学校改变了计划经济体制下政府自上而下、层层下达的工作手段和方式，以农民生产实际需求为内容，遵循“以人为本、以能为先、自下而上”的原则；在培训方法上，农民田间学校改变了传统的“填鸭式”、“灌输式”的做法，采用参与式、启发式、互动式的做法，激发农民自主获取新知识的原动力和创造力，提升农民在农业生产中的“自理”能力，增强农民发展生产的信心；农民田间学校无固定教材、无讲课老师、无固定的学校，取而代之的是丰富多彩的农民活动日和分组研讨交流；在培训目标上，农民田间学校不是要求学员背诵和应用老师所教的知识，而是通过启发农民自己动手、动口、动脑，强调辅导员与农民学员一起发现问题、分析问题、进行决策，旨在使农民学员在实践和团队活动中通过经验交流分享等方式掌握科学知识和技术，提高综合素质和操作技能，培养经营管理能力、协作意识、生态意识和团队精神，实现个人发展和团队发展的统一。农民田间学校和传统农业推广培训之间的差异见表7-2。

表 7-2　农民田间学校与传统农技推广培训的比较[①]

内容	传统技术推广培训	农民田间学校
直接与农民接触的基层农技推广人员的职责	提供推广研究预先准备好的“信息包”，推广人员的主要工作是传递信息，而不从事技术试验，技术研究方面的工作完全由相关专家负责，技术研发和技术推广是隔离的	每个农民田间学校的辅导员都具备基本的农业生产技能（至少了解种植和养殖方面的基本知识），每个辅导员都具备组织和管理能力，因此辅导员要参加贯穿生长季的辅导员师资培训，并确保他们自己有培训农民的技巧和能力
辅导经验	技术推广人员具有一定的技术水平，但是缺少技术实践操作的经验以及与农民进行交流沟通的技巧	辅导员通过师资培训参与到作物种植的实践活动和实地研究，使他们在培训中获得的知识和能力，能够有效应用到农民田间学校的日常培训活动中
信息	信息从研究站自上而下传递给农民，这些信息被理所当然地认为是有效的	建议和技术要通过实践的检验，新的信息应该从农民自身的实践活动中自下而上生成，并且以提升当地农户的创造性为主旨
扩散方式	农民被想象成可以将学到的技术和获得的外部信息自发示范和传递给其他农户	有兴趣的农民通过在本地区定期开展集体活动彼此分享和交流技术信息
时间框架	持续性的，永久的，正常周期为两个星期，而且不考虑气候变化等外部因素的影响	预先计划好的时间安排，经常是每周开展一次活动，并贯穿整个生长季，农民田间学校可能会长于一个生长季，但是通常不会因为物候原因而缩短课程
教学方法	使用静态的、预先设计好的实例进行展示和讲解	在辅导员的协调下让农民分享和应用自己在动态的生态、社会、经济环境中总结和提炼的经验和技术
评估	主要是间接评估，评估内容集中在技术采纳率和资金花费情况	采用分阶段系统评估方法，让农民开展自我评估，评估指标主要包括一组可识别的关键性要素，比如内部收益率等
培训地点	示范场地、培训中心或者农民家中，在现实中经常无法开展回访或者贯穿生长季的集体观察	在整个生长季，辅导员和学员聚集在一个公共场地采用动态的实验向农民展示新的方法，农民也可以在田间彼此分享交流经验
长期目标	增加粮食生产，忽视了农民态度、经验等因素对粮食增产的影响	培养农民自己处理生产问题的能力，并让农民具备解决社区集体问题的决策能力，让农民成为“发展主体”
研究	知识、信息和技术的主要来源是科研院所，其研发被假设为适合所有农户应用，具有极强代表性	农民自己是研究者，他们通过一套特定的程序和在本地区开展的试验活动来获得创新型生产技术

① K. D. Gallagher. Farmers field schools（FFS）：A group extension process—Based on adult non－formal education［J］. Methods，Global IPM Facility，1999：3.

（二）农民田间学校的特点

农民田间学校的特点来自农民自身的特点。一方面，由于农民有丰富的乡土知识和实践经验，具有极强的自主性，因此农民田间学校属于一种成人培训，是“帮助成人学习的艺术和科学”[①]；另一方面，由于农民的生产活动是在户外田间开展的，其知识来源不是依靠书本阅读和教师传授，而是在不断摸索和试错中逐渐积累的，因此培训对象本身具有极强的实践性和动态性。实践证明，农民田间学校的教学安排和方法应用，更符合农民的行为习惯和认知方式，更容易被农民接受并主动参与其中。根据国际学者研究的结果，农民田间学校的特点可以总结为组织特点和学习特点两部分。

1. 农民田间学校的组织特点

农民田间学校的组织特点主要表现在以下几个方面：一是以农民为中心。农民田间学校不是强行让农民接受技术，而是考虑他们的真正需求是什么，如何让他们产生接受的意愿，以及他们是否将其付诸实际生产。二是以田间为课堂。农民的实践是一种走出课堂的实践，需要农民在实际生产中去运用技术，因此农民田间学校并不是在有围墙的课堂中办学，而是在田间、在圈舍、在大棚，这种对现实生产环境的体验和观感能够让农民更深地融入培训活动中。三是以实践为手段。农民田间学校的培训内容都是基于农民生产中的实际问题，辅导员引导农民在实践中开展科学研究，学员主动参与到贯穿生长季的实践活动中，并在实践中进行学习、分享经验、依靠自己的力量寻找问题的答案。四是以培养农民决策能力为目标。农民田间学校在于通过能力建设使农民具备自主决策的能力，从而依靠自身的决策形成社区可持续发展机制。

2. 农民田间学校的学习特点

农民田间学校的学习特点主要表现在以下几个方面：一是参与式。所有学员积极主动参与各项活动，在活动中辅导员扮演组织管理和协助的角色。二是启发式。基于生产中的实际问题，辅导员引导农民进行集体讨论、科学研究、综合分析，共同寻找解决途径。三是互动式。针对生产中的实际问

---

① Knowles，M. S. The Modem Practice of Adult Education form Pedagogy to Andragogy（2nd edition）[M]. New York：Cambridge Books，1980：72.

题，农民学员之间，农民学员与辅导员之间平等交流，共同讨论，寻求共识。四是实践式。教学过程中以农田为课堂，以农田生态系统为对象，以实践为手段。将专业知识、实践观察和实际操作紧密结合在一起。五是经验式。农民根据自己以往的经历，通过讨论交流，相互分享经验来达到互相学习、取长补短的目的。六是循环式。学习过程循环往复，前一期的学习结束是下一期学习的开始。

（三）农民田间学校的原则和要素

农民田间学校的原则可以概括为以下几点：一是采用探索式的学习方法，让农民自己思考怎么做和做什么，而不是让农民接受辅导员思考好的现成结论，即通过做中学、学中做的培训方法让农民自主学习、自主探索、自主开展研究，充分体现了农民在学习中的主体地位。在农民田间学校中，农田生态系统分析、昆虫园、病害圃、导管实验、土壤学实验等活动内容都体现了探索式学习的特点。二是采用参与式学习方法。运用成人教育理论和方法，创造轻松愉快的学习氛围，使所有在场的农民都投入到学习活动中，与他人合作学习，在交流和分享中产生新的思想和认识，进而提高个人改变现状的能力和信心。这种参与式培训方法将农民视为拥有丰富实践经验的生产者，尊重他们的意见和看法，引导他们相互交流，彼此分享，在互动中生成新的知识。诸如讲授法、小组讨论、游戏、角色扮演、画图、现场演示、头脑风暴、表演活动和案例分析等参与式方法都在农民田间学校中得到广泛应用。三是以农民为主体。在农民田间学校中，培训课程是根据农民需求设计的，为的是解决农民生产中存在的问题。农民自己开展田间调查研究，自己决定每一期需要讨论的内容，自己在互动中得到启发，增强认识，农民是培训活动的核心。四是农民赋权。在农民田间学校中，农民被赋予了充分的发言权、分析权和决策权。通过参与式的学习过程，农民学员在个人知识和技能方面都得到提升，提高了改变现状和自我发展的信心。五是通过实验研讨产生新的知识。农民田间学校不鼓励直接告诉农民需要学习的知识，而是由辅导员引导农民通过实验和研讨发现问题、分享经验、学习新知，激励他们主动学习、勇于表达观点，积极互动分享。

农民田间学校的基本要素包括：一是有合格的辅导员。辅导员除了需要过硬的技术背景、敬业的态度和娴熟的辅导技巧，还必须能够熟练应用参与式培训方法和工具，能够掌握与农民沟通交流的技巧和方式。一般在农民田间学校开办之前，辅导员要接受正规的辅导员培训（TOT 培训），掌握各种参与式工具和方法，接受赋权理念和人本思想。二是建立农民的主人翁精神和拥有感。农民田间学校的核心是农民学员，农民要具备主人翁精神和对培训项目的拥有感、归属感，能够自我参与和自我管理，通过农民自组织观念的形成最终实现农民田间学校的可持续发展。三是以季节历为基础开展全生育期培训。农民田间学校是以作物生长季为基础开办的，培训内容包含了作物从种到收的全过程。由于农民是在田间地头边实验、边讨论、边学习，所以培训一般会安排在作物生长的关键时期，并且会贯穿整个农业生产周期。通常在培训需求调研期间，辅导员会应用农事季节历来了解农民的作业规律与周期，进而依据农民的生产习惯安排培训时间和内容。四是小组学习。农民田间学校不是采取大班授课，而是尽量将学员人数降至最低以保证培训质量。农民田间学校通常由 25～40 个学员构成，目的是保证农民能够充分参与到培训活动中，每个学员都有亲手实验和表达观点的机会。此外农民田间学校还会将学员分成更小的小组，一般 5～6 人一组，每个小组都有自己的名称和组长，培训期间的很多活动都是以小组为单位进行，这样可以直接提升学员的参与度。五是有学习场地。农民田间学校是以田间为课堂、没有围墙的学校，多数培训活动是在露天开展，因此每个农民田间学校都拥有固定的学习场地和实验场所，以便组织学员能够一起种植作物、观察作物生长和对田间管理做出决策。农民田间学校需要有固定的上课场地，还需要试验田和对照田，农民可以在学习田块上开展一些实验研究，比如对照试验、肥料实验、绿色防控技术试验等。六是开展训前训后测试。农民田间学校在培训开始和结束后都对农民开展训前和训后的测试，训前测试是为了了解学员的基本情况，训后测试是为了了解学员的培训效果，这些测试结果会对辅导员完善课程设计、选择培训方法、提升培训效率提供参考。农民田间学校通常会采用黑箱测试法（BBT 测试），这种测试方法直观生动，最大限度减轻学员的测试压力，同时能够提升学员参与测试的积极性和主动性。农民田间学校对成绩提高和出勤率合格的农民学员颁发毕业证书，作为对学员学习和参与的认可和鼓励。七是开展培训需求调研与评估。在农民田间学校开办前项目人员要对培训的目标群体开展培训需求调研，了解农民的基本情况、认知水平、知识储备、生产习惯、学习意愿、技能现状等，并且与培训项目目标进行比对，确定培训间距。八是开展农民田间学校后续行动。培训后续活动是农民田间学校的必备要素之一，是实现农民田间学校可持续发展和社区发展的重要条件。培训周期完成后并不意味着项目的结束，很多时候农民田间学校会内化为社区的自发活动，或者依托农民田间学校开办各类合作组织。

四、农民田间学校起源与发展

农民田间学校是一种以农民为中心、以田间为课堂的农民素质培训与农业技术推广模式，自 20 世纪 80 年代首次出现以来，已经在全世界很多国家和地区广泛开展。农民田间学校缘起于国外，目前已经在很多国际项目中得到应用，并且被许多国家引入以促进农民决策赋权和农村社区发展。

（一）农民田间学校的起源

农民田间学校是 20 世纪全球兴起的一种参与式农业推广方法，主要依照作物生长周期进行田间教学。强调“在干中学”和对受训者的赋权，是一种被实践证明符合农民学习行为的有效培训模式。20 世纪 60 年代在印度、菲律宾等 20 多个国家和地区开展的“绿色革命”使众多发展中国家依靠先进技术提高了粮食产量，实现了农民大幅增收。在“绿色革命”取得成功的同时，过分依赖杀虫剂和农药的作物种植方式也对当地农户健康和生态环境造成了严重的影响。1980 年，为了减少农户在控制病虫害时对农药和杀虫剂的过度依赖，在澳大利亚、荷兰和阿拉伯海湾基金会的资助下，联合国粮农组织开始在东南亚实施水稻有害生物综合治理（简称 IPM）项目，该项目实施的关键是让项目地的农户有效掌握 IPM 技术。为了快速推广水稻 IPM 技术，菲律宾等国开始尝试着开展一项持续 5 个水稻生长季的农民培训计划，并总结出一套新型农民培训方法，在这种方法基础上形成的农民培训模式便是有害生物综合治理农民田间学校。此后，IPM 田间学校和类似的培训项目开始在很多地区涌现，并在印度尼西亚形成了开展田间学校的第一股热潮。1989 年印度尼西亚政府和美国国际开发总署联合在印度尼西亚开展了水稻 IPM 项目，并由 FAO 提供技术援助。项目最初在印度尼西亚的日惹等 4 个地区开办了 200 多所田间学校，并在 1990 年拓展到爪哇、苏门答腊、南苏拉威西等 6 个省，总计全国开设农民田间学校 1 880 所。在水稻农民田间学校取得成功的基础上，1991 年 FAO 开始在印度尼西亚轮作作物 IPM 示范项目中开办大豆农民田间学校，并逐步在亚洲其他国家推行。经过几十年的发展，农民田间学校已经在亚洲、非洲、拉丁美洲、加勒比海、东欧等地大面积开展，并且引入丹麦和美国等发达国家。随着田间学校从亚洲向欧洲普及，其运作模式为了适应项目地的社会文化环境而不断进行调整，关注点也从 IPM 扩展到集约化农业生产和管理。

（二）世界农民田间学校发展概况

1. 亚洲

农民田间学校起源于亚洲，并在很多国家广泛开展，其实施主要依靠政府和国际非政府组织的项目推动。随着水稻和蔬菜田间学校的成功开展，FA0 从 1999 年开始在亚洲 6 个国家推行棉花田间学校，并将水稻种植中的 IPM－FFS 模式应用于棉花和其他农作物。目前，农民田间学校已不再局限于病虫害的治理，而是拓展到多个发展领域，比如在尼泊尔社区林业管理项目中开展的林农田间学校、在印度尼西亚性别参与发展项目中开展的妇女田间学校、在柬埔寨艾滋病防治项目中开展的生理卫生田间学校以及在孟加拉国开展的渔业田间学校等。在印度等一些国家，田间学校不仅形成了适应本国发展实际的运行模式，而且构建起了一套完善的信访体系作为补充，从而提高了田间培训的整体效果。虽然田间培训比传统培训模式效果更好，但是相较亚洲各国庞大的人口基数，农民参与田间学校的比例仍然非常低，平均只有 1％到 5％左右，田间学校的辐射带动性依然有限。

和其他地区相比，亚洲的农民田间学校主要依靠国际和国内非政府组织开展的项目资助，像在印度尼西亚开展的农民田间学校则完全依靠项目基金运行。目前开展农民田间学校最成功的国内非政府组织之一便是爪哇的农村技术发展协会（LPTP），其在项目实施过程中组织农户参加辅导员培训班，将他们培养成为农民高级辅导员，然后再通过他们开办的农民田间学校培训农民带头人。除了在培训班上传授参与式方法和 IPM 技术，LPTP 还进行高新技术的推广与普及，比如教授辅导员使用计算机和数据库。相较国外非政府组织，LPTP 能够更加灵活地对现实情况进行回应和变通，比如当地青壮年劳动力一年会有 10 个月进城务工，因此农业劳动具有女性化和老龄化的倾向，于是 LPTP 根据这种情况开办了针对妇女和老人的大豆农民田间学校，参与者对此表现出极大热情。目前，LPTP 下一步的工作就是将培训班拓展到其他村庄，并通过不同村庄的交流实现技术的创新与扩散。

2. 非洲撒哈拉以南地区

农民田间学校分别于 1993 年和 1995 年引入苏丹和肯尼亚，随着 1997 年 IPM 项目在津巴布韦的成功开展，农民田间学校得以在非洲大面积推行，目前已经推广到 27 个国家和地区。和亚洲不同，非洲农业的杀虫剂和农药使用量并不大，这一地区农民田间学校的关注点更多集中在作物增产和卫生保健方面。在非洲撒哈拉以南地区，由于人们疾病预防意识的薄弱，艾滋病和疟疾肆虐，造成大量劳动力的丧失，致使保健、预防传染病以及生理卫生常识被作为当地农民田间学校的重要培训内容。目前，FAO 和荷兰瓦赫宁根大学等机构开始针对疟疾和血吸虫病的传播实施干预活动，其中尤以 FAO 开展的性别与发展服务项目成效显著。FAO 选取非洲东部和南部的一些国家开展发展干预试点工作，并在 9 个非洲国家建立了农民田间学校。这些农民田间学校包括农民生活学校（FLS）和青少年田间学校（JFFLS），其宗旨便是通过开展培训服务提高当地农户的整体健康水平，抑制艾滋病等传染病的大规模扩散，并且着重关注孤儿、妇女等弱势群体。

非洲撒哈拉以南地区所开展的农民田间学校同亚洲一样主要依靠项目支持。但是随着国际组织资金支持力度减弱，迫使一些国家在农民田间学校组织形式上进行了创新和摸索，以便建立可持续的培训发展机制。比如国际土地开垦与改良研究所（ILRI）于 2006 年停止了对肯尼亚农民田间学校的技术经费支持，但是在当地农户的共同努力下，农民田间学校在 2008 年基本得到恢复，探索建立了完善的资金供给模式和组织培训体系；国际农业发展基金会（IFAD）在肯尼亚西部针对妇女开展的商业计划将小组式的生产与农民田间学校相结合，通过以小组为单位设立发展基金来实现培训活动的内部支持；在塞拉利昂和尼日利亚，许多参与农民田间学校的农民学习小组在互信的基础上已经演化为正式或非正式的民间协会或组织，并且和一些公司企业结成供销网络。与亚洲相比，非洲农民田间学校所涉及的内容更加广泛，比如东非和南非所开展的农民田间学校主要涉及土壤改良、畜牧、水土保持、资源集约利用、灌溉等领域，而西非主要开展的是特种作物农民田间学校，比如可可、豇豆等。

3. 南美及加勒比海地区

随着拉丁美洲各国开始在传统农业推广和服务模式基础上建立起现代化的农业政策体系，为了使农业技术推广工作更好地适应当地农业生态系统和社会经济条件，农民田间学校被当地推广人员所关注并逐渐付诸实践。农民田间学校最初引入南美洲得益于20世纪90年代国际马铃薯协会（CIP）和FAO在部分国家开展的马铃薯IPM项目。在项目开展过程中，社区农民研究协会（CIAL）的建立和“农民-农民”推广模式的应用有效避免了公共服务系统的低效和失灵。在此基础上，1999年，国际马铃薯协会以及合作机构在国际农业发展基金会的资助下开展农民田间学校试点工作，首先确定的试点地区包括玻利维亚、厄瓜多尔和秘鲁在内的6个国家。试点工作的主要目标是培养农民高级辅导员，使这些受训农民在接受培训后能够在自己所属的社区内继续开展田间培训，从而发挥农民田间学校的辐射带动作用。在项目取得成功之后，农民田间学校又被相继引入哥伦比亚、墨西哥以及中美洲各国，并在近几年扩展到多米尼加、海地、牙买加、特里尼亚和多巴哥等国家。

同非洲一样，南美和加勒比海地区开展的农民田间学校也借鉴了不少亚洲已经取得成功的经验，并在此基础上对组织模式进行了创新，其中最为成功的便是风险防范机制的引入。比如在厄瓜多尔，农户开始通过农民田间学校与一些诸如肯德基和菲多利等大型食品企业签订生产合同，并通过“公司+农户”模式和建立风险基金抵抗市场风险的冲击。近几年，以哥伦比亚为代表的一些国家开始建立一种自给自足的农民田间学校运作机制，逐渐摆脱项目基金的外部支持，形成以社区组织为核心的内部独立运作管理，进而实现社区合作组织与农民田间学校的有机结合。

4. 中东和北非

1996年农民田间学校开始在埃及进行试点，从而标志着这种培训模式被首次引入中东和北非地区。由于风俗和文化的差异，农民田间学校在中东和北非的推行并非一帆风顺，其应用实际上更像是一个改良和本土化的过程。为了将参与式培训方法和自下而上技术推广路径引入阿拉伯国家，项目人员开始在当地进行宣传活动，通过与农户、培训者的合作来对现有田间培训方法进行调整，以使其运作模式更符合当地人的生活习惯，并潜移默化地向当地组织者和农户灌输赋权与参与式理念。虽然直到 2005 年农民田间学校模式依然没有在埃及周边国家广泛推行，但是一些小规模的试点工作却相继开展。在阿尔及利亚、伊朗、约旦、吉尔吉斯斯坦、黎巴嫩、摩洛哥、巴勒斯坦、叙利亚、突尼斯、土耳其和乌兹别克斯坦等国家，依靠项目设立的农民田间学校已经被当地农户接纳，项目人员下一步的工作就是争取在 2019 年之前实现农民田间学校的大面积普及。目前，中东和北非地区田间学校的普及主要依靠 5 个项目支持，其中 4 个项目是有关 IPM，1 个项目主要针对盐碱土地改良。

5. 中欧和东欧

2003 年，FAO 首次在中欧和东欧的 7 个国家推行农民田间学校，主要目的是通过 IPM 和田间培训提高当地农户防治玉米病虫害的能力，抑制玉米根结线虫的蔓延，其工作重点是强化农场管理力度和进行农业生态系统的检测评估。在工作开展过程中，项目组织者也尝试性地运用一些新的工具和方法，比如将“风险分析图表”作为农户和社区进行风险管理的有效工具，以便提高当地农户的抗风险能力。目前有两个新项目已经在亚美尼亚等国开展，分别为 FAO 基金会组织的鼠害防控项目和美国农业部（USDA）资助下的农民田间学校普及项目，这两个项目的开展标志着农民田间学校在欧洲地区的推广进入了一个新的阶段，农民田间学校已被当地官方正式认可为一种有效的成人教育途径。

（三）我国农民田间学校发展概况

20 世纪 80 年代末，随着国际机构的援助和发展项目的开展，农民田间学校培训模式及教学理念开始引入我国，并且在几十年间迅速形成燎原之势。农民田间学校在我国的发展历程可以清晰地划分为三个阶段：

第一阶段是农民田间学校理念的引入和农民田间学校的初创（1988—1993 年）。1988 年联合国粮农组织在上海召开了国际水稻 IPM 会议，我国随即加入联合国粮农组织有害生物综合治理（IPM）项目，并且于 1989 年在联合国粮农组织的资助下，部分省市开始设立农民田间学校的示范试点，在广东、福建、江苏、湖北、湖南各省相继开展了诸多富有成效的工作，1993年湖南省宁乡县举办了第一期水稻农民田间学校高级辅导员培训班，之后又在安徽省和四川省分别举办了第二、三期高级辅导员培训班。

第二阶段是农民田间学校完整模式应用阶段（1994—2003年）。1994—1995年，我国南方生产区10省32个县开展了水稻农民田间学校试点、示范工作，在实践中结合东南亚国家的经验，探索适合我国实际的本土模式，在培训对象上以村组干部、科技示范户、技术能手和种田大户为主，在田间生产决策上实行“上下结合，分层决策”。整个项目实施期累计开办农民田间学校辅导员培训班20多个、稻农田间学校3万多间，为四川、湖北、湖南、河南、安徽、浙江、广东等省培训辅导员600多人，培训农民10万多人。2000年，在欧盟（EU）和联合国粮农组织的共同资助下，农业部全国农业技术推广中心在山东、安徽、湖北、河南、四川五省组织实施了蔬菜IPM项目，并采取了农民田间学校培训模式，其间各省也相继开办了茶叶、果树和食用菊花的农民田间学校。1999—2003年，在亚行资助下，FAO在湖北、山东开办了棉花IPM田间学校；在欧盟（EU）和联合国粮农组织（FAO）资助下，全国农业技术推广服务中心在山东、安徽、湖北、河南、四川省组织实施了棉花有害生物综合治理（IPM）项目。

第三阶段是农民田间学校的创新发展阶段（2004年至现在）。从2004年开始，中德合作在河北省藁城市、徐水县和衡水市桃城区实施华北地区集约化农业的环境战略（ESIA）项目并开办农民田间学校，全生长季培训温室西红柿、黄瓜无公害栽培技术，项目的经济、社会、生态效益十分显著。2004年北京市农业局首次引进并独立实践农民田间学校，并于2005年开办了北京首个农民田间学校，从而标志着农民田间学校由国际机构主办向政府投资实施过渡，其政府主导的办学模式被国际上称为“北京模式”。2005年，由加拿大国际发展署（CIDA）资助的蔬菜、生猪、奶牛、马铃薯和双低油菜农民田间学校在四川省、内蒙古自治区开办，其间资中县生猪农民田间学校的创办，标志着我国首次将农民田间学校的培训方法引入畜牧领域。FAO东南亚国家间蔬菜IPM项目于2003年启动到2009年结束，共举办4期TOT（Transfer-Operate-Transfer），培训辅导员近百名。FAO-PPR

降低农药风险项目于2007年底在广西、云南2省区启动，该项目旨在通过实施农业有害生物综合治理（IPM）和开办农民田间学校，全面提高农户的病虫害防治水平，减少农药使用，降低农药风险，促进农业可持续发展。项目由全国农业技术推广服务中心和广西壮族自治区植保总站、云南省植保总站共同组织实施。从2007年到2009年项目规划实施期间，广西和云南开办了6个农民田间学校辅导员提高培训班（RTOT）、200个农民田间学校，其中广西开办农民田间学校80个以上，覆盖广西全自治区14个地市。同期，德国与欧盟资助的农业生物多样性项目在海南、湖南、湖北、安徽、重庆五省21个县市开展，项目期间共开办农民田间学校40余所。随着由政府主导的“北京模式”取得成功，农业部开始在没有国际机构资助扶持的基础上独立开展农民田间学校项目。2009年11月农业部科教司开始启动全国农民田间学校师资培训，在全国推广农民田间学校培训模式。目前，我国农民田间学校建设已经进入自主发展阶段，由各省农业技术推广主管部门结合本地实际独立开办，并摸索出很多创新做法。

五、农民田间学校的组织实施

实践中，农民田间学校的组织形式和实施流程各异，但都是由需求调研、计划设计、组织实施和训后评估四个环节组成，每个版块应用不同的参与式工具。我们以“北京模式”为例介绍农民田间学校在具体组织实施过程中所开展的各项工作，

（一）需求调研

培训需求调研是农民田间学校有效开展的基础和前提，目的是为了了解农民的培训需求、社区产业发展情况、存在的突出问题、资源禀赋、经费与项目支持情况、办班地点与时间偏好等。开展培训需求调研要强调调研者与调研对象共同分析和讨论获得的信息，避免调研人员仅凭主观判断得出不正确结论。“北京模式”在程序设计上将农民需求调研作为一项重要的办学模块，并且在项目申报之前要求承办单位到社区开展农民需求调研工作，掌握农户的生产需求，拟定学校学员规模。需求调研涉及的内容包括：调研村产

业结构及其所占比重、主导产业规模与现状、产业发展突出问题、农民经济水平和主要收入来源、农民合作组织及其如何发挥作用、农民对产业发展的需求、农民生产中所面临的问题和障碍等。

北京相关制度规定，所有农民田间学校的申报都是以农民需求调研为基础，但是审批工作仍然要结合各区县农业优势农产品区域布局和特色农业发展要求。一般情况下，各区县农口机构根据本区县机构改革和职责调整情况，确定本区县农民田间学校建设牵头部门（农委或农业农村局），并由其组织农口相关局、农口各行业服务中心等单位进一步明确各部门单位在农民田间学校建设组织与管理工作中的职责，并填写《区县农民田间学校建设职责分工表》上报市农业局。各区县在申报开办计划时都要求按需开办，农民对农民田间学校确实有需求，可以在同一地点连续开办多年，这点也就强调了农民需求调研本身的重要性；另一方面，上级要求各区县要确保办学质量，包括建立专职化辅导员队伍、为辅导员开办农民田间学校提供必要的条件、每所农民田间学校都配备有相应的试验田（场）、启动典型示范校建设、将农民田间学校建设与村级全科农技员培养相结合，保证农民田间学校要满足农民生产要求，并保证开办质量，避免流于形式。

在开展需求调研之前，调研人员要明确参与人员，制订调研计划。需求调研计划制订是为了保证参与式调研活动的顺利、高效进行。在制订调研计划时，需要优先考虑调研对象的便利性，明确时间、空间的调查取样顺序，确定半结构访谈大纲。需求调研涉及内容较多时，还需要对调研对象进行分类分层。在开展需求调研时，需要对参与调研人员进行参与式方法和工具的应用培训，并就调研内容的理解达成一致。在需求调研过程中，调研人员经常使用的调研方法包括半结构问卷、半结构访谈、小组研讨和二手资料收集。

开展调研时，主要涉及五个内容：一是选择调研对象。根据办校目标，随机选择从事相关产业的农户若干作为调研对象，开展需求调研。二是主持小组访谈。调研人员召集受访者开展小组研讨，主持人要首先进行自我介绍，向受访者说明本次调研的目的；调研人员要采用问卷或访谈记录的方式了解被调研对象的基本情况，便于培训策划者根据目标学员的文化水平、生计结构、技能水平等进行科学分组；开展主导产业发展现状和原因分析，按照农户经济收入所占比例由大到小进行排序，根据排序结果对主导产业问题进行小组研讨和共同分析；绘制农户机构联系图，了解农户和不同机构、部门打交道的紧密程度，掌握农户社会资本的积累情况。联系图可以重点反映出农户在交往中涉及的农资和产品购销情况，包括不同种类农资购销渠道及其便利程度、农资质量及价格情况、农资存在的问题和建议、农产品销售渠道以及便利程度、农产品价格变化、农户组织化程度、农户接受技术信息服务的途径和次数等。三是调查数据分析。在需求调研过程中要积极收集各种数据信息，一般数据信息可以分为二手资料和一手资料。调研人员需要对收集的二手资料和一手资料进行细致分析、去伪存真，找出数据中的一般性特征和规律；对于通过小组研讨获得的数据，应该由辅导员引导农户进行小组讨论和集体研究，不能简单由调研人员自己分析结果。四是调研内容反馈。调研或讨论的结果必须得到农户的认可和反馈，通过交流反馈验证结论正确与否，对忽略的内容进行补充说明，进一步完善和丰富调研结果。反馈环节也可以激发农民参与积极性，让农民获得参与培训活动的归属感。五是撰写调研报告。调研完成后，调研人员要对数据和信息进行分析归类，撰写需求调研报告，报告重点要对数据进行分析，得出农村社区产业发展存在的问题、农民的需求类型以及能否通过培训加以解决，最终提出培训的目标。

（二）计划设计

计划设计阶段包括两项内容，一是开展票箱测试，二是制订培训计划和方案。“北京模式”特别要求辅导员“要在农民自愿的基础上，确定 25～40 名左右学员，注重吸收当地科技示范户、种植养殖规模大户。依据农民需求调研结果，编制培训计划，并与全体农民学员共同讨论确定。”“要采取票箱（Ballot box test，BBT）的方法，组织农民学员进行训前/训后知识水平和技能测试，包括农业生产常识、合作协作意识、食品安全意识、环境保护意识、田间自理能力等，以掌握农民知识和技能现状。根据测试结果，调整教学内容。”

票箱测试法是“独立性测试的一种，它的主要作用是将理论、概念性的内容转化为可视的内容进行展示、测试、评估的参与式工具”[①]。一般情况

① 北京市农业局．农民田间学校建设指南［M］．北京：中国农业大学出版社，2010：39.

下，农民田间学校会在培训前后分别开展一次 BBT 测试，测试学员的已有知识背景、存在的问题和需求以及对培训效果进行评估。BBT 测试的一个优势便是使测试活动更加直观、形象和生动，而且避免了学员对考试的畏惧心理，使测试活动在轻松的氛围中开展。以下展示的是辅导员制作的 BBT 测试题（图 7-3），每题旁边都配备有票箱以便农民选择答案。

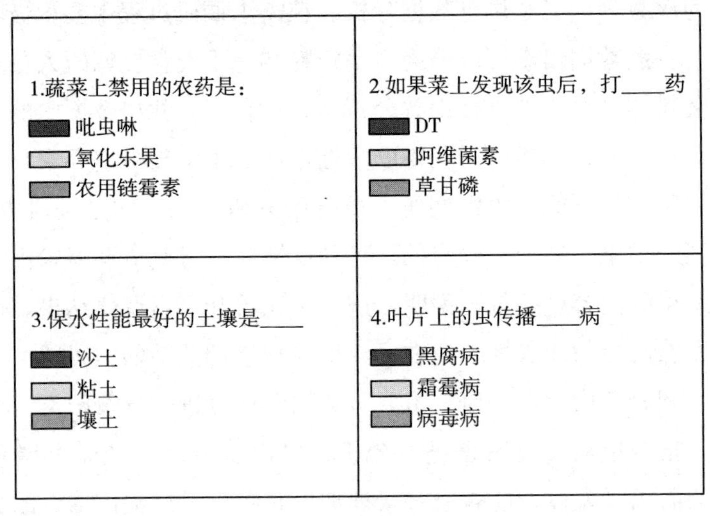

图 7-3　BBT 测试题

从 BBT 设立来看，其基本上是为了达到四个目标，即知识基础摸底、激励学习兴趣、发现资源人和体验参与式培训的形式。通过测试，辅导员可以了解农民在技术、信息和技能方面的掌握情况，同时能够发现学员中的乡土专家、技术能人，并激发其在培训活动中充分发挥专长，与其他学员分享乡土知识。开展 BBT 测试主要采取以下步骤进行：一是试题准备阶段。辅导员根据需求调研结果和农民的生产实际，准备测试题目。出题要遵循七点原则：测试题目内容要全面，应包含本行业农业生产各个方面的内容；题目主要依据需求调查中的问题排序情况进行设置，对农民反映比较多的问题进行重点考察，同时把握好试题难易程度，要有一定的区分度；避免理论考察，要重点考察学员在实践操作方面的内容；试题一般设置 20 道左右，不能太多也不能太少；为了直观生动，试题尽量多采用现场说明、实物标本等形式展现，少用纯符号和文字表述，现场和实物标本的题目不应少于 40%；每个题目的答案应该具有唯一性，不应该存在包含关系，文字表述不能模棱两可、玩文字游戏；题目的文字描述尽量要用农民的语言，杜绝生涩的专业词汇，表述简练避免长篇大论。二是答题纸条准备阶段。为了让农民轻松作答，农民田间学校选用不同颜色的纸条对应不同的答案选项，一般选用颜色鲜艳、区分度高的红、黄、绿、蓝等颜色。辅导员为每位学员准备 3 种不同颜色的纸条，颜色与试题上的答案一一对应，学员的学号写在彩色纸条上或均匀打印的颜色纸条上，学员只需要将标有本人学号的纸条撕下来一起放入票箱内就可以完成作答。三是票箱准备阶段。辅导员要提前准备一个留有小口的封闭盒体，小口以可以轻松放进答题纸片为宜，学员可以通过将答题纸条塞入票箱完成作答。辅导员可以选择信封、一次性纸杯、不透明塑料袋作为票箱，票箱要尽量做到可以重复使用。四是实物标本准备阶段。要在编写试题时准备实物标本，以便让考题更加直观生动。辅导员要保证标本的准确性，如果对标本无法确认可以请专家帮忙；标本的辨认度和识别度要高，要选择新鲜且特征明显的标本，尽量当天采集；标本上不要出现多个不同的症状和特征，要具备典型性。五是测试现场选择阶段。测试现场一般选择教室内或者田间地头，票箱悬挂于室内墙壁或者户外固定地点，实物标本可以粘在试题旁边以便观察判断。之所以推荐户外测试，一方面是因为在学员熟悉的环境里测试会消除学员的紧张感，另一个方面也会激发学员联想，引导他们发散思维，反映出学员真实的知识水平。测试期间辅导员要注重过程控制和测试结果分析，一方面要保证测试秩序，确保学员客观完成作答，另一方面要在测试后组织学员针对试题进行小组讨论，比较个体与集体答案的差异，并适时公布测试结果。

BBT 测试完成后，辅导员要组织学员共同制订培训计划。为了提升效率，辅导员会结合参与式培训需求调研结果、季节历和票箱测试分析结果，把握好项目重点和学员需求，制订出初步的培训计划，然后组织学员共同讨论，对培训计划提出意见建议，对课程安排进行不断调整完善。在制订培训计划过程中，辅导员要明确四点：一是要由学员主导课程内容设置，要确保培训内容是学员所需，针对学员日常生产的重点和难点；要确保学员的主导地位，避免培训活动的形式化，保证培训安排真正服务于学员。二是要将学员个体需求转化为群体需求。学员的需求具有差异性，由于培训计划的制订要参照大多数学员的整体需求，因此必须引导个体学员需求向集体共同需求转变，让学员在培训设计上能够达成共识。三是科学安排时间。要根据学员生产生活特点安排时间，避开农忙或者休息时间，要兼顾多数学员的时间要求，少数服从多数。四是强化与学员的沟通交流。要让学员成为设计培训方案的主人，引导他们全程参与计划制订的整个流程，听取他们的意见建议，增强学员的参与积极性，丰富他们对培训项目的认知。培训计划主要包括单一课程计划和课程系统计划，其中课程系统计划因为涉及整个培训项目周期，因此显得尤为重要。课程系统计划的作用是将参与式课程研讨获得计划培训内容，按照生产周期的顺序，遵循先简后繁、先表象后本质、先一般后特殊的原则，将各个内容有机联系起来。课程计划一般包括主要内容、时间、地点、材料、方式方法、资源人等要素，课程系统计划要做到新颖、实用、高效，能够在满足学员需求基础上激发其参与积极性。

（三）组织实施

农民田间学校的组织实施主要由开学典礼、农民学习活动日、成果展示与结业典礼组成。农民田间学校的组织实施，实质上就是将培训计划付诸行动，它是农民田间学校培训项目的核心阶段。“北京模式”在运行过程中特别强调，“组织农民学习活动日必须围绕村主导或特色产业，开展全生育期技术指导与培训。根据农民需求和生产季节，一般每 1～2 周左右举办一次农民学习活动日。活动日内容主要包括建立试验示范田、农民参与科学试验、农民专题讨论、团队建设活动、种植/养殖生态系统调查分析等，组织互动式交流，共享技术与经验”。

组织实施的起点是开学典礼。开学典礼是整个农民田间学校办学过程中非常重要的环节，起着承上启下的作用。通过前期调研和课程设置，辅导员与农户建立起紧密的联系，双方都有了比较深入的了解。组织有序、宣传到位的开学典礼不但是学习活动的良好开端，也将为之后的学习活动打下良好的基础。组织开学典礼的目的是为了突出农民的主动性和主导地位，强调学员的参与意识，为学员提供表达自己感受和需求的平台；通过邀请领导和农民参加，进一步宣传培训项目，促进大家对田间学校的理解和认识；督促有关主管部门加大对培训项目的支持力度，明确各职能部门的职责和义务，强化各方对培训项目的管理和监督；进一步整合各类资源向培训项目集中。开学典礼的程序由四部分组成：首先由辅导员介绍本所农民田间学校前期调研及培训计划，包括社区产业发展情况、农民培训需求、生产资料需求、农民田间学校培训流程与具体安排等，目的是让出席开班式的领导、农民、媒体对田间学校的基本情况有大致了解；其次由各级领导讲话并提出期望，项目负责人重点介绍农民田间学校的项目背景、开班情况、预期成绩、办学经验和国内外先进做法；再次由学员代表发言，阐述对农民田间学校的看法和期待，表明积极参与学习、遵守课堂纪律的决心；最后学员与领导合影留念。

开学典礼后，辅导员需要带领学员进行分组，组建班级。学员在农民田间学校的整个培训过程中都是以组为单位开展各项学习活动，小组是学员行动的基本单位。辅导员一般会将农民田间学校的学员分为3～8个组，每个组有4～5人，每个小组设立自己的组名、口号，并从组员中推选小组组长、班长。学员在组长、班长带领下开展小组研讨、团队建设、田间试验等活动。以组为单位开展培训是为了增强学员的凝聚力、责任感、荣誉感和归属感，让每个组员都有机会展示自己的能力、分享自己的经验。学员分组之后，辅导员还要带领学员制订学习约定。在田间学校开办过程中，为了保障学员能够按时参加培训，在培训活动开始时辅导员会带领大家共同约定培训纪律，学员可以根据自己的实际情况提出为了达到培训目标应该制订哪些制度，以及如果违反制度要接受何种处罚。学习约定的基本内容包括培训时间、活动纪律、卫生保持、奖惩办法等。

农民田间学校最主要的活动是农民学习活动日，即根据培训计划，围绕农民的需要和兴趣开展活动的时间段。活动日针对主导产业全年开展学习活动，一般根据农业生产规律每1～2周组织一次，每次持续半天时间。农民学习活动日始终坚持以学员为中心的原则，注重学员能力培养，活动期间辅导员要全程采用参与式、启发式、互动式的培训方法。农民学习活动日主要包括课前回顾与课后总结、生态系统调查与决策实施、农民专题讨论、科学实验、团队建设等。每次活动都要进行课前回顾和课后总结：每次课前，辅导员先带领学员回顾上次活动日的主要技术内容，介绍本次活动的安排，就课程征求学员意见，及时调整培训重点；每次课后，辅导员带领学员总结已经开展的活动和取得的经验教训，请学员对开展的内容提出他们的观点和改进建议。农田生态系统调查与决策实施是农民学习活动日的一项重要内容，通过每次上课学员自我进行田间观察，到提出问题、分析问题、进行决策、决策实施、效果评估，再次进行田间观察，每次一个循环周而复始的活动，提高农民发现问题、分析问题、解决问题的能力。农田生态系统调查主要由6个环节组成：第一，辅导员组织学员到综合试验田和农民常规处理田（对照田）分别进行主要生态系统因子的现状观察、测量，获得一手资料；第二，辅导员带领学员将采集到的资料进行分析整理，获得全面、科学的作物和畜种生态系统分析图；第三，每个小组派出一名学员代表将本组学员对试验田和对照田的调查分析结果进行汇报，并负责解释其他组学员提出的问题；第四，辅导员将各组汇报的优缺点进行分析，对有争议的环节进行深入讨论，形成共识；第五，辅导员根据最后达成的共识，组织负责试验田管理的学员进行田间试验，模拟实际生产开展研究；第六，辅导员组织学员对决策实施的结果进行调查、分析，评估决策的有效性和可行性，或进行调整后重新制订实施方案。生态系统调查之后，辅导员带领学员开展专题研讨，深入探讨与农业生态系统、动植物生长发育、农事操作和农业经营管理等方面有关的知识与技能。小组讨论的方式有小组间重复讨论和不同小组分步骤、分层次讨论两种，辅导员可以结合实际选用讨论方式。除了专题研讨，辅导员还要带领学员开展实验研究。农民田间学校活动中，所有学员的学习都是从解决问题的活动开始，为了帮助学员解决问题，或介绍新的产品、品种和技术，辅导员要带领学员进行试验，引导学员通过试验与参与，培养独立解决各类生产问题的能力。每所农民田间学校都设置专门的试验田，学员会定期在试验田观察和记录，并通过科学的分析方法得出有效的结论。在各项学习活动完成后，辅导员会组织学员进行团队建设，包括游戏、表演、拓展训练等形式，目的是强化学员团队协作能力，培养学员的合作精神。表7－3为一个农民田间学校的日程安排。

（四）训后评估

农民田间学校的训后评估由两部分组成，一个是结业典礼，另一个是培训评估。结业式是对整个学习活动的回顾与总结，并向领导、非学员、媒体展示学员的学习成果、精神面貌和团队协作。农民田间学校培训中期或结业时要进行票箱测试，通过训后与训前票箱测试的成绩对比来考核培训效果。

训后票箱测试的结果也为今后完善培训设计提供了参考，对于学员没有掌握的知识，可以被列为下一年培训的重点。票箱测试结束后，辅导员要和学员在一起进行培训回顾与总结，围绕农民田间学校各个环节的内容进行评估，包括培训安排、培训方法、培训内容、培训模式等，并鼓励学员提出改进意见，以便辅导员在下一周期培训计划制订前进行调整完善。结业式上，辅导员要带领学员进行成果展示，展示的方式多种多样，比如展板汇报、情景再现、相声表演等，目的是宣传农民田间学校的培训效果，展示学员的风采，强化学员的自信心。辅导员要召集学员开展座谈交流，让学员逐一发表意见建议，畅谈学习心得体会，并邀请参会领导进行总结发言。辅导员在结业仪式上组织学员填写评估问卷，对农民田间学校的组织、内容、方法、辅导员水平和时间安排进行评价打分。结业式最后还要评选优秀学员，并给予奖励。

表 7-3 华中稻区双季稻 IPM 农民田间学校日程安排①

次序	培训时间		培训内容	时间安排（分钟）			
				室内		室外	小结
	早稻	晚稻		讲解	游戏讨论	田间示范实习	
1	3月15日	8月3日	1. 开学典礼； 2. 训前测试； 3. 教唱综防歌； 4. 种子处理讲座	150	30	50	10
2	4月15日	8月15日	1. 生态系统分析； 2. “筷子吃花生米”游戏； 3. 秧田益害虫印象	80	30	110	20
3	5月20日	8月23日	1. 二化螟； 2. 稻田生态分析； 3. 模拟去蘖试验	30	70	120	20
4	6月1日	9月8日	1. 枯纹病； 2. 稻田生态分析； 3. 田间管理要点	30	70	120	20

① 姜瑞中，梁帝允．中国水稻 IPM 农民田间学校指南［M］．北京：科学出版社，1997：12.

（续）

次序	培训时间		培训内容	时间安排（分钟）			
				室内		室外	小结
	早稻	晚稻		讲解	游戏讨论	田间示范实习	
5	6月8日	9月14日	1. 稻瘟病； 2. 稻田生态分析； 3. 益害动物园； 4. 防病要点	30	90	100	20
6	6月17日	9月20日	1. 稻纵卷叶螟； 2. 稻田生态分析； 3. 植物导管试验； 4. 剪叶试验	30	90	110	10
7	6月23日	9月24日	1. 稻飞虱； 2. 稻田生态分析； 3. 观察捕食者	30	80	120	10
8	6月29日	10月6日	1. 害虫生活史； 2. 稻田生态分析； 3. 检查益害动物园报告	50	80	90	20
9	7月4日	10月11日	1. 综防模式图； 2. 学员讲课讨论	90	60	60	30
10	7月14日	10月22日	1. 训后测试； 2. 农民田间日	30	30	180	60

结业式结束后，辅导员还要进行三方面的后续活动：一是针对今后村里主导产业发展趋势对培训计划进行初步安排，并在细节上进行调整完善；二是鼓励学员成立技术服务队或者农民学习小组，建立常规联系，实现农民田间学校的可持续发展；三是鼓励学员在时机成熟的时候组建农民合作组织，实现合作共赢。此外，辅导员还要对学校开办村的基本情况、产业情况、农村劳动力、农民学员、农民学习活动日、农民经验与技巧、农民问题与需求等详细情况登记，信息化管理，并进行统计分析，量化考核。注重培养和发展村信息员，指导村利用田间学校互联网络对接技术与市场。

在具体开展培训评估时，涉及评估方法的选择。培训评估的目的是为了确认农民田间学校的成果及学员的需求是否通过培训得到满足。除了票箱测试、问卷调查等方式以外，还可以选择项目村和非项目村分别进行有项目和无项目的比较和项目前后比较，在此基础上选择具体评价工具。培训评估应选用参与式评估工具，鼓励学员参与评估全过程，并在评估过程中充分表达自己的观点，科学反馈培训效果。培训评估工具除了结业式座谈、问卷调查等，还包括随机抽样测试、半结构小组访谈、个案研究、“H”评估图、效果矩阵等。

第八章　引导农民提高组织化经营水平

农业实现产业化经营，需要经营者在生产与销售过程中建立起一种新型的以市场为导向的生产管理体系和经营方式，在稳定家庭联产承包责任制的基础之上，对涉及农业产前、产中和产后相关产业部门实行多层次、多形式、多元化的优化组合，形成一个风险共担、利益均沾的经营实体或经济共同体。提升农民组织化水平，可以解决小农户与大市场之间的矛盾，实现农业产业化经营和纵向一体化，有利于实现乡村振兴战略下的农村经济大发展。

一、坚持家庭经营基础性地位

我国农村改革已经走过了二十年的历程，在发展过程中充分显示出以家庭承包经营为基础、统分结合的双层经营体制是最受广大农民欢迎，能够最大限度促进生产力发展的农村集体所有制的有效实现形式。在外部政策和内生动力的双重作用下，农村家庭经营逐渐呈现出规模化、省劳力、商品化的发展趋势。

（一）家庭经营的基本内涵

家庭经营是指以农民家庭为相对独立的生产经营单位，以家庭劳动力为主所从事的农业生产经营活动。家庭经营的内涵主要表现在以下两个方面。

一是家庭经营是双层经营体制的基础。20 世纪 70 年代末 80 年代初，我国农村发生了人民公社制向家庭联产承包责任制的变迁。与此同时，农村经营体制也从集体拥有土地并实施统一经营的单一方式，转变为集体统一经营和农户分散经营相结合的方式。双层经营体制成为农村经济领域的基本制度安排，并在1983年、1984年和1986年的中央1号文件中有所体现，分别体现为"联产承包制采取了统一经营和分散经营相结合的原则"、"完善统一经营和分散经营相结合的体制"以及"完善统一经营与分散经营相结合的双层经营体制"。1991年，党的十三届八中全会首次明确"把以家庭联产承包为主的责任制、统分结合的双层经营体制，作为我国乡村集体经济组织的一项基本制度长期稳定下来，并不断充实完善"。1999年，宪法修正案明确规定"农村集体经济组织实行家庭联产承包经营为基础、统分结合的双层经营体制"。党的十七届三中全会明确提出："以家庭承包经营为基础、统分结合的双层经营体制，是适应社会主义市场经济体制、符合农业生产特点的农村基本经营制度，是党的农村政策的基石，必须毫不动摇地坚持。"

二是家庭经营的广泛存在具有必然性。家庭经营的优越性表现为一种弹性很大的经营方式，可以与不同的物质技术条件、不同的生产力水平相适应，因此这种经营方式在我国很长的历史阶段中占据主要地位。从农业的产业特点来看，家庭经营更适合农业产业发展特点。首先，农产品是不可间断的生命连续生长的结果，各个生产环节只有继起性，而不具有并列性；其次，因季节性等原因，农业生产时间和劳动时间不一致，农业劳动支出具有不均衡性；第三，因地域性等原因，农业生产具有不叠加性；第四，农业生产作业不能实行严格的分工协作，农业生产不适合采用工厂化劳动。正如法国农业经济学家罗歇·韦利所说："真正的农业，卓有成效的农业，一定要以个人负责为基础。"因此，通过家庭经营为主的组织形式，能够有效解决农业产业发展中面临的很多组织化生产问题。

（二）家庭经营的实践发展

当前，多种类型的家庭经营在我国普遍存在。实践中，家庭经营表现为兼业化的家庭经营和非兼业化的家庭经营，自给性的家庭经营和商品性的家庭经营，加入合作社的家庭经营和不加入合作社的家庭经营等。家庭经营面临着经营者年龄偏大、文化程度偏低、经营规模较小等问题。伴随着经济社会的发展，家庭经营的实践背景也在发生变化。首先，农村劳动力大规模的非农化转移，导致农民与承包土地之间的稳定关系被打破；其次，城乡居民随着收入不断提高，消费结构不断转化，对农村产品出现了质量、绿色、生态等多元并重的需求；第三，家庭经营的方式也发生了变化，出现了专业大户、农民专业合作社、家庭农场、公司＋基地＋农户等新型经营主体，家庭经营由依托承包地、以农产品生产为导向，转向依托土地经营、以土地配置效率为导向的经营方式；第四，农村集体经济的经济功能也在不断拓展，集体经营的范围、方式和收益分配等也需要进行调整。总之，随着城乡经济社会格局的变化，农村双层经营体制的内涵有了新的拓展，进一步释放农村活力并助推城乡一体化进程，我们需要理解并把握这一新的内涵。2020 年中央 1 号文件《关于抓好“三农”领域重点工作　确保如期实现全面小康的意见》中明确提出，“抓好农村重点改革任务。完善农村基本经营制度，开展第二轮土地承包到期后再延长 30 年试点，在试点基础上研究制定延包的具体办法”，这进一步体现了双层经营体制以及双层经营体制中的家庭经营对社会生产实践变化的响应。在乡村振兴的实践背景下，如何深化农村改革，如何坚持和完善农业的家庭经营制度，值得深入思考和探讨。

（三）家庭经营的支撑体系

习近平总书记指出，坚持农业农村优先发展，以实施乡村振兴战略为总抓手，充分发挥家庭农场、农民合作社、社会化服务组织在农业产前、产中、产后等领域的不同优势，以加快构建以农户家庭经营为基础、合作与联合为纽带、社会化服务为支撑的立体式复合型现代农业经营体系为目标，坚持不断提升经营服务能力和加强条件建设，促进各类经营主体和服务主体融合，切实保障和维护农民权益，加快培育高质量新型农业经营主体和服务主体，发挥其建设现代农业的引领推动作用，为实现乡村全面振兴和农业农村现代化提供有力支撑。当前，家庭经营也面临一些问题或现象，但这些问题和现象不是家庭经营制度本身的问题，而是农业区域发展不平衡、农村土地制度不完善、劳动力转移不彻底等原因所造成的，需要通过深化改革来解决。在坚持和完善农业家庭经营制度的前提下，要建立和完善农业家庭经营的支撑体系，通过构建集约化、专业化、组织化、社会化为特点的家庭农业发展服务体系，形成高效双层经营体系。

（四）家庭经营的代表形式

家庭农场通过发展适度规模经营，顺应我国农业发展新趋势，代表着我国农业的先进生产力，承载着农业现代化的历史使命。家庭农场作为新型农业经营主体，以农民家庭成员为主要劳动力，以农业经营收入为主要收入来源，利用家庭承包土地或流转土地，从事规模化、集约化、商品化农业生产，保留了农户家庭经营的内核，坚持了家庭经营的基础性地位，适合我国基本国情，符合农业生产特点，契合经济社会发展阶段，是农户家庭承包经营的代表形式，成为引领适度规模经营、发展现代农业的重要力量。习近平总书记指出，要突出抓好农民合作社和家庭农场两类农业经营主体发展，赋予双层经营体制新的内涵，不断提高农业经营效率。李克强总理强调，通过股份合作、家庭农场、合作社这种形式来发展现代农业是大势所趋，是大方向。

二、稳步推进农村集体产权制度改革

农村土地产权制度是农村土地的所有权如何分配、使用权如何配置，以及收益如何分配等问题解决的基础，是农村基本经营制度的核心构成要素。农村集体产权制度改革是明晰农村资产权力权属，完善各项权能，赋予农民更多财产权利的一项农村制度改革，对于完善农村基本经营制度，增强集体经济发展活力，增加农民财产性收益具有重大意义。为此，要在坚持家庭经营的基础上，稳步推进农村集体产权制度改革，发展壮大集体经济，以发展股份合作等多种形式的合作与联合为导向，坚持农村土地集体所有，坚持家庭承包经营基础性地位，探索集体经济新的实现形式和运行机制，引导农民提高组织化经营水平，培育农业农村发展新业态新动能，为乡村振兴奠定制度基础。

（一）改革的现实意义

一方面，农村集体产权制度改革为提升农民组织化程度提供了有利政策环境。党中央、国务院高度重视农村集体产权制度改革。党的十八届三中全会提出，赋予农民更多财产权利。2015年部署在全国29个县（市、区）开展积极发展农民股份合作、赋予农民对集体资产股份权能改革试点。2016年4月，习近平总书记在小岗村农村改革座谈会上强调，着力推进农村集体资产确权到户和股份合作制改革。2016年12月，中共中央、国务院发布《关于稳步推进农村集体产权制度改革的意见》，明确了改革的重大意义、总体要求和主要内容，为农村集体产权制度改革指明了路径方向。2017年中央1号文件《中共中央　国务院关于深入推进农业供给侧结构性改革加快培育农业农村发展新动能的若干意见》提出，“落实农村土地集体所有权、农户承包权、土地经营权‘三权分置’办法；加快推进农村承包地确权登记颁证，扩大整省试点范围；从实际出发探索发展集体经济有效途径，鼓励地方开展资源变资产、资金变股金、农民变股东等改革，增强集体经济发展活力和实力”等多项具体方针政策，为提升农民组织化程度设计出高层方案。2018年中央1号文件《中共中央　国务院关于实施乡村振兴战略的意见》提出，“全面开展农村集体资产清产核资、集体成员身份确认，加快推进集体经营性资产股份合作制改革。推动资源变资产、资金变股金、农民变股东，探索农村集体经济新的实现形式和运行机制”，重点关注继续推进农村产权制度改革、农业供给侧改革，以及加快小农户和现代农业的有机联系。2019年中央1号文件《中共中央　国务院关于坚持农业农村优先发展做好“三农”工作的若干意见》对推进新一轮农村改革作出要求，包括巩固和完善农村基本经营制度、深化农村土地制度改革、深入推进农村集体产权制度改革、完善农业支持保护制度等。其中，深化农村土地制度改革方面指导各地明确第二轮土地承包的具体办法，确保政策衔接平稳过渡，完善落实集体所有权、稳定农户承包权、放活土地经营权的法律法规和政策体系。2020年中央1号文件《中共中央　国务院关于抓好“三农”领域重点工作确保如期实现全面小康的意见》提出，“深入推进农村集体产权制度改革，在完成清产核资的基础上，全面推开农村集体产权制度改革试点，有序开展集体成员身份确认、集体资产折股量化、股份合作制改革、集体经济组织登记赋码等工作，力求激活市场、激活要素、激活主体。积极探索拓宽农村集体经济发展路径。”以上政策为提升农民组织化程度营造了良好的环境氛围，创新了我国基本经济制度在农村的实现形式，推动了农村经济规模化、组织化、市场化发展。

另一方面，农村集体产权制度改革为创新农民合作与联合提供了有效发展路径。农村集体经济是集体成员利用集体所有的资源要素，通过合作与联合，实现共同发展的经济形态，是社会主义公有制经济的重要组成部分。改革开放以来，农村实行以家庭承包经营为基础、统分结合的双层经营体制，极大解放和发展了农村社会生产力。适应健全社会主义市场经济体制新要求，不断深化农村集体产权制度改革，探索农村集体所有制有效实现形式，盘活农村集体资产，构建集体经济治理体系，形成既体现集体优越性又调动个人积极性的农村集体经济运行新机制，对于坚持中国特色社会主义道路，完善农村基本经营制度，增强集体经济发展活力，引领农民逐步实现共同富裕具有深远的历史意义。实践中，我国各地通过发展专业合作社、股份合作社、各类经济联合体、联合社等多种形式的联合和合作，探索农村集体所有制有效实现形式，创新农村集体经济运行机制。各地在家庭承包经营基础上，依照加入自愿、退出自由、民主管理、盈余返还等原则，按章程进行共同生产经营活动，产生各类型农民合作经济组织，使农民走上新型合作经济发展道路。

（二）改革的主要内容

农村产权制度改革赋予农民更多的财产权利，其主要内容是确认集体经济组织成员身份，并赋予这些农民对集体资产股份占有、收益、有偿退出及抵押、担保和继承的权力。农村集体产权制度改革的主要内容包括：

一是全面加强农村集体资产管理。首先，开展集体资产清产核资。重点清查核实未承包到户的资源性资产和集体统一经营的经营性资产，以及现金、债权债务等，查实存量、价值和使用情况，做到账证相符和账实相符。清产核资结果要向全体农村集体经济组织成员公示，并经成员大会或者代表大会确认。清产核资结束后，要建立健全集体资产登记、保管、使用、处置等制度，实行台账管理。各省级政府要对清产核资工作作出统一安排，从2017年开始，按照时间服从质量的要求逐步推进，力争用3年左右时间基本完成。其次，明确集体资产所有权。在清产核资基础上，把农村集体资产的所有权确权到不同层级的农村集体经济组织成员集体，并依法由农村集体经济组织代表集体行使所有权。集体资产所有权确权要严格按照产权归属进行，不能打乱原集体所有的界限。第三，加强农村集体资金资产资源监督管理，加强乡镇农村经营管理体系建设。修订完善农村集体经济组织财务会计制度，加快农村集体资产监督管理平台建设，推动农村集体资产财务管理制度化、规范化、信息化。稳定农村财会队伍，加强农村集体经济组织审计监督，对集体财务管理混乱的村，县级党委和政府要及时组织力量进行整顿，防止和纠正发生在群众身边的腐败行为。

二是由点及面开展集体经营性资产产权制度改革。首先，有序推进经营性资产股份合作制改革。将农村集体经营性资产以股份或者份额形式量化到本集体成员，作为其参加集体收益分配的基本依据。改革主要在有经营性资产的村镇，特别是城中村、城郊村和经济发达村开展。已经开展这项改革的村镇，要总结经验，健全制度，让农民有更多获得感；没有开展这项改革的村镇，可根据群众意愿和要求，由县级以上地方政府作出安排，先进行试点，再由点及面展开，力争用5年左右时间基本完成改革。股权设置应以成员股为主，是否设置集体股由本集体经济组织成员民主讨论决定。其次，确认农村集体经济组织成员身份。依据有关法律法规，按照尊重历史、兼顾现实、程序规范、群众认可的原则，统筹考虑户籍关系、农村土地承包关系、对集体积累的贡献等因素，协调平衡各方利益，做好农村集体经济组织成员身份确认工作，解决成员边界不清的问题。第三，保障农民集体资产股份权利。组织实施好赋予农民对集体资产股份占有、收益、有偿退出及抵押、担保、继承权改革试点。建立集体资产股权登记制度，记载农村集体经济组织成员持有的集体资产股份信息，出具股权证书。健全集体收益分配制度，明确公积金、公益金提取比例，把农民集体资产股份收益分配权落到实处。探索农民对集体资产股份有偿退出的条件和程序，现阶段农民持有的集体资产股份有偿退出不得突破本集体经济组织的范围，可以在本集体内部转让或者由本集体赎回。

三是因地制宜探索农村集体经济有效实现形式。首先，发挥农村集体经济组织功能作用。现阶段可由县级以上地方政府主管部门负责向农村集体经济组织发放组织登记证书，农村集体经济组织可据此向有关部门办理银行开户等相关手续，以便开展经营管理活动。发挥好农村集体经济组织在管理集体资产、开发集体资源、发展集体经济、服务集体成员等方面的功能作用。有需要且条件许可的地方，可以实行村民委员会事务和集体经济事务分离。妥善处理好村党组织、村民委员会和农村集体经济组织的关系。其次，维护农村集体经济组织合法权利。严格保护集体资产所有权，防止被虚置。农村承包土地经营权流转不得改变土地集体所有性质，不得违反耕地保护制度。以家庭承包方式承包的集体土地，采取转让、互换方式流转的，应在本集体经济组织内进行，且需经农村集体经济组织等发包方同意；采取出租（转包）或者其他方式流转经营权的，应报农村集体经济组织等发包方书面备案。在农村土地征收、集体经营性建设用地入市和宅基地制度改革试点中，探索正确处理国家、集体、农民三者利益分配关系的有效办法。第三，多种形式发展集体经济。农村集体经济组织可以利用未承包到户的集体“四荒”地（荒山、荒沟、荒丘、荒滩）、果园、养殖水面等资源，集中开发或者通过公开招投标等方式发展现代农业项目；可以利用生态环境和人文历史等资源发展休闲农业和乡村旅游；可以在符合规划前提下，探索利用闲置的各类房产设施、集体建设用地等，以自主开发、合资合作等方式发展相应产业。支持农村集体经济组织为农户和各类农业经营主体提供产前产中产后农业生产性服务。鼓励整合利用集体积累资金、政府帮扶资金等，通过入股或者参股农业产业化龙头企业、村与村合作、村企联手共建、扶贫开发等多种形式发展集体经济。第四，引导农村产权规范流转和交易。鼓励地方特别是县乡依托集体资产监督管理、土地经营权流转管理等平台，建立符合农村实际需要的产权流转交易市场，开展农村承包土地经营权、集体林权、“四荒”地使用权、农业类知识产权、农村集体经营性资产出租等流转交易。县级以上地方政府要根据农村产权要素性质、流转范围和交易需要，制定产权流转交易管理办法，健全市场交易规则，完善运行机制，实行公开交易，加强农村产权流转交易服务和监督管理。维护进城落户农民土地承包权、宅基地使用权、集体收益分配权，在试点基础上探索支持引导其依法自愿有偿转让上述权益的有效办法。①

① 中共中央　国务院关于稳步推进农村集体产权制度改革的意见．中华人民共和国中央人民政府网，http：//www.gov.cn/xinwen/2016－12/29/content_5154592.htm，2016－12－29.

三、大力发展新型农民合作组织

改革开放40多年来，我国农民合作经济组织取得了较大发展，成为带动农户进入市场的基本主体、发展农村集体经济的新型实体和创新农村社会管理的有效载体。在实践发展过程中，我国农民发展了具有典型特色的合作社类型。其中地区性合作经济组织发展成为农村社区股份合作社，专业合作经济组织则主要发展成为农民专业合作社。2017年10月，党的十九大提出了乡村振兴战略并写进党章，作为中国共产党长期的奋斗目标。在实施乡村振兴战略的总体要求“产业兴旺、生态宜居、乡风文明、治理有效、生活富裕”中，产业兴旺是关键，而农业及其相关产业的发展，合作社是基本组织形式。21世纪以来的农业农村发展历程也同样证明，合作社对于“生态宜居、乡风文明、治理有效、生活富裕”的四项要求也具有积极的促进作用。因此，在未来实现农业农村现代化进程中，各种类型的合作社必然是重要载体。在乡村振兴战略实施过程中，合作社需要进一步发挥重要作用，并通过合作社之间的再联合，充分发挥其“载体”功能。

（一）农民合作社发展与创新

自2007年《中华人民共和国农民专业合作社法》实施以来，我国农民合作社快速发展。到2019年7月底，全国依法登记的农民合作社达220.7万家，平均每个村3家以上，接近一半的农户都加入了各类合作社。农民合作社产业类型多样，合作内容丰富，服务能力增强，成为组织服务农民、乡村资源要素、引领乡村产业发展和维护农民权益的重要载体，在助力脱贫攻坚、推动乡村振兴、引领小农户步入现代农业发展轨道等方面发挥了重要作用。合作社在我国有多种形式的创新实践，无论哪种类型的合作社，都在一定程度上促进了现代农业的发展。新修订的《中华人民共和国农民专业合作社法》自2018年7月1日起施行，其中第一章第二条对农民专业合作社做出明确定义，即在农村家庭承包经营基础上，农产品的生产经营者或者农业生产经营服务的提供者、利用者，自愿联合、民主管理的互助性经济组织。经过多年实践，我国合作社在发展中不断创新，无论哪种类型的合作生，都在一定程度上促进了生产率的不断提高，进而促进现代农业的发展。其中，农机专业合作社、土地股份合作社、企业领办合作社是几种较为典型的创新实践。

一是农机专业合作社，即以提供农机服务为主的合作社。近些年，随着国家对农机补贴力度的不断加大，农机合作社得到蓬勃发展，许多农机合作社通过开展农机作业、土地托管等社会化服务，成为新型农业服务主体之一（案例8-1）。

案例8-1　山东郯城县恒丰农机化服务农民专业合作社[①]

山东郯城县恒丰农机化服务农民专业合作社创新入社形式，实行企业出资金、机械和技术，农户出土地、人员和机械的组织方式，形成“企业＋合作社＋农户”的生产经营模式。首先是土地入股。农户以土地入股，由合作社直接经营，按1 000元/亩·年的保底收入付给农户，或者以“450斤*稻谷/亩·年＋300斤小麦/亩·年”的实物收入付给农户，农户年终按每亩一股参与合作社的分红，年均每股分红160元。其次是机械入股。对机械评估作价，按1 000元一股入社，参与合作社分红，按作业面积给付农机手工资。合作社为当地全体农户提供菜单式服务。一是托管服务。由合作社提供整地、播种、施肥、浇灌、植保、收获等粮食生产全程机械化服务，农户成员向合作社缴纳托管费用490元/亩，低于其他非成员农户管理费100元/亩，合作社年托管作业面积1.6万余亩，涉及农户3 000多户。二是代育秧、机插秧服务。合作社建造育秧工厂2 100平方米，育秧基地150亩，实现机械插秧1.5万亩。比较而言，人工育插秧1.5万亩需要秧田1 000亩左右，软盘育秧机械化插秧1.5万亩只需秧田150亩

---

① 2019年全国农民合作社典型案例之十一：山东郯城县恒丰农机化服务农民专业合作社[J]. 中国农民合作社，2019.

* 1斤=500克。

左右。合作社带动周边农户机插秧近 3 万亩，节省秧田 1 500 多亩，实现了节本增效。三是烘干服务。合作社建造粮食低温干燥车间 1 500 平方米，解决了粮食晾晒问题。未入社的农户，在粮食生产过程中，可选择合作社为其提供关键作业环节的机械化服务，合作社按市场行情收取相应的服务费，平均次作业费用 40 元/亩，合作社每年服务周边农户 5 000 多户，年作业面积 10 万亩。

二是土地股份合作社，即成员以承包土地折价入股为主组建的合作社。我国的土地股份合作社分为不自我经营的土地股份合作社和自我经营的土地股份合作社两种类型。不自我经营的土地股份合作社通常以村集体经济组织为基本载体，将农民的承包地集中起来，并不进行自我生产经营，而是作为中介发包给其他农业经营主体。这类合作社实际上就是一个内股外租的土地流转中介平台。自我经营的土地股份合作社又分为农地入股农民专业合作社和土地股份合作社两类。农地入股农民专业合作社往往是合作社组建在先，然后一些合作社基于组织发展需要进一步吸纳农民成员以承包地入股；土地股份合作社则是农地入股和合作社组建同步，或者是基于农户的农地入股需求发起组建土地股份合作社，同时农地是土地股份合作社成员的主要合作（惠顾）要素（案例 8－2）。①

案例 8－2　烟台格瑞特果品专业合作社②

烟台格瑞特果品专业合作社是基于农户的农地入股需求发起组建的土地股份合作社。合作社发动 180 户村民，筹集 2 200 万股，成立了以承包土地经营权入股的合作社。合作社改变过去一家一户的单一生产经营模式，将 200 多亩土地成方连片，建成了标准化、集约化、现代化的有机矮化苹果园，带领村民实现增产增效。合作社采用入

① 徐旭初．谈谈土地股份合作社［J］．中国农民合作社，2018（5）：53－54.

② 2019 年全国农民合作社典型案例之二：山东烟台格瑞特果品专业合作社［J］．中国农民合作社，2019.

股、置换、租赁相结合的方式实现村土地股份合作。入股就是村民以承包土地经营权入股，每亩地折价 8 000 元，1 亩为 1 股，并以此标准接受现金入股。置换就是村民之间进行土地互换，将规划区内的土地集中起来。经计算，合作社将碎片化的土地整理成为连片大田，建成示范园，增加了约 10%的土地种植面积。多出的这部分作为集体土地，连同周边荒滩、水塘一起加入合作社，集体股占总股本的 15%左右。2018 年每股分红 0.5 元，每亩地分到 4 000 元，集体分红收益近 12 000 元，在一定程度上壮大了集体经济。租赁，就是结合当地每亩地纯收入在 4 000 元/年左右的实际情况，按每亩地 4 000 元/年的价格，以个人名义租赁村民的土地。土地入股的合作形式为村庄发展注入了动力，带领集体与群众走出了双增收的发展之路。

三是企业领办合作社，即企业可利用自己的资金、管理、技术、渠道等资源优势促进合作社的发展，提升其市场竞争力，这也是我国农民专业合作社的一种主要类型。企业领办合作社的优势在于，能够利用资金优势、品牌积累的优势、市场敏感优势、市场和网络营销优势、先进的管理理念、先进的科技水平等，弥补农户在社会经济转型中的劣势，有效实现利益对接，促进农民增产增收（案例 8－3）。

案例 8－3　湖南锦绣千村农业专业合作社①

湖南锦绣千村农业专业合作社是典型的企业领办的合作社，由常德市锦绣千村植保有限公司联合 10 位水稻种植大户共同发起成立合作社，现有成员 6 691 户，其中企业成员 26 家，农民成员 6 665 户。合作社从单一的农资采购配送服务开始，逐步覆盖产前、产中、产后各个环节，为成员提供农资供应、技术指导、农机作业、业务培训、资金互助、产品购销等多种服务，涵盖水稻、油菜、蔬菜、葡萄、柑

① 2019 年全国农民合作社典型案例之十二：湖南锦绣千村农业专业合作社［J］. 中国农民合作社，2019.

橘等农作物面积40多万亩。在合作社发展过程中，企业成员利用自身在资金、管理、技术、渠道等方面的优势，不断推动合作社打通从农产品生产、加工到销售的三个业态的全产业链服务，实现产业良性发展。一是在生产环节提供“从一粒种子到一粒谷”的全过程服务，购置极飞无人植保机30台，组建“千村飞防”团队，分区开展作业，集中育秧、机耕、机插、机收、飞防技术指导。合作社创新开展“一村一品”生产托管服务，实行统一耕作、统一播种、统一管理、统一收割、统一销售，实现了不流转土地也能规模经营。二是在加工环节提供“从一粒谷到一粒米”的增值化服务，开展粮食烘干、仓储和精品粮油加工。近年来合作社共收购粮食20万吨、烘干12万吨、仓储15万吨、加工8万吨，新建鲜湿米粉加工厂，年生产能力1.5万吨。三是在销售环节提供“互联网+”个性定制服务，收集市场的个性化需求，组织订单生产、订单销售，通过“千村商城”等电商平台开展线上销售；对接社区、学校、医院、超市等单位，直供销售。

（二）农民合作社的载体功能

农民合作社的载体功能体现在五个方面：一是农民合作社是落实国家产业政策的载体。当前我国农业经营单位和农民家庭数量庞大且分散，国家产业政策难以做到面向一家一户，从立法、产业政策、财政、税收等方面积极支持农民合作社发展，实质上为国家财政支农提供了有效的载体和桥梁。二是农民合作社是实施农业标准化生产的载体。农民合作社将相同产业的农民组织起来，形成利益联结共同体，通过对入社成员实行统一生产标准、统一操作流程、统一质量管理、统一农资供应、统一农业投入品管理、统一质量检测等，引导成员实现农业的标准化生产。三是农民合作社是现代农业技术的示范者和传播者。农业科技在发展现代农业中起着重要作用。农民合作社通过发挥农业科技示范的建设和引领作用，引导成员将农业科技由点到面进行推广，加快了科技成果转化。四是农民合作社是推进农业产业化发展的重要载体。“龙头企业+合作社+农户”是当前农业产业化经营的主要模式之一，通过农民合作社把农民组织起来，扩大生产适度规模，促进了农业的专业化、规模化、标准化生产，从而推动了农业产业化发展。五是农民合作社是培训高素质农民的平台。合作社通过培训、示范和指导等方式，向农民传播新技术、新信息，培养了一批有较强发展理念、较好市场意识、较高生产技能、较强管理经验的农业经营者。

（三）农民合作社的规范提升

一是联合社发展成为必然趋势。在实现乡村组织振兴过程中，必须发挥好合作组织的纽带作用，推动实现乡村治理体系和治理能力现代化。引导农民走向多种形式的合作和联合，发挥好产前产中产后的服务职能，密切利益联结机制。农民合作社作为合作组织的主要发展形式，作为服务和联系农民的最广泛、最紧密的互助性经济组织，是推进乡村振兴的骨干力量，在实现产业兴旺、生态宜居、乡风文明、治理有效、生活富裕等各方面都将发挥积极作用。相比全国200多万家合作社，县级以上示范社不到20万家，仅占10%左右，农民合作社发展到了提质转型的关键阶段。同时，随着我国合作社数量的不断发展壮大，农民合作社联合社的成立也逐渐具备了成员基础，我国联合社总体数量已超1万家，走向联合成为合作社发展的一个必然趋势，这也是合作社需要规范提升的一个重要内容。2017年12月27日，12届全国人大常委会第31次会议表决通过了新修订的《农民专业合作社法》，国家主席习近平签署第83号主席令予以发布。修订后的《农民专业合作社法》自2018年7月1日起施行。新法专门增加了“农民专业合作社联合社”一章，确认了联合社的法人地位，阐述了联合社的组建和运行规则，为合作社之间的联合与合作提供了法律保障。2019年9月4日，经国务院同意，中央农办、农业农村部等11个部门和单位联合印发了《关于开展农民合作社规范提升行动的若干意见》，提出“鼓励同业或产业密切关联的农民合作社通过兼并、合并等方式进行组织重构和资源整合。支持农民合作社依法自愿组建联合社”。这些政策文件的出台，对于深入推进合作社之间的联合与合作有着助推作用（案例8-4）。

案例 8-4　山东潍坊临朐县志合奶牛专业合作社联合社[①]

山东潍坊临朐县志合奶牛专业合作社联合社是一家专门从事奶牛养殖的大型合作组织，成立于2010年8月，现有31家成员社，286户奶农，成员累计出资总额达500万元，饲养奶牛超1万头，户均增收达5万元/年，辐射带动了周边的1 200多个奶农户养牛。联合社通过“社社联合”走上了致富的新路子，成为全省较大的奶业合作社联合组织，得到省、市、县各级领导的高度评价，获得国家、省、市等各级荣誉20多项，并被团中央选作青年就业创业实习基地。2018年12月，临朐县志合奶牛专业合作社联合社入选全国农民合作社10大发展典型案例。山东潍坊临朐县志合奶牛专业合作社联合社的发展经验主要有以下两点：一是完善机制。联合社成立后，立即召开成员大会，成立理事会、监事会，民主选举产生了理事长、监事长。理事会迅速规范各合作社行为，要求各成员社的生产经营活动必须接受联合社的监督和指导。联合社根据发展需要，设立了办公室、技术服务部、市场部等业务机构，负责联合社日常工作，确保联合社健康运行。建立健全了会议制度、学习制度等，坚持每月定期召开会议，了解和解决联合社发展中遇到的困难和问题。完善财务管理制度，在保证各家合作社财务独立核算基础上，联合社设立财务部门，核算联合社业务。联合社享有统一的资源调配权、技术服务权、饲料和牛奶的统购统销权、防疫和挤奶的质量监督权、市场谈判权、合同签订权、统一结算权，收益由联合社向各合作社分配，各合作社再向成员分配。联合社的收入主要用于联合社专职人员的工资支出、办公经费等，盈余部分80%按各合作社股份和交易量大小进行分红和返还，剩余部分作为联合社发展基金。二是服务成员。在联合社成立后，千

① 山东省潍坊市临朐县农村经济发展服务中心．志同道合富奶农——记山东潍坊临朐县志合奶牛专业合作社联合社［J］．中国农民合作社，2019（5）：28-29.

方百计为合作社与成员谋利益、搞服务：为奶农争取了参与市场的话语权。积极利用联合社鲜奶产量大、质量好的优势，组织部分成员户代表与乳制品企业进行奶价谈判，得到了乳品企业的相关优惠政策，收购价格比原来提高了 20%，增强了市场抗风险能力。为成员单位搭建了降本增效的平台。联合社先后与行业内多家企业建立了业务关系，每年以优惠价格统一购进和供应价值 3 000 万元的兽药、饲料、饲草及相关实物，给成员户节省投入 50 万元以上。为成员户解决了资金困难。联合社积极与临朐县农村信用社、中国银行等多家金融部门联系，先后争取优惠利息贷款 2 800 多万元，解决了成员户扩大生产规模缺乏资金的难题。2015 年率先开展"山东省农民合作社信用互助业务试点"工作，为成员解决资金 1 600 万元。为成员户拓展了多种形式的技术服务。主动联系多位国内外奶牛专家到联合社举办技术讲座，加快了新产品、新技术的推广应用；与澳大利亚饲草公司达成了供应优质饲草的协议；取得利拉伐公司支持，为合作社提供专门清洗液；与蒙牛塞克星有限公司合作，为联合社奶牛品种改良提供一定技术支持。通过联合社的平台，开展技术培训 16 次，培训管理人员 800 人次，推广新技术、新产品 4 项，成员户奶牛生产平均效益比加入联合社前提高 30%以上。

二是农民合作社规范发展的具体要求。2019 年 9 月 4 日，经国务院同意，中央农办、农业农村部等 11 个部门和单位联合印发了《关于开展农民合作社规范提升行动的若干意见》，对提升农民合作社规范发展水平提出了具体要求。一是完善章程制度。要求指导农民合作社参照示范章程制定符合自身特点的章程，依章加强内部管理和从事生产经营活动，加强档案管理，实行社务公开。二是健全组织机构。要求农民合作社依法建立成员（代表）大会、理事会、监事会等组织机构，分别履行好议事决策、日常执行、内部监督等职责。规范经理选聘程序和任职要求。推动在具备条件的农民合作社中建立党组织。三是规范财务管理。要求指导农民合作社认真执行财务会计制度，及时向县级农业农村部门报送会计报表，加强内部审计监督。鼓励地方探索建立农民合作社信息管理平台和农民合作社发展动态监测机制。四是合理分配收益。要求农民合作社依法制定盈余分配方案，可分配盈余主要按照成员与所在农民合作社的交易量（额）比例返还。五是加强登记管理。严格依法开展农民合作社登记注册，对农民合作社所有成员予以备案。农民合作社要按时向登记机关报送年度报告，未按时报送年报、年报中弄虚作假、通过登记住所无法取得联系的，由市场监管部门依法依规列入经营异常名录，推送至全国信用信息共享平台。列入经营异常的农民合作社不得纳入示范社评定范围。①

四、农民合作组织模式创新

近年来，我国农民合作社组织发展迅速，在提高农民组织化程度，推进农业现代化发展，助推乡村战略实施方面发挥着巨大作用。实践中，农民合作社组织模式创新有着自身的发展特点和规律，许多地方已经探索出了多种形式的合作社发展类型，也创新出“龙头企业＋合作社＋家庭农场＋养殖大户”“龙头企业＋合作社＋农户”“龙头企业＋合作社＋家庭农场”等多种产业化经营模式。

（一）农民合作组织模式创新的特点

农民合作组合模式创新有以下三个特点：一是多方位的联合与合作。农民合作组织模式的创新是包含着多种经济主体的一体化合作、多种生产要素的一体化配置、多种经营功能的一体化重组、多种合作体系的一体化组合、多种组织形式的一体化运作。从广义的层面上，需要把农业产业链运行中需要的各种服务功能进行整合，开展“多位一体”的合作组织框架，实现合作经济组织的互联互通。在一体化的合作格局下，通过资金、信息、品牌、物流等产业链延伸，加快构建以农户家庭经营为基础、合作与联合为纽带、社会化服务为支撑的立体式复合型现代农业经营体系。二是多主体联合与合

① 开展农民合作社规范提升行动　推动农民合作社高质量发展——中央农办副主任、农业农村部副部长韩俊就《关于开展农民合作社规范提升行动的若干意见》答记者问［J］. 农村经营管理 2019，10（200）：21－23.

作。当前随着我国城乡一体化的深入推进，家庭农场成为实现土地规模经营、推进农业产业化和现代化发展的新型农业经营主体。以适度规模经营的家庭农场为基础组建的农民合作社，即“家庭农场＋合作社”模式有其自身优势，能够提高农业经营效益，增强农民市场主体地位等，这种模式具有创新意义和实践意义。三是多要素的联合与合作。各地农民以承包土地的经营权折价入股，与成员现金出资在民主管理、经营决策、盈余分配等方面享受同等待遇，实现同股同权。股份合作社的出现，使农民在人的合作、生产合作的基础上实现了土地、资产、技术等资源要素的合作。农民合作的方式更加丰富，成员之间联系更加紧密、联结纽带更加多样、利益关系更加密切。我国各地还出现了土地流转后富余劳动力组建的劳务合作社，农民以房屋、厂房入股组建的物业合作社，采取合并和联合方式组建的大型合作社等，形成了多类型合作社竞相发展的格局，使多要素联合与合作更加紧密。

（二）鼓励农业产业化联合体发展

农业产业化联合体作为一种新型的农业经营组织形式和功能拓展模式，是现代农业组织形式创新的最新表现，是农民合作组织功能拓展的最新探索，在保障国家粮食安全和优质农产品供应的同时，实现了经济效益、社会效益和生态效益等运营效益最大化，在促进农业产业化进程，进而助推乡村振兴战略实施方面正发挥着越来越重要的作用。

习近平总书记要求，探索一些好办法，帮助农民更多分享产业利润效益，真正同龙头企业等经营主体形成利益共同体。2017 年 5 月，中共中央办公厅、国务院办公厅印发《关于加快构建政策体系培育新型农业经营主体的意见》提出，要促进各类新型农业经营主体融合发展，培训和发展农业产业化联合体。2017 年 10 月，农业部、国家发展改革委、财政部、国土资源部、人民银行、税务总局等 6 部门联合印发《关于促进农业产业化联合体发展的指导意见》，确定将培育一批带农作用突出、综合竞争力强、稳定可持续发展的农业产业化联合体，成为引领我国农村一二三产业融合和现代农业建设的重要力量。2018 年 3 月农业部办公厅、国家农业综合开发办公室、中国农业银行办公室联合印发《关于开展农业产业化联合体支持政策试点工作的通知》，把农业产业化联合体内符合政策要求的农业产业化龙头企业、农民合作社、家庭农场等新型农业经营主体列为重点支持对象，通过开展农业产业化联合体示范创建，给予贷款贴息、财政补助、股权投资，提供贷款融资等服务，为农业产业化联合体发展营造良好发展环境。2018 年 9 月 20 日习近平主持召开中央全面深化改革委员会第四次会议，审议通过了《关于促进小农户和现代农业发展有机衔接的意见》，指出“提高小农户组织化程度。引导小农户开展合作与联合、创新合作社组织小农户机制、发挥龙头企业对小农户带动机制”。2019 年 6 月国务院出台《关于促进乡村产业振兴的指导意见》，提出促进产业融合发展，增强乡村产业聚合力。一是培训多元融合主体。鼓励发展农业产业化龙头企业带动、农民合作社和家庭农场跟进、小农户参与的农业产业化联合体。支持发展县域范围内产业关联度高、辐射带动力强、多种主体参与的融合模式，实现优势互补、风险共担、利益共享。二是发展多类型融合业态。跨界配置农业和现代产业要素，促进产业深度交叉融合，形成“农业＋”多业态发展态势。三是构建利益联结机制。引导农业企业与小农户建立契约型、分红型、股权型等合作方式，把利益分配重点向产业链上游倾斜，促进农民持续增收。可见在政策环境上，农业产业化联合体也具有了长远发展的有利条件。

（三）农民合作组织的功能拓展——以农业产业化联合体为例

一是农业产业化联合体的主要内涵。农业产业化联合体是以龙头企业、农民合作社和家庭农场等新型农业经营主体以分工协作为前提，以规模经营为依托，以利益联结为纽带的一体化农业经营组织联盟。产业化联合体中龙头企业、合作社、家庭农场三大经营主体在保持独立经营地位前提下，平等、自愿的订立章程、合同和协议等，确定生产、交易、服务关系，实行一体化经营，形成利益共同体。

二是农业产业化联合体的现状特点。联合体中龙头企业作为产业链组织者，发挥资源整合、要素集成、拓展市场作用，提高农业产业链二三产业环节档次，带动一产环节提高质量，推动农业产业链延伸、拓展和升级。龙头企业具体承担农产品经营销售、统一制定生产规划和生产标准等职责，并以优惠的价格向家庭农场提供农业生产资料，以高于市场的价格回收农产品。

农民合作社上联龙头企业，下接家庭农场，起到中介纽带作用，为家庭农场提供产前、产中、产后服务。家庭农场按要求进行标准化生产，向龙头企业提供安全可靠的农产品，并获得高于市场价格的收益。“三大主体”分工明确，构成了联合体经营模式，形成了完整的产业链条和产业经营组织体系。

三是农业产业化联合体的运行机制。首先是农业产业化联合体的要素链接。农业产业化联合体内部的土地、资金、人才和信息等要素必须实现在价格机制作用下的自由流动，才能达到资源合理配置。其次是农业产业化联合体的产业链接。农业产业化联合体内部各经营主体基于提升价值链、延伸产业链、打造供应链，开展专业化分工，通过终端产品消费价值向前段产品输送，让每个生产经营环节主体都能分享品牌创造的价值，实现产业的紧密连接。再次是农业产业化联合体的利益链接。农业产业化联合体内部各经营主体建立了有效的约束和激励机制，实现风险共担和利益分享，保证了联合体内在协作的稳定。在利益共享方面，联合体内各经营主体签订生产服务合同、协议，通过签订合同、契约形成紧密联结，依据合约规定行使各自的权利并履行各自的责任。最后是农业产业化联合体的运行管理。联合体各经营主体之间定位准确、分工明确，实现利益共享、协同发展，做到在不同的环节上各负其责，共同做大产业实现多赢。联合体以企业化管理理念为指导，以合同形式约束各经营主体，形成相互融合的紧密联合。一方面，通过合同契约形式明确成员之间的权利、义务和责任，另一方面充分发挥各经营主体的积极性和主动性，提升各经营主体的绩效。

四是农业产业化联合体的主要功能。首先是有效实现产业协同发展。联合体是产业化组织的完善和拓展，其核心在于利用联盟的组织形式把产业链的主题更加有效地组织起来，开展协同协作。在组织制度上，联合体组建了产业链各主体参与的联盟组织，产业链上各主体之间通过订单合同建立纵向经济联系，通过组织联盟建立组织管理关系。虽然联合体没有在民政或工商登记注册，但普遍建立了章程和议事规则，成为有一定约束力的管理组织。在决策机制上，合作社、家庭农场和种养大户通过参与联盟组织，与龙头企业进行对话协商，参与产业链发展、重大事项的讨论和决策，成为产业生态圈的主体。在合作内容上，联合体内各组织间既有龙头企业与家庭农场、专业大户的上下游购销合作，也有合作社与家庭农场的服务协作。宿州市淮河粮食产业化联合体，作为龙头企业的淮河种业公司还为家庭农场、合作社提供垫付资金、信贷担保等服务。与原有的产业化组织相比，联合体内各主体通过资源、技术、信息的共享，形成紧密型的产业共同体，更好地实现了资源共享、分工合作和共商共建。联合体内部通过召开成员大会或理事会共同制定生产计划，统一生产标准，讨论市场动态，能够更好地实现对市场需求的快速响应，也能够根据生产端的变化及时调整市场策略，从而大幅度提高产业链的协同协作能力，增强市场竞争力。其次是有利于壮大新型农业经营主体。联合体的发展模式，有效破解了龙头企业缺乏稳定原料来源，质量难以保障，农民合作社服务对象不稳，效益难以保障，家庭农场缺少资金、技术、信息、市场、服务等问题，促进了新型农业经营主体的培育壮大。再次是有利于促进农业规模化经营。在农业生产过程中，联合体内农业龙头企业需要建立稳定且能保障质量安全的原料基地，必然要求按照统一的技术标准，实施农业规模化连片生产。第四是有利于促进农产品质量安全。联合体围绕主导产业、主导品牌组织生产经营，共同享受品牌带来的收益，形成了更高标准的质量意识、品牌意识。许多联合体制定了生产标准和服务规范，家庭农场按标准生产，合作社依照规范服务，确保了农产品质量，提高了安全高效农产品供给能力。第五是有利于促进农业社会化服务。农业产业化联合体内三大新型农业经营主体发挥各自优势所长，互惠互利，积极开展农业社会化服务，内容涵盖产前的农资供应环节，产中的机械作业环节，产后的加工、销售、运输等服务环节，基本上满足了三大新型农业经营主体对社会化服务的不同需要。第六是有利于促进农民增收。联合体打破了经营主体单打独斗的局面，形成了资源共享、打捆经营、抱团发展的高效、高收益运营机制，带动农民实现多渠道增收，概括为“两节本两增效、两保障两收入”。

五是农业产业化联合体发展的功能拓展。首先，进一步整合经济资源，获得规模协同效应。联合体通过横向、纵向的联合获得规模经济，实现经营协同效应。资源在集聚的基础上得以规模化，实现生产规模化、技术规模化、销售规模化，从而增加规模效益。集聚基础包括产前、产中、产后各环节的集聚，并且随着规模达到一定规模，打造出该环节的区域性平台，从而构建紧密的协作关系，完善社会化服务体系，提高对外议价的能力，直接降低交易成本。其次，进一步创新金融模式，激发主体经营活力。积极发展产业链融资，支持产业化联合体内部设立担保基金，放大银行贷款背书。探索以龙头企业为依托，实行随用随借、循环使用的方式，满足新型农业经营主体对资金的差异化需求。同时，地方政府采取财政贴息、融资担保、扩大质押物和质押物范围等，更加有效地解决新型经营主体的贷款需求，激发主体经营活力，通过金融创新和试点为农业发展注入活力，推动了新型经营主体转型升级和扩大生产。再次，完善引领示范作用，助力脱贫攻坚结合脱贫攻坚工作要求，不断探索创新产业扶贫模式，通过“联合体龙头企业＋合作社＋种养殖家庭农场/贫困户”的产业扶贫路径，促进农业发展、农民增收、贫困户脱贫。第四，加强农业技术更新，促进科技转化应用。鼓励龙头企业加大科技投入，建立研发机构，推进原始创新、集成创新、引进消化吸收再创新，示范应用全链条创新设计，提升农业产业化联合体综合竞争力。引导各类创新要素向龙头企业聚集，支持符合条件的龙头企业建立农业领域相关重点实验室，申报农业高新技术企业。鼓励龙头企业提供技术指导、技术培训等服务，向农民合作社和家庭农场推广新品种、新技术、新工艺，提高农业产业化联合体协同创新水平。第五，加强从业人员培训，提高经营主体技术水平。完善现代农业技术推广体系，确保联合体有专家组，合作社有专家，家庭农场有技术员，全程跟踪服务。同时，整合新型职业农民培训、就业技能培训等项目，加强对联合体内从业人员培训，全面提高联合体内经营主体技术水平。

在各地实践中，安徽宿州产业化联合体发展较早，也较为迅速，具有一定借鉴经验。宿州市总面积 9 939 平方公里，总人口 650 万人，其中农业人口 520 万人，全市耕地面积 743 万亩，是全国重要的粮食、肉蛋、蔬菜、水果生产基地。2010 年和 2011 年，宿州市相继被批准为国家现代农业示范区和全国农村改革试验区。国家现代农业示范区立足于构建现代农业产业体系，侧重于生产力发展。全国农村改革试验区，侧重于生产关系探索，试验重点为创新现代农业经营组织体系和培育家庭农场、合作组织、农业企业等三大经营主体。几年来，宿州市以现代农业“两区”建设为载体，积极探索不牺牲农业和粮食、生态和环境为代价的“四化同步”、乡村振兴发展新路径，在农村改革试验中探索建立农业产业化联合体，成为农村三产融合发展的有效实现形式和现代农业经营体系创新的有益探索。

2012年9月起，宿州市选择16个产业化联合体开展试点，以点带面，逐步推开。宿州联合体已发展到272家，其中省示范联合体发展到46家，加入联合体的龙头企业283家、合作社863家、家庭农场1 818家，覆盖了粮食、畜禽、果树、林木等主导产业，年产值达290亿元以上（案例8-5至案例8-10）。

案例8-5　淮河粮食产业联合体

淮河粮食产业联合体成立于2012年7月，是由1家龙头企业、13家合作社和27个家庭农场组成的粮食加工型联合体，集良种繁育、种子加工、生产服务、产品销售于一体。

淮河粮食产业联合体在发展过程中的主要做法有三个方面：一是充分发挥龙头企业资源优势。目前联合体龙头企业淮河种业公司，主要负责制定生产计划、优惠供应生产资料、优惠收购产品、调度合作社提供生产服务和技术服务，为联合体成员提供技术支撑和生产、销售保障等。二是发挥合作社社会化服务功能。合作社负责提供耕地、播种、施肥、打药、浇水、收割、烘干、仓储等从种到收的全程社会化服务。加入联合体时，合作社与淮河种业签订服务协议，对作业标准和服务范围进行约定，服务价格依据油价、人员工资等因素，每年在联合体内协商决定，一般高于成本价，低于市场价。三是提升家庭农场经营效益。目前，淮河种业已流转土地面积1.8万亩，以高于市场价格0.1～0.15元的价格从家庭农场收购小麦、大豆等粮食用于良种繁育，以高于市场价格0.08～0.1元的价格收购烘干玉米用于饲料生产。小麦生产过程中，淮河种业指派合作社提供作业服务和技术指导，种子、化肥、农药等生产资料由公司统一订购，价格比市场价低10%～15%。农资费用和作业服务费用可以当场结算，也可以待产品收货后从销售收入中扣除。联合体运行模式在保证粮食生产的同时，稳定了价格，提升了家庭农场的经营效益。

淮河粮食产业化联合体在促进农业规模化经营方面取得显著成效。随着联合体内成员的逐年增加，淮河粮食产业化联合体经营规模也在不断扩大。经营土地面积由2012年成立最初的4 740亩，增加到现在的约1.8万亩。同时，淮河粮食联合体在社会化服务方面也取得创新发展，被列入国家财政项目支持的农业全程社会化服务试点。

案例8-6 埇桥区蔬乐园瓜菜产业化联合体

蔬乐园瓜菜产业化联合体成立于2015年，是以宿州市蔬乐园农业科技有限公司为龙头，由富民发财、兴农瓜菜、天宇果蔬种植、明星瓜菜等4家合作社，惠农、新荷等22个家庭农场组成的蔬菜加工型联合体。联合体拥有标准化育苗智能温室2栋共计8 000平方米，年供应种苗2 000万株以上，种植设施蔬菜2 800亩，辐射带动埇桥区双庆河沿岸302省道两侧设施瓜菜面积1.2万亩。

淮河粮食产业联合体在发展过程中的主要做法有四个方面：一是节本增效，提高家庭农场收入。联合体通过节约成本、增加产量和加价收购成员单位生产的产品等途径，每亩实现节本增效2 000元以上。其中，蔬乐园农业科技有限公司向家庭农场以低于市场0.05元/株优惠供应种苗，每亩全年节省350元左右；以高于市场价格0.1元/千克的价格收购家庭农场的瓜菜，家庭农场每亩增收约900元；富民瓜菜专业合作社以优惠价格向家庭农场提供化肥、农药、农膜等生产资料，家庭农场每亩降低生产成本300元/亩；通过统一技术服务和规范化管理，提高瓜菜质量和产量，每亩增收500千克以上，家庭农场每亩增收700元以上。二是拓宽融资渠道，化解家庭农场资金短缺难题。联合体内经营主体联保贷款，向邮储银行融资110万元，蔬乐园农业科技有限公司通过“劝耕贷”向农业银行融资100万元，为家庭农场垫付购买种苗、化肥、农药等生产资料的资金，待蔬菜回收时一并结算。家庭农场通过土地流转经营权向蔬乐园农业科技有限公司提供反担保，化解了企业的风险。三是推动三产服务业，带动农户增收致富。富民瓜菜专业合作社与农资生产厂家达成直供协议，以低于市场价格向农户供应农资，合作社有了稳定的农资销售渠道，减少了运营成本。合作社免费对家庭农场及种植户进行技术指导，年培训人员 2 000 人次。合作社通过低于市场价格向家庭农场提供植保托管服务，每亩收取服务费 100 元，年收入 30 万元以上。合作社负责为蔬乐园公司提供采收、包装、装车一条龙服务，每斤收取服务费 0.1 元，年服务费 560 万元。合作社为农村留守妇女和有一定劳动能力的老人、贫困户提供就业，年吸纳长期工 280 人，零工 400 多人，其中贫困户 45 人，人均增收 4 500 元。四是延长产业链条，推动龙头企业做大做强。蔬乐园农业科技有限公司与家庭农场签订订单协议，建立了稳定的生产基地，保障了企业对农产品的质量需求，解决了产品质量安全的源头之忧。蔬乐园农业科技有限公司为家庭农场提供各类瓜菜种苗 2 000 万株以上，解决了联合体成员无场地、无技术育苗之忧，促进品种统一化进程，年种苗销售收入 1 200 万元。龙头企业以高于市场价格收购联合体内成员优质订单瓜菜，利用自身的市场渠道和“八张莴苣”“蔬乐园”品牌进行销售，提高了市场竞争力和品牌知名度，年经营收入 7 500 万元。

案例 8－7　泗县新联禽业产业联合体

泗县新联禽业产业联合体成立于 2013 年，是以宿州市新联禽业有限责任公司为龙头，由泗县新联蛋鸡专业合作社、泗县田家香养鸡专业合作社以及泗县益禽养殖家庭农场、泗县陈飞养殖家庭农场等 11 个家庭农场联合组建而成的畜禽型农业产业化联合体。联合体蛋鸡存栏总量达 80 万只，囊括泗县地区蛋鸡养殖量的 50%，产值占全县蛋鸡养殖总量的 70%以上。联合体年销售收入共计 1.8 亿元，成员实现养殖增收 20%以上，人均增收 5 000 元以上。联合体积极探索“龙头企业＋合作社＋家庭农场＋养殖大户”的集约化经营、规模化养殖、标准化生产、品牌化销售模式，走出一条特色农业经济发展的新路子。

泗县新联禽业产业联合体在发展过程中的主要做法有三个方面：一是确立各方责权关系，建立利益共同体。联合体以宿州市新联禽业有限责任公司为牵头龙头企业，各方通过签订合作协议，确立联合体各方的责权关系；通过生产效益的合理有序分配，把公司、合作社、家庭农场建成利益共同体。龙头企业低价向养殖家庭农场提供种苗及兽药、疫苗、预混料等生产资料，高价回收其质量达标的鲜鸡蛋，并向市场销售。合作社向家庭农场提供技术、防疫程序等，并以高于市场价格回收家庭农场的部分鲜鸡蛋。种植家庭农场以优惠价格向养殖家庭农场提供饲料原料（玉米、小麦等），通过减少农产品采购环节及加工增值提高效益。养殖家庭农场按照龙头企业制定的标准进行饲养管理，降低养殖成本，通过提供高品质的鲜鸡蛋增加收入。二是充分利用龙头企业的资金和技术优势，增强联合体生产的科技支撑。龙头企业将现代化的养殖技术、养殖理念、养殖手段等，有序地提供给养殖家庭农场，以进一步提高联合体的养殖效益。发挥规模经营和集约经营优势，降低养殖生产成本，提高养殖经济效益，从而逐步提升品牌效应和核心竞争力。在自愿、平等、互利的基础上，找准结合点，形成紧密的利益共同体。三是发挥带动示范作用，促进成员增产增收。联合体带动农户 540 人，新增引进蛋鸡苗 28.5 万只，全部由联合体内的省级龙头企业以平均低于市场 10%的价格提供，为成员共节约引种成本 10.24 万元，平均每户节约 12 000 元。联合体内的原料供应，以平均低于市场 5%的价格向成员提供饲料原料共 1 280 吨，为成员共节约饲料直接成本 11.90 万元，平均每户节约 1.7 万元。2017 年向其返利 5 820 元。根据签订的协议，联合体以保障价回收鲜鸡蛋 730 吨，平均高于市场价 5%，仅此一项，就为成员共创收 10.88 万元，平均每户增收约 1 万元。另外，龙头企业向成员提供低于市场价 5%的饲料，平均每户节约 1 200 元，共为养殖户节约饲养成本 5.16 万元。综合以上，联合体内家庭农场、养殖大户共增加效益 38.18 万元。

案例 8-8　泗县富民农业产业化联合体

泗县富民农业产业化联合体成立于 2015 年 6 月，由龙头企业泗县富民农业科技有限公司、泗县富民农民合作社联合社和 10 个家庭农场组成，是一家特色经济联合体。

泗县富民农业产业化联合体在发展过程中的主要做法有四个方面：一是调整产业结构促发展。联合体采用流转土地分流、返租等方式，不断调整产业结构，鼓励种植特色农业，目前绿色产品西瓜蔬菜种植 670 亩，带动家庭农场、农户种植 1 500 多亩，形成以西瓜为主，草莓、葡萄、蘑菇、花卉销售为补充的产业格局。联合体实行分散经营，统一供种、苗、肥料、商标、品牌、销售，走“产供销”一体化发展之路。吸纳用工 136 人，带动种植大户 69 户，间接带动大户 1 100 户。二是发挥合作社桥梁纽带作用。联合体内的合作社托管 1.5 万亩土地，社会化服务 6.5 万亩土地，统一组织合作社成员农业机械的入户挂牌、检验年审、加入保险、维修保养、作业练习、合同签订等。三是实行“三变”改革增收益。一是农民变股民。联合体开展入地入股、利益分红，对入股成员实行“保底收益＋浮动收益”。土地一亩为一股，保底 700 元/亩，股份分配方式为当年经营盈余的 10%提取公积金，用于扩大生产，5%提取公益金，用于公益支出，同时每股 700 元提取保底收益，剩余盈余进行二次分红。实现土地入股分红 300 元/亩。二是资金变股金。联合社内部联系 40 户贫困户小额信贷资金 200 万元入股富民联合社，每年每户固定收益 3 000 元。收益“上不封顶，下有保底”。贷款到期后由联合社直接归还贷款本金，提升闲散资金的使用效益。三是资源变资产。以路、沟、路边零地、车辆、服务及大棚 200 亩入股富民农业合作社联合社，通过入股盘活资源，集体经济增收 14 万元。四是秸秆有机循环再利用。联合体与蒙牛公司签订收购青储饲料协议，以 260～290 元/吨的价格，将八成熟的玉米秸带棒加工成青储饲料。与农安大合作开展秸秆有机循环利用实验，利用秸秆生产食用菌，开展秸秆基料化技术研究开发。

秸秆粉碎用来种蘑菇，蘑菇采摘销售后，利用退下来的菌包发酵加上麦麸、豆饼，用来种植西瓜、蔬菜。联合体秸秆综合利用1万亩，每年加工处理小麦、玉米、玉米芯等秸秆2 500吨。秸秆有机循环利用，提高了综合利用率，促进了节能减排、农民增收和农民增效。

案例8-9　宿州市意利达粮食产业化联合体

宿州市意利达粮食产业化联合体成立于2013年，是由1家龙头企业、5家种植合作社、3家农机服务合作社、17个家庭农场、1家农业科技协会组成的粮食服务型联合体。联合体由宿州市意利达供销合作社有限公司牵头组建，宿州市意利达农业科技专业合作社发挥中介纽带作用，家庭农场及成员单位按照龙头企业要求进行标准化生产，实现三大经营主体优势互补和资源共享。

宿州市意利达粮食产业化联合体在发展过程中的主要做法有四个方面：一是各负其责，明确定位。联合体内龙头企业宿州市意利达供销合作社负责生产计划和生产标准制定，以及农业生产资料的统一供应，年供应成员单位的化肥总量在2 300吨。宿州市意利达农业科技专业合作社负责生产过程中的土地托管服务、农业标准化生产技术指导、人力、资源和机械的调配与使用。目前联合体内托管粮食生产面积1.8万亩，托管周边土地实行全程社会化服务面积达2.1万亩。家庭农场按照生产规划和生产标准具体负责粮食生产，按照“四个统一”的生产方式进行，即统一生产计划和标准，统一农资供应，统一耕种管收，统一订单销售，年销售商品粮达2万吨。二是联合经营，资源共享。联合体成立后，机械、资金、技术、人才、场地等资源得到充分利用，通过内部资源的优化组合，拉长产业链条，使粮食生产从初期的产前提供农业生产资料，产中提供耕种管收等生产环节的服务，延伸到产后的销售、烘干、加工等，使联合体内家庭农场每年增收540万。同时联合体还为成员单位办理信用贷款用于优质粮食生产。

三是规模种植，标准化生产。成员单位在规模化的粮食生产中，采用良种良法，运用先进的农业技术，实行标准化生产，精细化管理，积极推广应用测土配方施肥，减少化肥和农药用量，增施有机肥和环保生态肥，采用深耕深松，宽行精播，种肥同播，秸秆还田，绿色防控等先进农业技术，提高粮食的标准化和生产水平的优质化。联合体内标准化生产面积在1.8万亩，每亩单产增加100千克，亩均增收300元。四是优化体内，带动周边。联合体内优化内部产业，集聚各成员间的功能、优势互惠，扬长避短，共同发力，成为标准化粮食生产的运行共同体。为发挥联合体的引领作用，不断把成功经验、技术要领分享给周边的农户，2015年以来，联合体在12个乡镇和62个村实施联合体成员一带百工程，即联合体内包括家庭农场和合作社在内的每个成员带动周边100家农户，把100家农户的土地按照联合体的模式进行粮食生产，把联合体内的资源优势同等用在农户的经营中。通过该工程，联合体共带动周边农户2 700户，每户年节本增收1 000元以上。

案例8-10 泗县慧佳产业化联合体

泗县汇佳产业化联合体成立于2011年10月，是由1个龙头企业、1个合作社、11个家庭农场等13个成员组成的复合业态型联合体。

泗县汇佳产业化联合体在发展过程中的主要做法有两个方面：一是培育休闲观光农业，促进一二三产业有机衔接。联合体内的龙头企业泗县慧佳农业有限公司是集观光、旅游、餐饮、住宿、娱乐、种植、加工、物流、销售为一体的综合性现代农业公司。近年来，泗县慧佳农业有限公司积极发展生态农业、设施农业、观光农业，广泛开展游园采摘、观赏、摄影、运动、康乐、科普、科学、文化展示、民俗体验、休闲养生等新业态。联合体建成薰衣草标准化种植基地、蔬菜标准化种植基地、特色野猪养殖场、休闲农业与乡村旅游基地，走出以“渔、果、游、养”为特色的现代休闲农业与生态旅游资源互融之路，发展以皖北特色休闲农业为核心的三产融合聚集村。二是深挖销售渠道，推动订单式生产，降低交易频率。联合体联合全省生态农业企业走集约化生产，深挖销售渠道，推动农业订单式生产，把安全营养的食材从田间地头送到餐桌。目前，联合体与学校、超市、企业等单位签订大批量订单合同，通过长期合作关系，降低过往散卖、短期合作带来的交易不稳定风险。大批量销售为主的销售方式，使得家庭农场的交易频率大大降低，并且长期稳定的销售合同也降低了交易的不确定性。联合体内11家家庭农场，全部与公司签订订单收购协议，并在龙头企业的协助下收入比非订单农户增长20%以上。

五、强化农业企业联农带农激励机制

农业产业化龙头企业是指以农产品加工或流通为主，通过各种利益联结机制与农户相联系，带动农户进入市场，使农产品生产、加工、销售有机结合、相互促进，在规模和经营指标上达到规定标准，并经政府有关部门认定的企业。农业龙头企业规模大、资金雄厚、管理先进、技术一流，在抵抗市场风险方面具有强劲势力。农业龙头企业集成利用资本、技术、人才等生产要素，带动农户发展专业化、标准化、规模化、集约化生产，是构建现代农业产业体系的重要主体，是推进农业产业化经营的关键。农业产业化及其龙头企业是联结农户、家庭农场、农民合作社并走向国内外大市场的重要纽带，是构成新型农业经营体系的重要组成部分。

（一）发挥产业示范效应

乡村振兴，产业振兴是支撑，产业要振兴离不开“火车头”龙头企业的帮带、助推。农村产业基础薄弱，农民文化素质偏低，小户经营、分散经营普遍存在，抵抗市场风险能力弱，这是乡村产业振兴中的薄弱点。各地要产业振兴，抓项目强服务，引进农业龙头企业，打造现代特色农业基地，走产业的标准化、集约化、一体化、品牌化、生态化发展，是实现生产、经营主体共赢的有效途径。农业龙头企业助推产业振兴，主要有“龙头企业＋农户”、“龙头企业＋基地＋农户”、“龙头企业＋合作社＋基地＋农户”等产业化经营模式，发挥龙头企业强劲的牵引力，让松散的农户“抱团”发展，可持续发展，最终实现企业、农户“双赢”发展。应大力扶植农业龙头企业，通过龙头带动为农业的科技优势、品牌培育、产业链构建、集群效应的形成提供示范性经验。加强产业集约化，集中生产、加工、销售、服务企业实现优势互补、产业协同，提升地方品牌竞争实力。

（二）强化科技人才支撑

农业产业化龙头企业在资金规模、科技人才、信息技术等方面占有明显优势。作为农业科技创新中最具活力的主体，农业产业化龙头企业在农业科技创新中发挥着重要作用。一是农业龙头企业依靠科技创新带动企业实现跨越式发展；二是龙头企业通过科技创新，延长了产业链条，增加了产品附加值，增强了企业竞争力；三是龙头企业通过科技创新，引进新品种，打造高标准生产基地，增强了经济实力和带动农户的能力；四是农业龙头企业通过科技创新，提升了农业技术推广能力，加快了农业社会化服务水平；五是农业龙头企业通过科技创新，培养了大批农业科技骨干人才，造就了新型农业农村人才队伍。农业产业化龙头企业通过技能培训、岗位培训和素质能力提升培训等多种方式，培养了大批农业科技明白人，在强化科技人才支撑方面发挥着重要作用。

（三）增强联农带农能力

扶持农业产业化就是扶持农业，扶持龙头企业就是扶持农民。鼓励龙头企业通过参股、控股、兼并、租赁等形式开展合作，扩大规模，增强实力及带动能力。支持龙头企业尤其是现代农业产业园领衔龙头企业组建农业产业化联合体。完善订单带动、利润返还、股份合作、共设风险保障金等利益联结机制。推广“农民入股＋保底收益＋按股分红”等模式，引导农民以土地经营权等入股发展农业产业化经营。鼓励龙头企业积极参与精准扶贫活动，带动帮扶村发展特色产业。当前各地出现一批运行规范、联农带农效果明显的农业产业化联合体，其中龙头企业成为农业产业化联合体的核心，借助专业合作社将分散经营的家庭农场和专业大户组织起来，推动农业的产前、产中、产后等环节紧密联结成为一个完整的产业系统。

（四）鼓励和引导工商资本发展现代农业

党的十八届三中全会指出，“鼓励和引导工商资本进入农村发展适合企业化经营的现代种养业，向农业输入现代生产要素和经营模式。”发展现代农业需要投入大量的资金、技术，同时也需要引进先进的管理经验。工商资本进入农业以后，可以带来资金、技术和先进的管理经验，也可以拓宽农产品的流通渠道，促进农产品增值。应鼓励其重点从事农产品加工流通业和农业社会化服务，与农户和农民合作社建立紧密的利益联结机制，带动农民开展产业化经营，实现合理分工、共生共赢。引导和鼓励工商企业发展良种繁育、高标准设施农业、开发农村“四荒”资源等适合企业化经营的现代种养业，适度租赁农户承包地作为科研示范基地，向农业输入现代农业生产要素和经营模式。对于工商资本发展现代农业，在政策上一方面要鼓励支持，另一方面要引导规范。例如为了确保农地资源得到合理使用、农民土地权益得到切实保障，建立严格的工商企业租赁农户承包地准入和监管制度。对不符合准入条件的，不得租赁使用农户承包地；对发现“非农化”等违法违约行为，要严肃追究土地受让方相应责任。按照土地受让方缴纳为主、地方政府适当补助的原则，探索建立土地流转风险保障金制度，有效防范承包农户因受让方违约或经营不善遭受损失。

第九章 依托新产业新业态新模式助推乡村发展

产业振兴是乡村振兴的物质基础。乡村产业振兴，就是要形成绿色安全、优质高效的乡村产业体系，为农民持续增收提供坚实的产业支撑。产业振兴不同于以往农村产业的构建，它有新的思路、新的举措，要以新的发展理念为指导，构建新机制，搭建新平台，培育新业态，形成新动能。党的十八大以来，乡村产业呈现良好发展势头，一批彰显地区特色、体现乡村价值的乡村新产业新业态新模式，正在农村广阔天地中不断蓬勃发展，为乡村振兴提供了强大动力支撑。

一、乡村产业振兴的重大意义

乡村产业是提升农业、繁荣农村、富裕农民的产业。推进乡村产业振兴是实施乡村振兴战略的首要任务。离开了乡村产业振兴，不仅农民收入的增长势头会减弱，农业农村经济的多元化发展也将受到很大制约。

（一）发展载体

乡村产业是实现农民就地就近就业增收的主要载体。长期以来，我国农业劳动力转移以异地转移为主要方式。2019 年全国农民工总量 28 836 万人，其中到乡外就业的外出农民工占 59.9%，进城农民工分别占外出农民工的 78.2%。农业劳动力异地转移对促进农民增收、推进农业转移人口生产生活方式转变发挥了重要作用。但是也导致诸如“留守儿童”、“留守老人”大量出现、农村“空心化”、农业产业日渐凋敝等问题，既不利于农民提升幸福感、获得感、安全感，也不利于农业农村的自我发展。发展壮大乡村产业，可以让以农业农村资源为依托的二三产业尽量留在农村，把农业产业的增值收益留给农民，引导农村劳动力就地就近就业，将各类发展资源尽量留在农村。

（二）依托媒介

乡村产业是激发农业农村多种功能价值的重要媒介。乡村产业根植于农村，以农业资源为依托，以农民为主体，以农村一二三产业融合发展为路径，地域特色鲜明、创新创业活跃、业态类型多样、利益联结紧密。促进乡村产业振兴，有利于提升农业农村生产功能，激发农业农村的生活功能、生态功能、文化价值，促进乡村更好地承载乡村价值。我们要按照乡村振兴战略的要求，不断优化城乡产业、乡村产业的空间布局，联动推进城镇化与乡村产业发展，强化城乡产业关联，培育城市产业对乡村产业的辐射带动力，进而形成工农互促、城乡互补、全面融合、共同繁荣的新型城乡、工农关系。

（三）发展方向

促进乡村产业振兴有利于坚持和落实农业农村优先发展总方针。《国务院关于促进乡村产业振兴的指导意见》中特别强调要“突出优势特色，培育壮大乡村产业”、“科学合理布局，优化乡村产业空间结构”、“促进产业融合发展，增强乡村产业聚合力”、“推进质量兴农绿色兴农，增强乡村产业持续增长力”、“完善政策措施，优化乡村产业发展环境”。这是坚持农业农村优先发展、把解决好“三农”问题作为全党工作重中之重的现实举措。我们要发挥乡村产业提升农业、繁荣农村、富裕农民的重要作用，通过打造“产业兴旺”与“生态宜居、乡风文明、治理有效、生活富裕”之间协调发展的新格局，促进产业振兴与人才振兴、文化振兴、生态振兴、组织振兴协同推进。

二、乡村产业发展面临的主要问题

产业兴、百业兴，只有产业兴旺了，农业农村各项事业才能具备坚实的发展基础。当前，乡村产业振兴在发展过程中几乎都面临着诸如小农户与大规模、小生产与大加工、小企业与大科技、小品牌与大市场之间的矛盾，乡村产业创新发展仍然任重道远。

（一）产业特色不强

随着农业产业化不断推进，我国乡村产业几乎遍地开花。但是，在乡村产业不断加快发展的同时，也出现了千业一面、同质化竞争严重、产业特色不明显、经济效益不高、产业不兴旺等问题。以乡村旅游为例，虽然各地区的旅游资源各具特色，但是开发出来的旅游项目“同质化”严重。很多地区以古村古镇为主要旅游卖点，依托村落游开发赏花项目、民俗项目、购物项目等，以至于最后的发展模式越来越雷同，导致消费者逐渐失去了兴趣。很多地区都围绕自己的主导优势产业开发乡村特产，随着这些产品被周边地区不断复制，“特产不特”的现象逐渐凸显。很多地区的土特产缺乏真正的地方特色，厂商发现市场上什么产品畅销，就找厂家代工并贴上自己的商标美其名曰“当地特产”，以至于“特产”沦为“大众货”。很多特色产品和服务在产品质量、产品性能、外观设计与营销方式等方面相互模仿，趋同现象明显，特色优势不复存在。

（二）品牌效应弱化

在我国乡村产业经营中，小规模农业生产者是市场的主体，小农经济是生产经营的主要组织形式。数量众多且生产规模小的经营模式会导致生产者各自为政，无法形成规模效益。此外，由于生产加工技术普遍落后，质量检测监控水平较低，产品质量不能得到有效控制，品牌效应难以实现。生产者数量众多也加大了政府的监管难度与成本，导致市场上经常出现监管缺位、错位与不到位等现象。监管弱化下，有些生产者以次充好、以假乱真，只顾眼前利益，不重视品牌效应，最终损人不利己，“砸了自己的牌子”。比如西湖龙井是中国十大名茶之一，但是市场上的西湖龙井真假莫辨，质量参差不齐，贴牌生产大有人在，消费者难辨真伪，最终影响了茶叶销售。所以在中国茶叶市场上有一句话叫作“万家中国茶企利润之和不及一个立顿”。

（三）科技创新不足

近年来，我国政府对农业科技创新、农业现代化越来越重视，农业领域的科技发展水平大幅提升。虽然乡村产业技术生产能力越来越强，但是与发达国家相比，科技创新能力依然较弱，农业现代化程度普遍偏低。与其他科技创新成果转化相比，农业科技创新成果转化具有一些特殊性，例如地域性强、转化周期长、影响因素复杂、不确定性和风险大、受体类型多样等，这就无形中提升了科技创新的难度。由于我国农业技术转移机制不完善、服务体系不健全等问题长期存在，我国农业科技创新成果转化率只有40％～50％，远低于发达国家80％以上的水平。目前我国很多乡村产业依旧停留在传统农业范畴，生产设备落后，技术水平不高，现代化程度偏低。

（四）产业链条偏短

乡村产业中，产业间分割明显，链条偏短，产业融合程度低。生产类产业主要提供初级农产品，很少形成加工销售链条，缺乏“生产、加工、物流、销售”为一体的产业融合式发展格局。虽然有些乡村产业存在着生产加工一体化，但是规模偏小，设备与技术落后，精深加工能力不足，产业链短，附加值低，利润不高，销售主要局限在本地市场。比如常见的休闲农业和乡村旅游类产业主要侧重“农家乐”、自然风景观赏、历史古镇古村游览等项目，形式简单，产业链条短，产业融合程度低，缺乏真正具有乡情乡韵特色的农作劳动体验；许多古镇古村旅游主要停留在“游览”层面，简单依靠“门票经济”，新元素、新产品与新业态引入不足。

三、乡村产业发展的路径选择

各地围绕乡村产业振兴，大力发展特色产业，不断推动业态创新、模式创新、产业创新，为乡村振兴增加活力，为产业发展丰富内容，为农民增收拓宽渠道。乡村产业发展路径必须立足当地资源禀赋和市场需求，拓展产业空间、创新产业形态，加快农村一二三产业融合步伐，力求形成多样化的乡村产业发展格局。

（一）政府主导

政府对农产品的要求是粮食安全，追求数量充足、价格低廉、质量安全，满足人民生活基本需求，重要农产品适当过剩是政府所希望的。但是过剩的生产往往导致“谷贱伤农”，增产不增收，最终挫伤农民的生产积极性。政府为了保证国家粮食安全，就必须协调农民利益与农业生产之间的关系，保障农民权益，不让农民吃亏，农业才能获得可持续的发展动力。随着一二三产业不断融合和乡村市场化程度不断深化，再用政府这只看不见的手去调控乡村产业很可能会导致诸多弊病。实践中，一些地区政府依靠行政命令强逼生产主体参与产业化经营，甚至直接干预市场主体的具体经营行为，最终因为不按市场规律办事造成很大经济损失。虽然乡村产业离不开政府扶持，但是随着产业结构不断优化调整、新产业新业态新模式不断涌现，对政府宏观调控能力的要求也越来越高，政府发挥作用的空间已经十分有限。实践证明，地方政府以行政干预的方式调整农业产业结构，有成功例子，但失败更多。政府主导型发展模式虽然可以在短期内创造大幅度增收致富，但是从长远来看，由于追求做大总量、贪大求快，引发结构性矛盾、资源环境破坏等诸多问题，最终导致产业发展的不可持续。前几年一些北方地区奶牛养殖户“倒奶杀牛”，便是由“政府误导”引发的矛盾。在政府推动、企业拉动、银行鼓励、媒体宣传的合力刺激下，黑龙江、内蒙古、陕西、山东等地许多农民满怀热情投身奶业，大规模养殖奶牛。一窝蜂发展奶牛养殖带来牛犊价格翻番，饲料费等养殖成本持续增加，但奶企、奶站与养殖户之间利益分配却没有理顺，不断发生的奶粉安全事件更是雪上加霜，最终牛奶收购价大幅下降，奶农入不敷出，只能忍痛“倒奶杀牛”。在农村产业发展过程中，政府应向市场放权，从经济领域退出，转向提供优质的公共服务。只有政府“有形之手”缩回来，市场“无形之手”才能发挥作用，点石成金。

（二）内源发展

乡土特色产业根植于农业农村特定环境，是由当地农民主导，彰显地域特色、具有独特品质和小众消费群体的产业，涵盖特色种养、特色加工、特色食品、特色制造和特色手工业等。近年来，乡土特色产业有了长足发展，成为农民增收致富的支撑力量和乡村经济发展的增长极。乡土特色产业发展是一种内源式的乡村产业发展模式，它先于政府干预存在，经过了漫长时间的发展积累，具有一定的文化内涵和知名度，具有较强的生命力。创新与发展乡土特色产业主要包括以下路径：一是开发特色资源。以当地资源禀赋和独特历史文化为基础开发特色资源，做精乡土特色产业，因地制宜发展小宗类、多样性特色种养业，加强地方小品种种质资源保护和开发，充分挖掘农村各类非物质文化遗产。二是建设产业基地。围绕特色农产品优势区，积极发展多样化特色粮、油、薯、果、菜、茶、菌、中药材、养殖、林特花卉苗木等特色种养业，推进特色农产品基地建设，支持建设规范化乡村工厂、生产车间。三是打造产业集群。利用自身资源优势，走人无我有、人有我优、人优我特的发展途径，推进整村开发、一村带多村、多村连成片，培育区域经济发展新优势，积极将资源优势转化为产业优势、产业优势转化为经济优势。四是创立特色品牌。按照“有标采标、无标创标、全程贯标”要求，制定不同区域不同产品的技术规程和产品标准，宣传推介一批乡村特色产品和能工巧匠，创响“独一份”、“好中优”的“土字号”、“乡字号”特色产品品牌。和政府主导型产业发展模式不同，依托乡土特色产业的发展模式更强调内源发展、农民参与和市场调控，更注重发挥乡村的内生动力。促进乡村产业振兴，必须强调农民主体作用，激发和调动亿万农民的积极性、主动性和创造性，引导乡村产业更好地带动农民就业、增收，增强农民获得感、幸福感、安全感。乡村产业内源式发展强调市场主体积极性的调动和人力资源的优化配置，是一种自下而上、以地方特色产业为依托、以市场需求为主导的产业发展模式，这种模式符合市场发展规律，生命力强，具有可持续性。

（三）融合发展

党的十九大报告提出，要实施乡村振兴战略，促进农村一二三产业融合发展；2020 年中央 1 号文件进一步强调，要构建农村一二三产业融合发展体系。促进农村一二三产业融合发展，是以习近平同志为核心的党中央针对新时代农村改革发展面临的新问题作出的重大决策，是实施乡村振兴战略、加快推进农业农村现代化、促进城乡融合发展的重要举措，是推动农业增效、农村繁荣、农民增收的重要途径。2018 年，国家发改委发布的《农村一二三产业融合发展年度报告（2017年）》中指出，“2017年，全国返乡创业人员超过740万，这其中82%以上创办的都是农村一二三产业融合类项目。涵盖特色种养业、农产品精深加工业、休闲农业和乡村旅游、信息服务、电子商务等产业。”一二三产业融合发展是乡村产业发展的大势所趋，也是新产业新业态新模式发展的必然路径。农村一二三产业融合发展路径，有助于优化产业结构，提高供给体系质量，更好满足人民的多样化需要；有助于激发农业农村经济发展的创造力、竞争力，加快形成农业农村发展新动能；有助于发挥产业融合发展带来的协同效应，带动更多资源要素进入农业农村，促进生产、生活、生态有机契合，城乡资源要素有机统合，农业多元价值和多重功能有机融合。目前，我国农村一二三产业融合发展仍处在起步阶段，存在产业链短、附加值低、层次不高，融合主体带动能力不强，利益联结机制尚未充分建立等问题。从国外经验看，推进农村一二三产业融合发展，离不开政府宏观引导，同时也要凸显地方特色，让农户分享农业产业链延伸的红利，通过制定产品服务标准建立完善的行业自律体系。2017年国家发展改革委会同有关部门联合印发了《国家农村产业融合发展示范园创建工作方案》，提出到2020年建成300个融合特色鲜明、产业集聚发展、利益联结紧密、配套服务完善、组织管理高效、示范作用显著的农村一二三产业融合发展示范园。相关部门相继出台鼓励政策和文件，各地政府也积极助推。天津市将休闲农业、农产品加工业、农村电子商务等领域的扶持政策向重点园区和项目聚集，提升园区产业融合发展水平；吉林省累计拨付财政资金4.86亿元，扶持本省农村一二三产业融合发展；福建省通过实施乡村旅游“百镇千村”工程，安排资金6 520万元指导创建了31个休闲集镇和350个特色村；西藏自治区设立乡村文化旅游发展基金，通过以奖代补、贷款贴息等方式扶持各地发展乡村文化旅游。在各项鼓励政策支持下，一大批基础作用大、引领示范好、服务能力强、利益联结紧的专业大户、家庭农场、农民合作社、农业产业化龙头企业等融合主体已经大规模出现。推进农村一二三产业融合发展，是新常态下实现“三农”发展新突破的积极探索，是推动乡村振兴、实现高质量发展的重要举措，是促进农民持续增收、决胜全面建成小康社会的有效途径。今后乡村依托三产融合发展新产业新业态新模式，必须从健全一二三产业融合发展的推进机制、提升政策支持效能、强化一二三产业融合发展要素保障等三方面做好文章。

（四）多元创新

目前，我国一些地区立足当地资源禀赋和市场需求，拓展产业空间、创新产业形态，加快农村一二三产业融合步伐，探索出很多新产业新业态新模式创新路径：一是功能拓展型。通过拓展产业功能，打破一二三产业之间的屏障，依托新产业实现产业融合、优势互补。比如浙江省践行“两山”理论，依托农村绿色生态、乡土文化等特色资源，促进农业与旅游、教育、文化、健康、养老等产业发展，开发农业多种功能，形成了安吉黄浦江源、长兴太湖风情、德清环莫干山等一批国内知名的美丽乡村休闲旅游带。二是链条延长型。通过深挖主导产业增值潜力，促进农业产业链前沿后伸，把农资供应、农业生产、加工销售、咨询服务等环节连接起来，形成产加销一体化的生产经营格局。比如河南省以加工集聚地为核心，以龙头企业为引领，辐射带动周边区域和上下游经营主体共同发展，形成了全链条、全循环、高质量、高效益的产业集群，基本覆盖了全省优势产业和区域特色产业。三是区域发展型。依托当地资源，培育发展优势主导产业，带动乡村产业发展，促进本地农民就业增收。比如山西省将“一村一品”、“一县一业”作为发展特色农业、夯实县域经济基础的切入点和总抓手，打造了万个“一村一品”专业村、60个“一县一业”基地县，涌现出平遥牛肉、太行小米、吕梁红枣等一批区域品牌。四是集体带动型。农村集体经济组织通过专业合作、股份合作等方式带领村民因地制宜发展现代农业和农村二三产业，壮大集体经济。比如贵州省推动“资源变资产、资金变股金、农民变股东”改革，有效整合和激活各类资源要素，促进山地特色农业发展。从各地实践看，乡村新产业新业态新模式的创新路径十分多元，不同产业类型对应不同的发展路径，但其中仍然存在共通的发展规律，那就是产业要根植乡村、引领市场、突出特色、夯实基础、实现产业化经营。

四、乡村新产业新业态新模式的发展规律

近些年，各类乡村产业蓬勃兴起，聚力推进农村一二三产业融合发展、农产品精深加工、农村创新创业、新产业新业态和产业集群等，进而助推乡村振

兴战略实施。乡村产业融合渐成趋势，农产品精深加工快速发展，农村创新创业风生水起，乡村新业态层出不穷，乡村产业集群大量涌现。通过对各地经验的梳理，可以发现乡村新产业新业态新模式的发展存在以下规律可供遵循。

（一）结合乡村发展

发展乡村新产业新业态新模式，就是要发挥乡村优势，实现乡村特色产业发展与乡村自身发展相结合。首先，要与乡村资源相结合。要依托乡村特色产业发展推进乡村自然资源、人文资源、产业多功能性资源有机结合，形成产业性、产品性及公共性质资源的有机衔接。其次，要与乡村农民利益相结合。要大力开辟就业渠道，构建与提升农民创新创业能力，通过乡村特色产业的发展培育农村乡土专家，加快完善股份合作、“保底收益＋按股分红”、订单农业等利益联结机制，不断完善乡村创新创业支持服务体系。第三，要与乡村社区发展相结合。要不断创新乡村公共产品产业化实现方式，提升社会治理能力水平，构建生产、生活、生态协调发展的美丽新乡村。最后，要与优势特色主导产业相结合。要在推进“一村一品”建设过程中创建区域品牌、产业品牌、产品品牌，着眼全产业链培育，打造产业生态链，推进产业深度融合。

（二）引领消费市场

乡村新产业新业态新模式必须具备市场优势，确保始终处于产业发展的前端。首先，必须围绕市场需求发展。要坚持市场导向原则，分清不同市场的不同特点，确定服务对象，分析对象需求，把握需求发展态势，由此来组织产品供给。其次，要具备市场策略创新。需要分析不同性质的消费市场，在此基础上研究每个市场的一般需求、现实需求及潜在需求状况，进而制定适应市场、满足市场、引导市场发展的营销策略。最后，要善于激发需求。需要通过制造供求矛盾，创造需求大于供给、需求引领供给的发展态势，在引导供给上下功夫。

（三）凸出乡土特色

乡村新产业发展的核心就是乡土特色，“特色”是产业优势的外在表现。新产业新业态新模式必须围绕乡土特色，深挖乡土潜在价值，凸显产品比较优势。要实现新产业新业态新模式创新发展，就必须围绕“特色”做文章：首先，要注重“精品”打造。精品产业是相对人们需求的价值综合，是智慧、工艺、品质的综合体现。要在产业创新、公共资源配置、产品制造及服务方面展现与植入精品元素，提升产业附加值。其次，创建品牌体系支撑。要将特色转化为品牌，将品牌作为展示品质服务的文化价值符号，充分发挥区域品牌良好服务的载体作用和公共品牌、产业品牌、产品品牌的集群优势。最后，要推进“三特”建设。依靠乡村自然资源禀赋与人文资源特色创新特色产业，面向特定市场的服务定位形成特色产品，以创造消费者自我服务的平台为抓手创新特色服务。

（四）构筑资源基础

乡村原有资源只有通过创新资源形态，才能有效转化为新型产业创新的基础。创新乡村特色产业发展的路径主要包括三种：一是功能创新。主要指在保持原有产业属性的基础上，通过发展传统产业的多功能性，培育新型功能，推动传统单一功能向多功能转变，进而实现多功能性向产业资源转化。二是转型升级。主要是通过改变原有资源的部分属性来构建新型资源形态，推动不同资源在公共资源、产业资源及产品资源之间相互转化。三是融合发展。通过公共资源、产业资源、产品资源的融合共同支撑乡村特色产业的创新与发展，充分发挥不同产业的功能元素，围绕新型产业创新，推动元素融合，共同形成新的资源形态，为新型产业创新创造资源条件。

（五）实现产业经营

新产业新业态新模式要想发展壮大，就必须实现农业产业化，用管理现代工业的方法来组织现代农业的生产和经营。实现特色农业的产业化经营，首先要孵化经营主体，培育壮大一批乡村特色产业龙头企业，发展特色产业合作社及家庭农场等新型经营组织，鼓励工商资本参与乡村产业发展；其次要推进多元主体的合作创新，引导龙头企业与农民合作社、家庭农场和普通农户等紧密合作，构建分工明确、优势互补、风险共担、利益共享的农业产业化联合体；最后要加强乡村特色产业人才培养，建设一支专业技术和经营管理复合型人才队伍，培育一批乡村能工巧匠、乡村传统工艺传承人、特色产业创业创新带头人、农技推广人才和实用专业人才。在乡村特色产业化发展的过程中，必须以特色的优势产业为支柱，形成多元化产品集群、企业集群、品牌集群，核心产业与外延产业创新相结合，传统产业、优势产业与新兴产业相互融合的产业集群。

五、新产业新业态新模式创新发展案例

推进农业供给侧结构性改革，与以往我们抓农业结构调整、抓农村工作相比，既有传承和延续，更有创新和发展。过去主要在调整农业生产结构上做文章，现在要在调整生产结构的同时，注重培育新产业新业态新模式，拓展农业产业链和价值链。近年来，以休闲农业、乡村旅游和农村电商为代表的农村新产业新业态新模式发展迅猛，很多实践值得我们认真研究，系统总结。

（一）突破田园综合体的“瓶颈”

田园综合体是以旅游为先导、以产业为核心、以文化为灵魂、以流通基础为支撑、以体验为价值、以乡村复兴为目标，集现代农业、休闲旅游、田园社区为一体的乡村综合发展模式，是国家在实施乡村振兴战略过程中，融合乡村农业和休闲度假为一体的新模式。田园综合体宜业、宜居和宜家的定位，也成为城市居民旅居养老的一种新选择。2017年《中共中央 国务院关于深入推进农业供给侧结构性改革加快培育农业农村发展新动能的若干意见》中特别提到要建设集循环农业、创意农业、农事体验于一体的田园综合体，通过农业综合开发、农村综合改革转移支付等渠道开展试点示范。这是田园综合体首次被引入国家政策文件。田园综合体的功能主要分为以下几种：一是乡村休闲旅游，即让游客来到乡村有休闲放松、参与体验、度假生活的项目，内容包括民俗风情、民间小吃、民居老宅、乡村风水、民间娱乐、民间遗产、农业劳作与农业生产等；二是乡村养老养生基地，为城市居民提供绿色生态美丽乡村生活，为需要养老的人士提供一个全方位保障的生活场所，实现“快乐养生，健康养老”；三是农业特色小镇，根据乡村和特色小镇人口规划打造适宜居住生活的地产项目。案例9-1是一个典型的北方田园综合体建设项目。

案例 9-1 山东泰安乐惠“彩韵田园”农业综合体项目

山东乐惠生态农业发展有限公司成立于2016年，以生态种植产业、生态旅游产业、生态养殖产业三大产业集群为依托，坚持走“公司＋专业合作社（农户）”的发展之路。公司以农业种植养殖的“一产”作为产业链的基础，将以农产品的深加工作为延伸产业链的“二产”，以种植养殖＋文化科技等元素而衍生的旅游、休闲、观光、体验等人文活动，以及与一产二产相关联的电商物流等作为“三产”，依托区域优势实现一二三产的高度融合。2017年4月，乐惠农业在道朗镇朱家洼、北张村正式投资兴建泰安市岱岳区乐惠“彩韵田园”农业综合体项目。乐惠“彩韵田园”农业综合体项目位于泰安市岱岳区道朗镇，涉及朱家洼村、北张村、东华庄、下朱家洼村，总规划面积3 200亩，其中耕地及果园面积约2 400亩，村庄、道路、河道及水面、生态林和未利用地等面积800亩；园区以乡村环境生态化、农业产业特色化、休闲农业主题化、民宿空间景观化为发展目标，将产业发展与休闲生态相结合，高效农业与科创平台相结合，乡村民俗与主题文化相结合，着力构建特色鲜明、生态优质、效益优先、运行可持续的乡村振兴发展的新典范，是集生态种植、生态养殖、现代科技农业、采摘、珍稀苗种、生态民宿、党建教育培训、知青博物馆、休闲观赏乡村情调于一体的多功能农业综合园区。道朗镇朱家洼村所在地段地理位置十分优越，与泰山主景区比邻相望，是泰山区域极为罕见的风水宝地。项目选址位于九女峰旅游线路，是通往里峪的必经之路，周边旅游集群包括白马禅寺、茶溪谷等景点。乐惠农业“乡韵田园综合体”项目由七个功能板块组成：第一是红色体验区。该板块以知青文化为主导，将旧农人的吃苦耐劳精神与现代人的创业创新精神结合，依托农大创业孵化基地以及党建基地开展红色传承教育。村中知青餐厅结合年代主题，推出“知青套餐”大锅菜简餐。第二是绿色体验区。该体验区聚焦采摘体验、挖掘体验、种植体验、农耕体验，建立蔬菜种植区、采摘区和农副产品的深加工等，引导有乡愁的人们回归自然。第三是褐色体验区。以泰山文化延续为主导，在朱家洼下洼村设计墙绘，建设历史长廊，将各朝各代赋有正能量以及田园类诗词以彩绘形式展现出来，打造中国诗词文化区。村中划出一片区域，让有才艺孩子、国内外艺术家可以涂鸦留念。第四是黄色体验区。黄色是宗教的颜色，象征着纯洁、高尚，以佛教文化为主，兼容道教文化，结合山水禅居地，净化人们的心灵，营造修身养性的意境，在复建白马寺基础上还保留有四个寺庙遗址。第五是蓝色体验区。以高科技农业为出发点，打造蓝色科技农业区，展示最新的农业种植技术，构建农业信息化区域品牌。六是紫色体验区。结合西梅产业，推出乐惠自营品牌，打造西梅电商经济，并建设紫藤长廊休闲区等。七是橙色体验区。以特色研学、户外拓展为主导，打造现代农业研学基地、户外拓展基地、文化旅游基地。针对市民休闲需求，公司建设了猪猪农场（包含猪猪果园、猪猪菜园、猪猪花园、猪猪乐园四大板块）、芳年华韵主题区（包含芳年华韵主题餐厅、创客空间、知青博物馆三大主题区）和乡韵彩墅主题民宿。其中的乡韵彩墅主题民宿项目利用朱家洼和北张村闲置民房，通过改造及特色化装修设计，结合美丽乡村建设及生态改造，打造特色鲜明、居住舒适、生态友好、乡韵悠长的主题化民宿旅游区。公司首先在朱家洼和北张村，选择20个农家院落，整体设计，统一装修改造。朱家洼和北张村20个民宅院落改造装修，投资四十余万元将该区墙体3 000多平方米进行重新彩绘，打造成墙绘“网红村”。在利润分配上，采用公司与村集体＋农户三方合作模式，通过优先与美丽庭院农户的合作，实现三方共赢：农民将自家民居中腾出一间作为民宿，由公司统一设计装修，统一客户导流。公司与农户签订了长期的合作协议，农户拿走收益的40%，村集体获得收益的10%，公司获得收益的50%；五年后，公司只收取30%的管理费，其他的70%全归农户和村集体所有，公司和各大旅行社合作负责市场营销、招揽顾客。

乐惠“彩韵田园”农业综合体项目相较其他简单的田园综合体有以下几点优势：第一，注重农旅融合，善于营造整体的景观、场景、氛围和生活，赚的是餐饮、住宿、娱乐、门票等综合收入，将游客作为田园综合体的客群；第二，营造独特文化氛围，充分利用泰山等旅游资源的独特自然属性，宣传的卖点具备唯一性、稀缺性和不可替代性，使田园综合体依托附近旅游资源得以长久存续；第三，注重市场营销，由公司负责与旅行社合作招揽顾客，降低经营风险。可以说，乐惠田园综合体项目是在原有的生态农业和休闲旅游基础上的延伸和发展，能更好地体现乡村独有的美丽和活力，为新时代的都市人打造别具一格的世外桃源，实现城市居民的田园梦。同时，提升田园综合体模式的商业价值，能更好地带动新农村的发展，促进社会就业，实现小农户与大市场的有效对接。

目前，我国田园综合体主要包括五种发展经营模式：第一是片区开发模式。即依托自然优势，以政府投入为主进行基础设施建设，引导农民根据市场需求结合当地优势，集中连片开发各种农业休闲观光项目，供城市居民到农业观光园区参观、休闲与娱乐。第二是产业带动模式。即通过生产特色农产品逐渐形成自己的品牌，依托休闲农业品牌化吸引城市居民来消费，拉动当地产业发展。三是科普教育模式。即通过农业科技教育基地、观光休闲教育基地、少儿教育农业基地、农业博览园建设，为农业科技成果的展示和产业孵化提供实现的舞台。第四是民俗风情旅游模式。即以农村风土人情、民俗文化为卖点，充分突出农耕文化、乡土文化和民俗文化特色，开发农耕展示、民间技艺、时令民俗、节庆活动、民间歌舞等休闲旅游活动，增加乡村旅游文化内涵。第五是休闲农场或观光农园模式。通过打造兼有休闲和观光等多项功能的农业园区，吸引城市居民利用节假日到郊区去体验现代农业的风貌、参与农业劳作、垂钓、休闲娱乐等活动。由于建设成本较高，多数地区的田园综合体开发由政府主导，属于外源型发展路径。目前，一些田园综合体项目缺乏合理的“产业植入模式”，盈利方式不清晰，不清楚如何植入适宜的产业项目和完善产业落地条件；很多项目没有产业融合条件，生搬硬套地把一二三产业捆绑到一起，三产之间缺乏互联互通；很多投资者把个人消费偏好作为投资经营理念，违背了市场规律。田园综合体的规划布局和资源配置，必须建立在商业环境分析基础上，离开商业可行性谋划的经济类规划，很可能成为投资陷阱，最终导致项目失败。

（二）传统乡土特色产业的优化升级

乡土特色产业是指根植于农业农村特定资源环境，由当地农民主办，彰显地域特色、开发乡村价值、具有独特品质和小众类消费群体的产业，涵盖特色种养、特色加工、特色食品、特色制造和特色手工业等产业。特色产业是天时地利人和在农业生产上的具体反映，不可替代和复制是其重要特征之一。特色产业主要表现为地域特色，即其他地区或不能生产、或产品品质不能保障、或成本过高，使得该农业类型在特殊区域保持着独特优势。过去发展乡村产业总是不顾客观条件一味强调“做大做强”，重视量的增长，忽视质的提升，导致产量过剩、“谷贱伤农”。发展特色产业要遵守做精做强的原则，要在“特”字上下功夫，不盲目扩张面积和产量，要“少而精”、“精而强”，靠品质、靠特色取胜。我国一些地区立足当地资源禀赋和市场需求，拓展产业空间、创新产业形态，加快农村一二三产业融合步伐，探索催生了形式多样的乡村产业发展模式。案例 9－2 以湄潭茶产业发展为例介绍乡村特色产业的发展路径。

案例 9－2　贵州湄潭“小茶叶”做“大文章”

贵州省遵义市湄潭县种茶历史悠久，唐朝陆羽的世界第一部茶叶专著《茶经》中，不但有贵州省湄潭县产茶记载，而且还有茶味很美的论述；宋代则有用茶叶上贡的记载；如今的贵州湄潭县，拥有全国闻名的大型茶场和星罗棋布的农村茶园，茶产业已经成为全县支柱产业。近年来，湄潭县坚持产业生态化、生态产业化发展思路，做强生态长板，大力发展茶叶产业。小小茶叶已经成为撬动一二三产融合发展，推动老百姓增收致富的有力抓手。依托资源优势和产业基础，湄潭县生态茶园面积日益扩大，目前已达到 60 万亩，覆盖全县 15 个镇（街道）、120 个村（居），涉茶农户 8.8 万户、人口 35.1 万人。全县茶叶生产、加工、营销企业及加工大户 538 家，其中年产值 500

万元以上的企业350家，国家级龙头企业4家，省级龙头企业22家，市级龙头企业25家。作为“中国驰名商标”和国家农产品地理标志保护品牌，“湄潭翠芽”的品牌价值达102.17亿元。万亩茶海、翠芽27°、云贵山、七彩部落、中国茶城等精品景区风景怡人，年接待游客500万人次，还荣获“全国茶旅金牌路线”称号。“湄潭翠芽”位列全国区域品牌（茶叶类地理标志产品榜单）第9位，品牌价值102.17亿元。“湄潭翠芽”、“遵义红”已经成为上海市机关单位公务用茶和上海国际性会议用茶，“遵义红”是党的十九大和全国两会唯一指定用茶。湄潭连续五年蝉联全国第二重点产茶县称号，并荣获“2019年度中国茶旅融合十强示范县”。在科技支撑方面，湄潭已建成1个茶产业战略联盟（贵州黔茶联盟）、5个国家级工程技术中心（国家级示范生产力促进中心、贵州湄潭茶叶加工与利用工程技术研究中心、湄潭兰馨公司技术中心、湄潭栗香公司技术中心、贵州西部T3创客中心）、6个科研教学基地（国家级科技特派员创业链基地、产业园科技示范基地、贵州大学生命科学院教学科研基地、浙江大学产学研基地、贵州省茶叶研究所湄潭基地、中央农业广播大学湄潭农业教研基地）、4个人才团队（中国工程院陈宗懋院士工作站、贵州西部农产品交易中心专家工作站、湄潭盛兴茶业创新人才团队、兰馨茶业创新人才团队）。实现了良种良法良机配套，良种覆盖率达100%，农机化率达72%，信息进村入户覆盖率达98%。近几年，湄潭一直在着力推进茶产业融合发展，促进三产有效融合：一是湄潭贵州茶叶精制中心单个项目年加工能力已经达到2 000吨，园区内茶叶精制加工能力达到2.2万吨，成为西南地区最大的茶叶精制加工集群；二是依托16个茶青交易市场和西南地区最大的茶叶交易市场——中国茶城，建成基于“互联网+”的贵州遵义茶叶交易中心；三是精心打造翠芽27°、中国茶海两个4A级景区，建设提升了田家沟、七彩部落、核桃坝乡村旅游休闲聚集区，已经建成精品茶庄园10个、微茶庄园112个，2018年接待人数达到400万人次，茶旅综合收入已经达到30亿元。

湄潭围绕茶产业开展的新产业新业态新模式创新经验可以概括为：一是湄潭围绕主导优势产业延伸产业链条，促进三产融合，实现了乡土特色产业的可持续发展；二是制定产品品牌定位策略，提高茶叶加工附加值，抓好茶叶质量标准体系建设，合力打造湄潭茶叶品牌优势；三是坚持绿色发展理念，转变粗放型发展方式，构筑绿色发展的产业链、价值链，走环境友好型、资源节约型的可持续发展道路；四是始终把农民的利益放在第一位，在政策设计、项目实施产业促进等方面，确保农民利益不受损害，充分保障农民的发展权利；五是始终坚持规划先行，建立了行之有效的执行机制，多年持之以恒推动，凝聚各方形成合力，实现了茶产业的大发展。总体来讲，湄潭经验可以用“构建三大关系、发挥三大作用”来概括：在关系方面，一是构建特色产业发展与乡村社区发展的关系，将乡村特色产业创办成生态友好型产业，走绿色生态循环发展之路，减少因乡村特色产业发展而造成的农村环境污染；二是构建特色产业与小农户自身发展的关系，通过多种形式推进小农户与现代农业的有机衔接，构建小农户与现代乡村产业紧密的价值关系；三是构建特色产业发展与乡村整体产业发展的关系，通过乡村特色产业的主导产业化，带动新型产业发展，形成主导产业、新型产业、周延产业相互促进的乡村产业集群。三大作用是指：一是发挥政府主导作用，做好规划，创新政策，依据不同产业的发展性质，做好基础设施建设，夯实乡村特色产业发展的设施基础，做好新技术新品种示范推广；二是发挥市场的决定性作用，确保合作社、农业企业及集体经济组织、家庭农场作为市场主体性地位，创建乡村特色产业新型市场，创建乡村特色产业协会，推进经营性服务产业化；三是发挥社会传播的引导作用，打造“乡村特色产业传播”平台，创建传统媒体＋电子商务平台＋微媒体＋多元新媒体的传播体系，以节庆活动传播促进乡村特色产业加快发展，塑造乡村特色产业“网红”形象，探索网红传播方式。

（三）新兴产业如何规避市场风险

在政策扶持、经济增长、生活水平提升等因素的影响下，作为全民网红的小龙虾，这些年火热势头一直不减，在各地掀起了“养虾热”。作为一项新兴产业，河南、安徽、湖南、江苏等地都开始在政府主导下大面积推广稻虾种养模式，让小龙虾成为带动农民致富的“新引擎”。然而从2019年下半年开始，小龙虾市场开始出现疲软，整体价格下降15%，不少稻田养殖户亏损严重。由于全国龙虾新增养殖面积过大，龙虾集中上市，价格下降明显，许多稻田养殖户密度控制差，苗投放太多，小龙虾总体价格比上年同期降15%甚至25%。龙虾价格下降导致不少养殖户血本无归。“虾多必然价跌”，如何避免政府引导下一哄而上、虾多伤农，潜江给出了最好的答案（案例9-3）。

案例9-3 湖北潜江打造“一只小龙虾带起一个大产业”

十九年前，龙虾在潜江泛滥成灾，危害稻田农作物，人们拿它没有办法。当地有一位姓李的师傅，用龙虾做了一道菜，就取名为油焖大虾，这就是潜江龙虾产业的开始。油焖大虾迅速开始流行，餐馆生意如日中天。一家像面馆那样的装修和门面打造了近10万每天的流水，本地人纷纷效仿，再加上政府的支持，小龙虾餐馆以点带面在湖北省内扩散。三年后潜江小龙虾的品牌一个接着一个诞生，小龙虾养殖规模迅速扩张。经过十九年的探索、创新和发展，潜江龙虾产业已形成集选育繁育、生态养殖、加工出口、餐饮旅游、冷链物流、精深加工、电子商务、节会文化等于一体的产业化格局。潜江龙虾产业逐渐成为潜江农业经济的支柱产业、特色产业，有力促进了农业供给侧结构性改革，拓展了农民增收空间，取得了显著的经济、社会和生态效益，潜江一举成为“中国小龙虾之乡”、“中国小龙虾加工出口第一市”和“中国虾稻之乡”，成就了“世界龙虾看中国、中国龙虾看湖北、湖北龙虾看潜江”的美誉。2018年潜江龙虾全产业链综合产值超320亿元，2019年产值突破400亿元。为了壮大小龙虾，政府大力推广“虾稻共作”模式，2018年底，全市虾稻共作面积已达75万亩，潜江龙虾产量近13.5万吨，养殖产值（含苗种产值）54亿元，建成了13个万亩和70个千亩集中连片虾稻共作标准化生态种养基地，形成了布局合理、集中连片、产销功能齐全的潜江龙虾养殖新格局。潜江成立了桂建芳院士专家工作站，整合科技资源，以力争五年内培育出小龙虾优良品系为核心，实现小龙虾良种选育和苗种规模化繁育的攻关突破。截至目前，潜江虾稻共作苗种生态繁育供应苗种达 80 亿尾，保障了长江流域及全国小龙虾养殖的苗种需求。全市现已形成了园林办事处交投莱克、熊口镇华山科技、后湖管理区宝龙、龙湾镇昌贵等水产品加工企业群，可生产虾仁、整肢虾、虾尾、甲壳素及衍生产品等 10 多个系列、60 多个品种，共有加工企业 13 家，固定资产 12.6 亿元，年加工能力达到 30 万吨以上。4 家企业获得对美、欧、日本、韩国等国外市场的水产食品自营出口权，产品通过了 HACCP 国际质量监控体系认证和美国 FDA、欧盟 EEC 卫生注册。2018 年全市小龙虾出口创汇 1.5 亿美元，连续 14 年领跑全国，在世界淡水小龙虾产品市场拥有第一话语权。潜江是全国唯一的淡水甲壳素精深加工基地，成立了甲壳素工程技术中心，投资 1.2 亿元的甲壳素保健品车间已经正式竣工投产。“油焖大虾”是潜江的招牌名菜，在 2011 年被中烹协授予“中国名菜”称号。全国现有潜江龙虾餐饮直营和加盟店 2 500 多家，从业人员近 2 万人。建成了全国最大的以龙虾文化为主题，集生态度假旅游、龙虾美食、文化展示、娱乐购物为一体的生态龙虾城。创建了我国目前唯一一所专门从事小龙虾产业大专院校——潜江龙虾学院，力促潜江龙虾产业“万师千店”计划的落实。全市大力推进“互联网+小龙虾”行动计划，依托潜网龙虾贸易公司，建成了目前全国最大的小龙虾专业交易市场——潜网小龙虾交易中心，已开通物流直达专线到全国所有省会城市，18 小时内可将鲜活潜江龙虾供应到全国 424 个城市。交易中心在高峰期日均交易量可达 800～1 200 吨，2018 年销售鲜活小龙虾 13 万吨，销售额达 48 亿元，被评为全国农业农村信息化示范基地。2019 年销售额预计突破 100 亿元。潜江已成功举办了十届“中国潜江龙虾节”，成为集“美食盛宴、文化盛典、经贸盛会”于一体的文化品牌，“中国潜江龙虾节”被授予“中国最具地方特色物产节会”荣誉称号，潜江先后被评为“中国节庆品牌示范基地”、“中国最具魅力节庆城市”。2019年6月15—17日第十届湖北潜江国际龙虾节暨第三届虾稻产业博览会在潜江龙虾科普教育中心（湖北龙展馆）成功举办，开幕式上，发布潜江龙虾区域公用品牌价值203.7亿元，成功登顶中国龙虾区域品牌第一名。2007年华山公司与武汉大学联手，成立了甲壳素工程技术中心，2015年莱克集团成立了桂建芳院士专家工作站，2016年省科技厅批复成立了湖北省小龙虾产业技术研究院，2017年国家虾蟹体系潜江综合试验站成立。通过开展良种选育繁育、综合养殖模式创新、甲壳素及衍生物精深加工、小龙虾产品保鲜技术等领域的研究，鼓励科技人员创新创业，建立了多元化的技术服务渠道，增强了潜江龙虾产业的科技支撑能力。潜江是全国稻田综合种养示范市，在龙虾养殖、繁育、加工、餐饮技术上共有18项标准，涵盖一二三全产业链的小龙虾标准体系已初步形成，握有国内绝对话语权。为严把潜江龙虾质量安全关，全市还建立健全了水产品质量安全可追溯体系，现已建成了16个水产品质量安全可追溯基地，1个市水产品质量可追溯中心控制平台。“潜江龙虾”荣获国家地理标志证明商标、中国驰名商标、中国百强农产品区域公用品牌，被列为中欧互认免检农产品地理标志产品。为保持潜江龙虾产业的领先优势，湖北省政府工作报告2018年、2019年连续两年提出支持“潜江龙虾”打造区域公用品牌，并出台了《湖北省人民政府办公厅关于印发湖北省推广“虾稻共作稻渔种养”模式三年行动方案的通知》等重要文件。2019年，湖北省农业农村厅又印发了《湖北省农产品品牌三年培育方案》，提出将潜江龙虾打造成省级核心大品牌，使之成为“中国第一、世界有名”的水产品区域公用品牌。在中央电视台综合频道、新闻频道《新闻联播》前投放“潜江龙虾　世界共享”广告；2019年5月16日，在上海虹桥车站举行了“潜江龙虾”高铁冠名列车首发仪式；2019年6月1日，湖北省农业农村厅主导投放的《潜江龙虾　红遍天下》主题广告在央视播出。与北京等15个地区45家企业长期签订合作协议，成为冬奥会小龙虾唯一供应地，即将成为第七届世界军运会特供食品。2019 年 5 月 20 日，潜江小龙虾走进香港，在香港掀起潜江小龙虾的红色旋风。2020 年龙虾节期间，“潜江龙虾，世界共享”的宣传片登陆美国时代广场。

在小龙虾市场跌声一片的背景下，潜江把小龙虾产业做大做强的经验可以概况为：首先是创新驱动。把创新与产业融合相适应的经营机制和有利于农民增收的利益联结机制相结合，形成科研院校、龙头企业、专业合作组织、种养农户等共同参与的生产经营格局。按照“三权分离”进行土地流转，实施迁村腾地工程。以“虾稻共作”模式，推动农民就地就近城镇化，推进产城融合。着力打造涵盖银行、保险、证券以及互联网金融的立体金融支撑体系。创新组织管理模式，创新投资政策，采取直接投资、以奖代补、先建后补、贷款贴息等多种形式，整合涉农资金，形成发展合力，在税收、用水用电等方面出台优惠政策。二是拓展产业链条。企业通过建设小龙虾良种选育繁育中心项目，带动小龙虾良种选育、苗种繁育。公司科研部门加快甲壳素及其衍生品的研发，进一步延伸了小龙虾产业链，提高了小龙虾产业竞争力和产品附加值。坚持“虾”、“稻”双轮驱动，积极支持虾乡稻大米发展，支持大米加工企业打造“虾乡稻”优质大米品牌。三是实现融合发展。按照“互联网+”的模式，在淘宝、京东、一号店等电商平台推出“虾小弟”、“虾尊”、“虾皇”等线上品牌近百个品种，产品销量每年以 200%的速度递增。建成全国唯一的小龙虾专业培训学校，面向全国进行科研、养殖技术、烹饪技术、电子商务等专业培训。大力打造小龙虾节庆文化，提升小龙虾产业内涵。从“潜江经验”可以看出，产业优化升级、延长产业链条、促进三产融合是新兴产业发展的必然路径，也是新产业新业态新模式长久存续的不竭动力。

六、促进乡村新产业新业态新模式创新发展的重点

实现乡村新产业新业态新模式的创新发展，未来就要从打造特色产业、加强品牌建设、提升产业现代化、促进产业融合发展等方面下功夫，大力发

展现代农产品加工业、乡村新型服务业，实施数字乡村战略，促进农村劳动力转移就业，支持乡村创新创业。

（一）打造乡村特色产业

乡村产业兴旺与否关键在于其产业有没有特色。发展新产业新业态新模式的第一步就是要打造特色产业。一是要抓准对象。选择产业一定要有创新的理念，结合当地的自然资源禀赋和人文资源禀赋，以市场为导向、以特色鲜明为准则来进行。二是要重视产业的规划与布局。要进行科学的产业规划与布局，快速培育当地特色产业的集群优势、平台优势，构建良好的产业体系，形成强大的集聚效应。三是要注入文化要素。要注重文化与产业的相互统一，注重文化与科技的完美结合，重视传统与现代的一致融合。四是要积极培育龙头企业。特色产业的壮大与繁荣需要以龙头企业为载体，要以点带面，形成规模效应、带动效应、引领效应和聚集效应。

（二）强化品牌策略实施

品牌往往代表着商品所特有的属性，是质量和信誉的重要载体，借助品牌能够提高商品的市场辨识度，增加市场竞争力，因此加强品牌建设是新产业新业态新模式发展的必然选择。一是要选准品牌定位。明确产品目标市场与产品特色，通过市场调研确定自己产品的“特色”以及与竞争者之间的差异，确定产品瞄准的目标群体，掌握市场的需求情况。二是要制定好标准。科学制定生产标准，实现产品的标准化生产和服务的标准化供应，强化标准准则执行要到位，强化标准体系建设。三是要做好品牌宣传与营销工作。依托多元媒介推广品牌，拓宽营销渠道，打造个性化营销平台。

（三）加快产业优化升级

乡村产业的兴旺必须以产业现代化为载体，因此乡村产业的根本出路也在于现代化。一是要大力推进科技创新。要激活各个创新主体，加大科技创新的投入，加速科技创新成果的转化。二是要深化农村改革。积极盘活乡村各类资源要素，合理处理好农户与土地之间的关系，深化农村各项制度改革，加快农村产权交易市场建设，推动土地经营权有序流转，发展乡村产业适度规模经营。三是要完善农村金融体系。不断丰富农村金融供给的主体，创新完善抵押担保制度，加快农村信用体系建设，适当增加乡村产业的信用贷款规模。

（四）促进产业融合发展

推动乡村产业振兴，要紧紧围绕发展现代农业和农村一二三产业融合，构建乡村产业体系，优化延长产业链条。优化产业链主要内容包括：一是通过向前延伸、向后延伸或者增加中间环节等方式延长产业链，形成包含研发、生产、加工、物流、销售甚至休闲旅游等在内的全产业链模式；二是在不延长产业链的情况下提升现有产业链的整体质量，使得现有产业链的各个环节向高科技化和高附加值化进行转变，从而吸引更多的要素流入该产业，形成集聚效应，孵化崭新业态；三是以市场竞争力最大化为目标，通过加减法则对原有产业链进行重新整合，重塑产业链，衍生新产业。此外还要不断完善各方利益联结机制，加强配套服务设施建设，加大农村科技服务平台建设，提升产业效率和质量。

第十章　全面推进农业发展的绿色变革

党的十八大以来，以习近平同志为核心的党中央把生态文明建设作为统筹推进“五位一体”总体布局和协调推进“四个全面”战略布局的重要内容，提出一系列新理念新思想新战略，形成了习近平生态文明思想，为推进美丽中国建设、实现人与自然和谐共生的现代化提供了方向指引和根本遵循。党的十九大进一步提出，加强对生态文明建设的总体设计和组织领导。新修订的《党章》中进一步增加了生态文明的内容，明确提出中国共产党领导人民建设社会主义生态文明。推进农业绿色发展，是落实新发展理念的必然要求，是守住绿水青山、建设美丽中国的时代担当，是加快农业现代化、促进农业可持续发展的重大举措。要把农业绿色发展摆在生态文明建设全局的突出位置，建立以绿色生态为导向的制度体系，形成与资源环境承载力相匹配、与生产生活生态相协调的农业发展格局，实现农业可持续发展、农民生活更加富裕、乡村更加美丽宜居。

一、乡村振兴战略背景下的农业绿色发展

农业绿色转型发展，是农业现代化发展的方向，是建设美丽中国的重要内容，对于维系当代人福祉和保障子孙后代永续发展具有重大意义。改革开放四十多年来的实践证明，生态宜居是加强美丽乡村建设的关键指标，绿色发展是乡村全面振兴的内在要求，也是推进乡村振兴战略的重要途径。推动乡村振兴战略，必须坚持绿色发展的观念，彰显农业农村的绿色底色，推行绿色发展方式和生活方式，加强农村突出环境问题综合治理，以绿色发展引

领农业农村现代化，让良好生态成为乡村振兴的支撑点。

（一）农业绿色发展是重大机遇

2012 年，国务院发展研究中心和世界银行发布的联合报告《2030 年的中国》第五章“抓住绿色发展的机遇”对“绿色发展”进行了阐述。作为全球发展趋势，绿色发展被描述成中国发展的重大机遇。报告提出，中国面向 2030 年新发展战略的核心在于根据发展阶段的变化，重新界定政府、市场和社会三者之间的关系，建设法治、透明、有限、廉洁、高效的现代政府，基础更牢固、更具有创新与竞争活力的市场经济，广泛参与的、共建共治共享的和谐社会。而实现这些战略要求的重要支撑就是走绿色发展道路，追求生态效益的最佳化、经济效益的最大化和社会效益的最优化。党的十九大报告正式提出实施乡村振兴战略，要求按照产业兴旺、生态宜居、乡风文明、治理有效、生活富裕的总要求，建立健全城乡融合发展体制机制和政策体系，加快推进农业农村现代化。乡村振兴战略成为当前和今后一个时期“三农”工作的总体抓手，将显著改变农业绿色发展环境。乡村振兴战略背景下，农业农村领域朝着绿色发展方向不断深入和扩展，农业绿色发展面临重大机遇。

（二）农业绿色发展理念日益深入人心

《全国农业可持续发展规划（2015—2030 年）》提出，当前和今后一个时期，推进农业可持续发展面临前所未有的历史机遇，农业可持续发展的共识日益广泛。党的十八大将生态文明建设纳入“五位一体”的总体布局，为农业可持续发展指明了方向。全社会对资源安全、生态安全和农产品质量安全高度关注，绿色生产、绿色消费、绿色发展理念深入人心，为农业可持续发展集聚了社会共识。各地围绕农业绿色发展，把践行农业绿色发展理念作为强农业、美农村、富农民的重要举措。数据显示，2019 年我国水稻、玉米、小麦三大粮食作物化肥利用率为 39.2%，比 2017 年提高 1.4 个百分点、比 2015 年提高 4 个百分点；农药利用率为 39.8%，比 2017 年提高 1.0 个百分点、比 2015 年提高 3.2 个百分点。同时，规模化养殖污染防治有序推进，以农村能源和有机肥为主要方向的资源化利用产业日益壮大，秸秆农用为主、多元发展的利用格局基本形成，农膜回收体系和制约化能力不断加强。坚持绿色发展是发展观的一场深刻革命。各地坚持绿色发展理念，把生态文明建设融入经济建设、政治建设、文化建设、社会建设各方面和全过程，加大生态环境保护力度，推动生态文明建设在重点突破中实现整体推进，农业绿色发展理念在各地生根发芽，农业绿色发展的价值观在不断培养壮大。

（三）农业绿色发展有理论基础

绿色农业发展的理论基础有生态经济理论中基础生态效益与经济效益统一的原理、可持续发展理论中的人与自然和谐发展理论、循环经济理论中能量多级利用与物质循环再生原理、农业生态学中生态系统中生物之间协调共生理论，以及创新理论中农业制度创新和农业技术创新等。首先，生态经济效益指的是劳动过程中的经济产出和生态产出与综合占用及劳动耗费的比较，即生产活动中生态效益与经济效益是有机统一的。在农业农村领域，要想获得最大的生态经济效益，必须在获取最佳经济效益的同时，最大限度地保持生态平衡和充分发挥生态效益。不能追求一时经济效益而掠夺和破坏生态资源，如酷渔滥捕、陡坡开荒、草场超载过牧等，否则生态系统失去平衡，会给人类社会带来灾难。其次，可持续发展要求改变“高投入、高消耗、高污染”的生产模式和消费模式，要求经济建设和社会发展与自然承载能力相协调，鼓励追求人与自然和谐发展。再次，循环经济理论支持合理利用自然资源与优化环境，在物质不断循环利用的基础上发展经济，使生态经济原则体现在不同层次的循环经济形式上。第四，生物协调共生理论认为在生态系统中“通过不同组成（物种）之间的互惠互利以及生态位互补”，可使整个系统获得多重效益的原则。最后，创新是农业绿色发展的核心和关键。要以制度创新、科技创新等为基本动力，转变农业发展方式，推动农业由增产导向转向提质导向，引进绿色发展新技术新模式，不断降低成本提高效益；整合资源力量，积极推进涉农部门、种植农户、农业企业三方合作共建，实现信息互通、利益共联；创新推进农业与旅游、康养、文化等产业融合，发挥农业潜在休闲价值与文化价值，提升生态服务能力，构建农业发展新格局。

（四）农业绿色发展有实践基础

为贯彻落实《全国农业可持续发展规划（2015—2030年）》、《关于创新体制机制推进农业绿色发展的意见》和2016年中央1号文件关于建设农业可持续发展试验示范区的要求，合力推进农业可持续发展，加快农业现代化进程，2016年8月，农业部、国家发展改革委、科技部、财政部、国土资源部等八部门联合启动了国家农业可持续发展试验示范区建设工作，旨在打造农业绿色发展综合试验示范平台。2018年11月，《国家农业可持续发展试验示范区（农业绿色发展先行区）管理办法（试行）》出台，截至目前，已评估确定了第一批和第二批共计81个国家农业绿色发展先行区。国家农业绿色发展先行区是推进农业绿色发展的综合性试验示范平台，旨在立足当地资源禀赋和区域特色，着力创新和提炼形成以绿色技术体系为核心、绿色标准体系为基础、绿色产业体系为关键、绿色经营体系为支撑、绿色政策体系为保障、绿色数字体系为引领的区域农业绿色发展典型模式。通过将先行区建设成为绿色技术试验区、绿色制度创新区、绿色发展观测点，为农业绿色发展转型升级发挥引领作用。2017年12月，浙江省获批成为全国唯一的整省推进国家农业可持续发展试验示范区（农业绿色发展先行区），在推进农业绿色发展方面积累了一定经验（案例10-1）。

案例10-1　高水平推进农业绿色发展[①]

2017年12月，浙江省获批成为全国唯一的整省推进国家农业可持续发展试验示范区（农业绿色发展先行区）。在先行区任务设计上，高标准构建“六大体系”。一是生产基础体系。强化自然资源保护，改善耕地生产条件，提升农田水利等基础设施，稳定农业综合生产能力；加快发展设施农业，推行“农业+互联网”，改善生产手段；推进规模经营主体生产设施标准化改造，建立绿色低碳种植、养殖制度。二是质量管理体系。

① 根据农业农村部网站同名文章摘编，原文载于 http：//www.jhs.moa.gov.cn/lsfz/201905/t20190510_6303335.htm.

深入推进“农业质量年”工作，高质量、高标准地完成农产品质量安全追溯体系建设，有效提升绿色农产品质量安全水平。推进“标准化+绿色农业”行动，加快完善农业标准体系。三是控源治污体系。坚持农业治水、治土、治气联动，深入实施农业水环境治理，全面建立农药肥料废弃包装物和弃旧农膜回收处置系统；全面整治农业面源污染，建设氮磷生态拦截系统，存栏500头以上规模养殖场科学建设封闭式集粪棚，敏感区域大型规模养殖场逐步建设臭气治理系统。加强建设完善农业“云平台”，建立涵盖全省的重要农业资源台账制度和农业资源生态智慧监测预警网络。四是循环利用体系。立足县域统筹，全面深化现代生态循环农业“主体小循环、园区中循环、县域大循环”三级循环利用体系，加强有机肥开发，实施有机肥替代行动，强化畜禽排泄物资源化利用，推进农业废弃物全量资源化利用或无害化处理。五是技术装备体系。大力推广粮食作物绿色优质品种、水稻基质育秧、水稻两壮两高栽培、水稻病虫绿色综合防控等良种良法配套绿色增产技术。六是人文支撑体系。推行“农业+实用人才”，加强职业农民和新型农业经营主体培育，建立农民专业职称评选制度，打造农业职业经理人队伍。加强宣传引导，完善制度供给和政策保障，营造全社会关心支持农业绿色发展的良好氛围。在重点工作上，高要求推进“三调三整治”。一是产业结构调整。进一步调整优化空间布局，加大农业品牌培育，发展休闲观光、养生健康等轻污染产业，培育农村电子商务等零污染产业。二是生产方式调整。深化现代生态循环农业建设，大力推行清洁化标准化生产，推进农作制度创新，推广农牧结合、粮经结合、林下生产、稻鱼共生等新型农作制度。建设一批数字化植物、养殖、育种工厂，大力推进设施增地，加快推进农业生产设施化和管理手段智慧化。三是经营制度调整。进一步完善农村承包地“三权分置”办法，有序引导整村土地流转，推进规模化经营。提升壮大农业龙头企业，扶持培育以农创客、粮二代为代表的新型农业经营主体，推进产业化经营。引导各类主体合作，完善合作制度和利益联结机制，促进小农户与现代农业对接，推进合作化经营。加快发展农业社会化服务，培育市场化专业服务组织10 000家。四是养殖污染整治。在养殖污染治理长效机制上再深化，继续开展网格化巡查机制执行情况第三方抽查与考核，基本构建农牧对接沼液贮运、配送系统，扩面推进死亡动物保险联动和跨区域集中处理。五是农业投入品整治。加大执法力度，严厉打击非法制售和使用违禁药物行为，依法规范农业投入品市场秩序。建立投入品电子追溯体系，实施农药电子信息码标签制度，推进限用农药有序退出。实施肥药减量增效行动，大力推行农作物病虫害统防统治和绿色防控。六是田园环境整治。深入实施整洁田园行动，推广农作物秸秆资源化利用七大技术，全面禁止露天焚烧；全面回收处置农药废弃物，推进氮磷生态拦截污染和农业面源污染监测点建设，大力清理田间积存垃圾、改造生产设施、整理田间杆线、建立长效机制，提升田园景观化水平。

平顶山市以发展全域循环农业为突破口，积极探索农业可持续发展、绿色发展新路径，先后被评选为河南省生态循环畜牧业示范市、河南省现代生态循环农业试验区和国家农业可持续发展试验示范区（农业绿色发展先行区）（案例10-2）。

案例10-2 全域推进循环农业 争创农业可持续发展与绿色发展样板区①

平顶山市在全市农民人均耕地面积仅为全省平均水平56%的情况下，农民人均可支配收入与全省平均水平基本持平，并创造了农业固定资产投资年均增长33%的好成绩，走出了一条生态、安全、绿色、高效的现代农业发展新路子。一是聚力循环模式，盘活农业存量。着力探索农业废弃物循环利用模式。总结推广"农牧结合、就近利用"、"就近还田、直接利用"、"协议消纳、异地利用"、"林牧结合、

① 根据农业农村部网站同名文章摘编，原文载于 http：//www.jhs.moa.gov.cn/lsfz/201905/t20190510_6303335.htm.

自然利用”、“分散收集、集中处理”和“无害处理、集中利用”等6种农业废弃物利用模式。着力推广“百亩千头生态方”（千头线）种养结合循环发展模式。该模式以100亩耕地为一个单元，建设一条占地约3亩、每批出栏1 000头生猪的养殖生产线，实现种养平衡循环发展，既解决了养殖污染难题，又增加了农业产出效益，亩均效益可提高10倍以上。培养形成“农牧结合、林牧结合、加工带动、养殖带动、合作带动、复合发展”6类循环企业类型。二是推进质量兴农，促进提档升级。持续优化产业结构。围绕农业供给侧结构性改革，加快一二三产融合发展，实施绿色种植、生态养殖、健康食品加工、农业产业化联合体和特色农产品培育等绿色农产品全产业链重点发展计划。培育了生猪、肉牛、奶牛等5大产业集群，启动了10平方公里健康食品产业园建设。持续实施农业绿色行动。减施农药、化肥，节约用水、用种，回收废旧农膜、农药包装物，实施有机肥替代化肥、生物防治替代化学防治行动，化肥、农药比2015年分别减施10%和13.5%。持续抓好绿色品牌创建。以创建农产品质量安全市为载体，启动100个“鹰城名优”培育计划，大力推进农业标准化生产和可追溯体系建设，对新认证的绿色、有机和国家地理标志农产品，每个奖励3万元，鼓励企业创建名优品牌。三是优化生态环境，建设美丽乡村。改善农村生活环境。以农村人居环境改善三年行动和农村环境综合整治为载体，在全市规划实施了农村垃圾、污水治理行动。加强水系生态建设。启动了全域生态循环水系规划，严格落实市县乡村四级河长制，全面建设农业节水工程，全民开展节水活动，全域进行水污染防治。推进林业生态建设。四是强化顶层设计，狠抓工作落实。坚持规划引领。按照绿色高效农业区、种养结合示范区、山水生态涵养区的空间布局，全域推进24个县级现代生态循环农业试验区建设，先后编制下发了《创建方案》、《创建规划》、《创建意见》等50多个文件。

（五）农业绿色发展有增长压力

我国农业现代化取得巨大成就，也付出了许多代价。耕地、水等农业资源过度利用，农业面源污染加重，农业生态环境亮起“红灯”。化肥、农药等投入品过量使用、农作物秸秆资源化利用率、农膜回收率、畜禽粪污处理和资源化利用率偏低，污染物排放量大、草原等生态系统退化、海洋渔业资源持续衰退、环境风险突出等问题与全面建成小康社会的要求还存在一定差距。现有的农业增长模式对土地、空气和水等环境因素产生了较大压力，对自然资源的供给产生的压力也越来越大。虽然近年来我国生态环境质量有所好转，但绿色发展任务依然艰巨。各地农业绿色发展呈现发展程度低、结构不合理、区域差异大、支撑农业绿色发展体制机制不完善等问题。生态文明建设进入提供更多优质生态产品，以满足人民日益增长的美好生态环境需要的重要关口，也到了有条件、有基础、有能力解决生态环境突出问题的关键时期。农业绿色发展面临的这些挑战需要通过绿色增长模式来破解，把压力转化为增长的新动力，在解决诸多环境问题的同时，开拓并创新绿色科技增长模式，助推农业绿色转型发展。

二、农业绿色发展的内涵

我国农业经历了原始农业、传统农业和现代农业的发展历程，为了实现农业的可持续发展，从最初单纯追求农业经济增长、忽视改善农业生态环境，到出现生物农业、有机农业、循环农业、低碳农业、自然农业、生态农业、可持续农业等，再到将传统农业和现代农业有机结合、农产品生产和环境保护结合、合理开发和利用资源结合的绿色农业。随着社会经济的发展，时代也赋予绿色农业新的内涵和价值，需要我们不断调整认识，更新观念。

（一）农业绿色发展的指导思想

2017 年 9 月，中共中央办公厅、国务院办公厅印发了《关于创新体制机制推进农业绿色发展的意见》，提出了农业绿色发展的指导思想，要求全面贯彻党的十八大和十八届三中、四中、五中、六中全会精神，深入贯彻习近平总书记系列重要讲话精神和治国理政新理念新思想新战略，紧紧围绕统筹推进“五位一体”总体布局和协调推进“四个全面”战略布局，牢固树立和贯彻落实新发展理念，认真落实党中央、国务院决策部署，以绿水青山就是金山银山理念为指引，以资源环境承载力为基准，以推进农业供给侧结构性改革为主线，尊重农业发展规律，强化改革创新、激励约束和政府监管，转变农业发展方式，优化空间布局，节约利用资源，保护产地环境，提升生态服务功能，全力构建人与自然和谐共生的农业发展新格局，推动形成绿色生产方式和生活方式，实现农业强、农民富、农村美，为建设美丽中国、增进民生福祉、实现经济社会可持续发展提供坚实支撑。

（二）农业绿色发展的深刻内涵

更加注重资源节约，是农业绿色发展的基本特征。长期以来，我国农业高投入、高消耗，资源透支、过度开发。推进农业绿色发展，就是要依靠科技创新和劳动者素质提升，提高土地产出率、资源利用率、劳动生产率，实现农业节本增效、节约增收。更加注重环境友好，这是农业绿色发展的内在属性。近年来，农业快速发展的同时，生态环境遭受严重破坏，出现了以牺牲环境为代价的农业增长模式，导致了农业发展的不可持续性。推进农业绿色发展，就是要大力推广绿色生产技术，加快农业环境突出问题治理，彰显农业绿色的本色。习近平总书记强调，推进农业供给侧结构性改革，要把增加绿色优质农产品供给放在突出位置。当前，农产品供给大路货多，优质的、品牌的还不多，与城乡居民消费结构快速升级的要求不相适应。推进农业绿色发展，就是要增加优质、安全、特色农产品供给，促进农产品供给由主要满足“量”的需求向更加注重“质”的需求转变。①

（三）农业绿色发展五大行动

2018 年，中共中央、国务院印发《乡村振兴战略规划（2018—2022）》，提出农业绿色发展行动。一是国家农业节水行动。将农业用水总量指标分解

① 根据农业农村部部长韩长赋文章摘编，原文“大力推进农业绿色发展”载于人民日报，2017 - 05 - 09，http：//opinion. people. com. cn/n1/2017/0509/c1003 - 29261744. html。

到各灌区；加强灌溉试验站网建设和灌溉试验，制定不同区域、不同作物灌溉用水定额；加强节水灌溉工程与农艺、农机、生物、管理等措施的集成与融合；全国节水灌溉面积达到6.5亿亩，其中高效节水灌溉面积达到4亿亩。二是水生生物保护行动。建立长江流域重点水域禁捕补偿制度，率先在水生生物保护区实现禁捕；引导和支持渔民转产转业，将渔船控制目标列入地方政府和有关部门约束性考核指标；继续清理整治“绝户网”和涉渔“三无”船舶；实施珍稀濒危物种拯救行动，形成覆盖各海区和内陆主要江河湖泊的水生生物养护体系。三是农业环境突出问题治理。扩大农业面源污染综合治理、华北地下水超采区综合治理、重金属污染耕地防控修复的实施范围，对东北黑土地实行战略性保护，促进土壤有机质恢复与提升；推进北方农牧交错带已垦草原治理，加强人工草地建设。四是农业废弃物资源化利用。集中支持500个左右养殖大县开展畜禽粪污资源化利用整县推进试点，全国畜禽粪污综合利用率提高到75%以上；在种养密集区域，探索整县推进畜禽粪污、秸秆、病死畜禽、农田残膜、农村垃圾等废弃物全量资源化利用。五是农业绿色生产行动。集成推广测土配方施肥、水肥一体化、机械深施等施肥模式，强化统防统治、绿色防控，集成应用全程农药减量增效技术，主要农作物化肥、农药利用率达到40%以上，制定农兽药残留限量标准总数达到1.2万项，覆盖所有批准使用的农兽药品种和相应农产品。[①]

三、农业绿色发展的实践路径

在农业绿色发展的实践中，各地始终牢固树立节约集约循环利用的资源观，把保护生态环境放在优先位置，落实构建生态功能保障基线、环境质量安全底线、自然资源利用上线的要求，防止将农业生产与生态建设对立，把绿色发展导向贯穿农业发展全过程。但我国各地区发展农业的资源禀赋不同，经济条件不同，农业区域性差异较大，因此农业绿色发展实践模式也就各不相同。农业绿色发展的实践路径可以从空间优化、生产力布局优化、资源节约、环境友好、生态稳定五个角度来认识。

---

① 中共中央、国务院印发《乡村振兴战略规划（2018—2020）》。

（一）空间优化

优化农业主体功能和空间布局是实现农业绿色发展的重要前提。空间结构的变化在一定程度上决定着经济发展方式及资源配置效率。2010 年 12 月，国务院印发《全国主体功能区规划》，从建设富强民主文明和谐的社会主义现代化国家、确保中华民族永续发展出发，推进形成主体功能区要着力构建我国国土空间的“三大战略格局”，即“两横三纵”为主体的城市化战略格局、“七区二十三带”为主体的农业战略格局（案例 10－3）和“两屏三带”为主体的生态安全战略格局。《全国主体功能区规划》根据不同区域的资源环境承载能力、现有开发强度、未来发展潜力等，将我国国土空间分为优化开发区域、重点开发区域、限制开发区域和禁止开发区域；根据提供主体产品的类型，将国土空间分为城市化地区、农产品主产区和重点生态功能区；按层级，分为国家和省级两个层面。其中，限制开发区域分为两类：一类是农产品主产区，从保障国家农产品安全以及中华民族永续发展的需要出发，必须把增强农业综合生产能力作为发展的首要任务，从而应该限制进行大规模高强度工业化城镇化开发的地区；一类是重点生态功能区，必须把增强生态产品生产能力作为首要任务，从而应该限制进行大规模高强度工业化城镇化开发的地区。各类主体功能区在全国经济社会发展中具有同等重要的地位，只是主体功能不同，开发方式不同，保护内容不同，发展首要任务不同，国家支持重点不同。对城市化地区主要支持其集聚人口和经济，对农产品主产区主要支持其增强农业综合生产能力，对重点生态功能区主要支持其保护和修复生态环境。

案例 10－3　“七区二十三带”为主体的农业战略格局

《全国主体功能区规划》从确保国家粮食安全和食物安全的大局出发，充分发挥各地区比较优势，重点建设以“七区二十三带”为主体的农产品主产区。

——东北平原主产区。建设以优质粳稻为主的水稻产业带，以籽粒与青贮兼用型玉米为主的专用玉米产业带，以高油大豆为主的大豆产业带，以肉牛、奶牛、生猪为主的畜产品产业带。

——黄淮海平原主产区。建设以优质强筋、中强筋和中筋小麦为主的优质专用小麦产业带，优质棉花产业带，以籽粒与青贮兼用和专用玉米为主的专用玉米产业带，以高蛋白大豆为主的大豆产业带，以肉牛、肉羊、奶牛、生猪、家禽为主的畜产品产业带。

——长江流域主产区。建设以双季稻为主的优质水稻产业带，以优质弱筋和中筋小麦为主的优质专用小麦产业带，优质棉花产业带，“双低”优质油菜产业带，以生猪、家禽为主的畜产品产业带，以淡水鱼类、河蟹为主的水产品产业带。

——汾渭平原主产区。建设以优质强筋、中筋小麦为主的优质专用小麦产业带，以籽粒与青贮兼用型玉米为主的专用玉米产业带。

——河套灌区主产区。建设以优质强筋、中筋小麦为主的优质专用小麦产业带。

——华南主产区。建设以优质高档籼稻为主的优质水稻产业带，甘蔗产业带，以对虾、罗非鱼、鳗鲡为主的水产品产业带。

——甘肃新疆主产区。建设以优质强筋、中筋小麦为主的优质专用小麦产业带，优质棉花产业带。

在重点建设好农产品主产区的同时，积极支持其他农业地区和其他优势特色农产品的发展，根据农产品的不同品种，国家给予必要的政策引导和支持。主要包括：西南和东北的小麦产业带，西南和东南的玉米产业带，南方的高蛋白及菜用大豆产业带，北方的油菜产业带，东北、华北、西北、西南和南方的马铃薯产业带，广西、云南、广东、海南的甘蔗产业带，海南、云南和广东的天然橡胶产业带，海南的热带农产品产业带，沿海的生猪产业带，西北的肉牛、肉羊产业带，京津沪郊区和西北的奶牛产业带，黄渤海的水产品产业带等。

（二）生产力布局优化

划定粮食生产功能区、重要农产品生产保护区，认定特色农产品优势区，是落实国家主体功能区制度和全国农业可持续发展规划，进一步聚焦核心品种和优势产区，优化农业生产力布局的重大举措。一是划定“两区”为优化农业主体功能提供支撑。2017 年中央 1 号文件提出，科学合理划定稻谷、小麦、玉米粮食生产功能区和大豆、棉花、油菜籽、糖料蔗、天然橡胶等重要农产品生产保护区，标志着“两区”政策正式落地实施，各地开始着手划定建立“两区”。2017 年 4 月，国务院印发《关于建立粮食生产功能区和重要农产品保护区的指导意见》，全面部署“两区”划定和建设工作，选择了水稻、小麦、玉米三大粮食作物，划定 9 亿亩粮食生产功能区；选择大豆、棉花、油菜籽、糖料蔗、天然橡胶五类重要农产品，划定 2.38 亿亩重要农产品生产保护区。扣除粮食与大豆、油菜籽这些重要农产品的复种面积，共需划定 10.58 亿亩粮食生产功能区和重要农产品保护区。并提出力争用 3 年时间完成 10.58 亿亩“两区”地块的划定任务，做到全部建档立卡、上图入库，实现信息化和精准化管理；用 5 年时间基本完成“两区”建设任务，形成布局合理、数量充足、设施完善、产能提升、管护到位、生产现代化的“两区”，国家粮食安全的基础更加稳固，重要农产品自给水平保持稳定，农业产业安全显著增强。二是创建“特优区”为优化特色产业布局提供保障。2017 年 10 月，国家发展改革委、农业部、国家林业局联合印发《特色农产品优势区建设规划纲要》，鼓励地方做大做强优势特色产业，争创特色农产品优势区，把地方土特产和小品种做成带动农民增收的大产业。2017 年底，农业部等九部门启动了中国特色农产品优势区创建和遴选工作，按照优中选优、“中国第一，世界有名”的认定原则，评选出首批特色农产品优势区，共认定第一批中国特色农产品优势区 62 个，覆盖全国 31 个省区市和 29 个重点品种（类）。截至目前，认定三批中国特色农产品优势区共计 231 个。到 2020 年，全国要围绕特色粮经作物、特色园艺产品、特色畜产品、特色水产品、林特产品五大类，创建并认定 300 个左右国家级特优区。区内形成以特色农产品生产、加工、流通、销售产业链为基础，集科技创新、休闲观光、配套农资生产和制造融合发展的特色农业产业集群，培育特色品牌，增强绿色优质中高端特色农产品供给能力，丰富和满足城乡居民的餐桌，促进特色农产品出口，持续带动区域经济增长和农民增收。

（三）资源节约

我国用世界不到9%的耕地和6%的淡水资源，养活了世界近20%的人口。但长期的超强度开发利用，资源利用的弦绷得越来越紧，生态环境也亮起了“红灯”。要适应农业绿色发展的需要，强化资源保护与节约利用，留住肥沃的耕地、干净的水源、美丽的田园，实现生产、生活、生态“三生共赢”。一是实行耕地轮作休耕。习近平总书记多次强调，要坚持“藏粮于地、藏粮于技”战略。要严守18亿亩耕地红线，全面落实永久基本农田特殊保护制度，确保永久基本农田保持在15.46亿亩以上。在加强高标准农田建设的同时，深入推进耕地质量保护提升行动，开展东北黑土地保护利用试点和湖南重金属污染耕地治理修复试点。通过改良土壤、增肥地力、保水保肥、控污修复等措施抓好做好耕地质量与建设工作。同时，开展耕地轮作休耕制度试点，集成一套用地与养地结合的技术模式，让耕地休养生息，实现永续利用。二是节约高效用水。我国水资源相对短缺，农业是用水大户，水资源供需矛盾日益突出，必须做好农业节水，提高农业用水效率，从推进品种节水、推进结构节水、推进农艺节水、推进工程节水、推进制度节水五个方面做好农业节水工作。品种节水是加快选育推广一批抗旱品种，提高水分生产效率和抗旱保产能力。结构节水是立足水资源调减，调整优化品种结构，重点是调减耗水量大的作物，扩种耗水量小的作物，大力发展雨养农业。农艺节水是因地制宜推广水肥一体化技术，实现水肥同步管理和高效利用。集成推广深耕深松、保护性耕作、秸秆还田、增施有机肥等技术，提高土壤蓄水保墒能力。工程节水是完善农田灌排基础设施，大力发展管道输水，减少渗漏蒸发损失，提高输水效率。制度节水是推进农业水价改革，合理确定不同区域、不同作物灌溉定额和用水价格，增强农民节水意识。三是加强生物资源保护与利用。加强动植物种质资源保存、开发和利用研究工作，加快现代种业发展，为农业可持续发展提供重要战略性资源。加强野生动植物自然保护区建设，正确处理野生动植物资源保护、发展和合理利用之间的关系，抓好野生动植物保护和自然保护区建设工作。实施生物多样性保护重大工程，维护生态平衡，促进生态文明建设，为维护区域生态安全，推动社会可持续发展提供重要支撑。

（四）环境友好

推进农业绿色发展，不仅要优化空间和生产力布局、强化资源保护和利用，还要加强产地环境保护与治理，做到产地环境更加清洁，环境更加友好。一是要防控工业和城镇污染向农业转移。制定并严格执行农田污染控制标准，建立监测体系，严格工业和城镇污染物处理和达标排放，依法禁止未经处理达标的工业和城镇污染物进入农田、养殖水域等农业区域。强化经常性执法监管制度建设。同时加强耕地土壤污染治理及效果评价，开展污染耕地分类治理。二是着力实施好农业绿色发展重大行动，主要是强化化肥农药减量增效、强化畜禽粪污资源化利用、强化秸秆地膜综合利用等。农业部2015年打响农业面源污染治理攻坚战，提出到2020年实现农业用水总量控制、化肥农药使用量减少、畜禽粪便秸秆地膜基本资源化利用的“一控两减三基本”的目标任务，2017年进一步聚焦重点领域和关键环节，启动实施了畜禽粪污资源化利用、果菜茶有机肥替代化肥、东北地区秸秆处理、农膜回收和以长江为重点的水生生物保护行动等农业绿色发展五大行动。规模化养殖污染防治有序推进，以农村能源和有机肥为主要方向的资源化利用产业日益壮大。秸秆农用为主、多元发展的利用格局基本形成，农膜回收体系和制约化能力不断加强，农业绿色发展取得显著效果。

（五）生态稳定

党的十八大以来，以习近平同志为核心的党中央高度重视绿色发展，多次强调要坚持保护优先、自然恢复为主，深入实施山水林田湖一体化生态保护和修复。党的十九大提出要提供更多优质生态产品以满足人民日益增长的优美生态环境需要。党的十九大在十八大的基础上再一次吹响了加快生态文明体制改革、建设美丽中国的号角，进一步昭示了以习近平同志为核心的党中央加强生态文明建设的意志和决心。《关于创新体制机制推进农业绿色发展的意见》指出做好养护修复农业生态系统工作，需要构建田园生态系统、创新草原保护制度、健全水生生态保护修复制度、实行林业和湿地养护制度。一是打造人与自然和谐共生的田园生态系统。构建田园生态系统应遵循生态系统整体性、生物多样性规律，优化种养结构，因地制宜推广节水、节肥、节药等节约型农业技术，采取种养加功能复合模式（“猪沼菜”“猪沼果”）、立体复合循环模式（“鱼桑鸡”）、以畜禽粪污为纽带的循环模式（“家畜-有机肥-果菜”）及其他创意农业循环经济模式，增强农林、农牧复合生态系统的稳定性。同时，应优化乡村种植、养殖、居住等功能布局，拓展农业多种功能，打造种养结合、生态循环、环境优美的田园生态系统。二是创新草原保护制度，推进生态文明建设。我国草原面积近 60 亿亩，约占国土面积的 40%，是我国最大的陆地生态系统。近年来，我国不断健全草原产权制度，稳定和完善了草原承包经营制度，实现了承包地块、面积、合同、证书“四到户”，依法赋予广大农牧民长期稳定的草原承包经营权。通过建立草原生态空间用途管制制度、落实草原生态补偿机制等一系列措施，进一步强化草原保护制度。同时建立草原检测预警制度，真实反映草原生态变化情况。在完善草原科学利用方面，严格落实草原禁牧休牧轮牧和草畜平衡制度，借助“禁”、“休”、“轮”、“种”等综合措施，实现草畜平衡和草原资源的永续利用。三是健全水生生态保护修复制度。党的十八大以来，习近平总书记对长江经济带生态保护工作做出一系列重要指示，要把修复长江经济带生态环境摆在压倒性位置。通过科学划定长江、黄河、珠江等重点河流禁渔期制度、实施海洋渔业资源总量管理制度、推进海洋牧场建设、加强水生生物资源养护等一系列有效措施，加强水生生态保护，促进渔业健康发展。四是实行林业和湿地养护制度。建设覆盖全面、布局合理、结构优化的农田防护林和村镇绿化林带，有效提升水土保持能力和防风固沙能力，防止田间水土流失，维护农田生态系统稳定。通过严格实施湿地分级管理制度，严格控制开发利用和围垦强度，恢复和修复湿地，加快构建退耕还林还草、退耕还湿、防沙治沙，以及石漠化、水土流失综合生态治理长效机制。

四、农业绿色发展的支持保障体系

推进农业绿色发展是农业发展观的一场深刻革命。农业绿色发展任务重、内容广，需要加快改革创新，从科技创新、生态补贴、标准体系、法律法规、检测预警等多个方面，不断健全农业绿色发展的支持保障体系。

（一）构建支撑农业绿色发展的科技创新体系

构建绿色发展技术体系，是绿色发展的根本，也是农业科技创新的必然要求。习近平总书记强调，推进农业供给侧结构性改革，要把增加绿色优质农产品供给放在突出位置。构建以绿色发展为导向的技术体系，主要包括科技创新、推广应用、监测预警与风险评估、绿色指标规范四个方面。鼓励科研单位、高校、企业等各类创新主体协同攻关机制，开展以农业绿色生产为重点的科技联合攻关，实现技术集成突破；不断加快绿色技术成果推广，搭建“互联网＋绿色农业”信息化服务平台；培育新型农业经营主体，强化引导培育新型职业农民、专业合作社等新型农业经营主体的绿色发展意识和绿色生产技能、经营水平和创业能力；不断强化监测预警与风险评估，通过大数据、云计算、移动通信等信息技术，构建全国绿色农产品质量安全信息交流平台，完善监测和评估信息的报送和通报制度，实现农产品质量安全信息共享；强化风险评估，加速推动农产品质量安全风险评估技术持续升级；大力推广绿色生产方式，加快制定农业绿色发展国家标准，制定行业标准规范，建立绿色生产规范，实现绿色农产品生产有标可依；借鉴国际农业绿色发展经验，加强国际间科技和成果交流合作。

（二）完善农业生态补贴制度

绿色生态是现代农业建设的重要方向，是财政支农的优先领域，应建立绿色生态为导向的财政支农体系。首先，要建立与耕地地力提升和责任落实相挂钩的耕地地力保护补贴机制，重点鼓励保护和提升耕地地力，补贴对象转变为“谁种地，补贴谁”。2015 年，财政部、农业部启动改革试点，将农作物良种补贴、农资综合补贴、种粮农民直接补贴的“三项补贴”，合并为“农业支持保护补贴”，将目标调整为支持耕地地力保护和粮食适度规模经营。2016 年以来改革在全国范围内推开。耕地地力保护补贴对象原则上为拥有耕地承包权的种地农民，将直接发放给农民的补贴与耕地地力保护挂钩，鼓励创新方式方法，以绿色生态为导向，提高农作物秸秆综合利用水平，引导农民综合采取秸秆还田、深松整地、减少化肥农药用量、施用有机肥等措施，不露天焚烧秸秆，开展测土配方施肥，主动保护耕地地力，提高农业生态资源保护意识，自觉促进耕地质量提升，实现“藏粮于地”。其次，改革完善农产品价格形成机制。深化棉花目标价格补贴，统筹玉米和大豆生产者补贴，坚持补贴向优势区倾斜，减少或退出非优势区补贴。2014 年以来，我国以“分品种施策、渐进式推进”和“市场定价，价补分离”的思路，推进重点农产品价格形成机制和收储制度改革，2014—2016 年国家在新疆启动了为期三年的棉花目标价格改革试点。经过多年实践，探索出一条农产品价格由市场供求形成、价格与政府补贴脱钩的新路子，实现了全国棉花生产布局的战略调整，带动了棉花生产、加工、流通、纺织全产业链发展，提升了国产棉花质量和市场竞争力，为农业供给侧结构性改革提供了实践经验。2017 年 3 月发布的《国家发改委　财政部关于深化棉花目标价格改革的通知》进一步完善了目标价格形成机制，有利于更好地保护产地生态环境。2014 年、2016 年相继取消对大豆、玉米的临时收储政策，在东北四省区对大豆开展目标价格改革试点。截至目前，东北四省区根据不同区域的资源禀赋、耕作方式，调整玉米种植结构，促进大豆生产发展取得显著成效。再次，改革渔业补贴政策。支持捕捞渔民减船转产、海洋牧场建设、增殖放流等资源养护措施。2015 年以来，对国内渔业捕捞和养殖业油价补贴政策做出调整，计划用 5 年左右时间，将国内捕捞业油价补贴降至 2014 年补贴水平的 40%。调整后的补贴主要用于支持渔民减船转产和生态环境修复，以及渔船更新改造等渔业装备建设。2017 年农业部印发《国家级海洋牧场示范区建设规划（2017—2025）》提出，到 2025 年在全国创建区域代表性强、生态功能突出、具有典型示范和辐射带动作用的国家级海洋牧场示范区 178 个，形成近海“一带三区”（沿海一带、黄渤海区、东海区、南海区）的海洋牧场新格局，这对于解决海洋渔业资源可持续利用和生态环境保护矛盾提供了有利条件。第四，完善耕地、草原、森林、湿地、水生生物等生态补偿政策，继续支持退耕还林还草。第五，有效利用绿色金融激励机制，探索绿色金融服务农业绿色发展的有效方式，加大绿色信贷及专业化担保支持力度，创新绿色生态农业保险产品。第六，加大政府和社会资本合作（PPP）在农业绿色发展领域的推广应用，引导社会资本投向农业资源节约、废弃物资源化利用、动物疫病净化和生态保护修复等领域。

（三）建立绿色农业标准体系

习近平总书记强调，必须深化农业供给侧结构性改革，走质量兴农之路，加快实现农业高质量发展。建立绿色农业标准体系将对规范农业生产、增加绿色优质农产品供给提供重要的技术和制度支撑。首先需要制定并完善农业投入品及产地环境技术标准，清理、废止与农业绿色发展不适应的标准和行业规范。具体包括制定修订农兽药残留、畜禽屠宰、饲料卫生安全、冷链物流、畜禽粪污资源化利用、水产养殖尾水排放等国家标准和行业标准。其次要强化农产品质量安全认证机构监管和认证过程管控，加强绿色食品标志和有机农产品认证管理，提升绿色食品、有机农产品和地理标志农产品等认证的公信力和权威性。积极参与国际标准的制定修订，推进农产品认证结果互认。再次要提升农业绿色品牌影响力，培育具有区域优势特色和国际竞争力的农产品区域公用品牌、企业品牌和产品品牌。加强品牌建设和管理，与特色农产品优势区相结合，加强质量管理、市场营销、自主创新，提升区域产业竞争力。第四，要加强农产品质量安全全程监管，健全与市场准入相衔接的食用农产品合格证制度，依托现有资源建立国家农产品质量安全追溯管理平台，加快农产品质量安全追溯体系建设。

（四）完善绿色农业法律法规体系

近年来，特别是党的十八大以来，针对农业发展的重要领域，积极推动相关法律法规制修订工作，出台了一系列政策文件，以绿色发展为导向的制度法规体系建设不断推进。一是推进农业绿色发展法律建设。我国在制定《农业法》、《畜牧法》、《草原法》、《渔业法》等法律时，均充分考虑农业发展对生态环境的影响，对保护生态环境，促进生产、生态协调发展作出明确规定。其中，《农业法》第八章对农业资源与农业环境保护做出了明确规定。第五十七条明确要求，发展农业和农村经济必须合理利用和保护土地、水、森林、草原、野生动植物等自然资源，合理开发和利用水能、沼气、太阳能、风能等可再生能源和清洁能源，发展生态农业，保护和改善生态环境；第五十八条要求，农民和农业生产经营组织应当保养耕地，合理使用化肥、农药、农用薄膜，增加使用有机肥料，采用先进技术，保护和提高地力，防止农用地的污染、破坏和地力衰退。针对农业发展的不同领域，农业农村部推动修订了《农产品质量安全法》，会同有关部门先后制定了《基本农田保护条例》、《农药管理条例》、《野生植物保护条例》、《畜禽规模养殖污染防治条例》等，对农产品质量安全、农田保护、农药使用、野生植物保护和养殖污染防治等做出了明确规定，初步构建了农业绿色发展法律体系，有力保障了农业绿色发展。二是强化农业绿色发展的宏观制度性安排。2015 年，经国务院同意，农业农村部会同有关部门印发《全国农业可持续发展规划（2015—2030 年）》，明确了农业可持续发展的制度和政策框架，提出了优化发展布局、保护耕地资源、节约高效用水、治理环境污染、修复农业生态五项重点任务。2017 年，农业农村部会同有关部门起草《关于创新体制机制推进农业绿色发展的意见》，经中央深改组会议审定后以中办、国办名义印发，首次全面提出农业绿色发展的总目标，明确提出农业绿色发展四方面任务，成为指导当前和今后一段时期农业绿色发展的纲领性文件。同时，明确要求完善绿色农业法律法规体系，研究制定修订体现农业绿色发展需求的法律法规，完善耕地保护、农业污染防治、农业生态保护、农业投入品管理等方面的法律制度。三是强化重点行业绿色发展的政策和规范制定。在畜禽养殖方面，组织起草《畜禽粪污土地承载力测算技术指南》，指导各地以地定畜，根据畜禽粪污养分产生量配套消纳用地；起草《畜禽养殖粪水还田技术规范》、《畜禽粪便堆肥技术规范》，着力解决我国粪污无害化处理与资源化利用问题；修订《饲料添加剂安全使用规范》，发布《仔猪、生长育肥猪配合饲料》、《蛋鸡、肉鸡配合饲料》等团体标准，推广低蛋白日粮技术，大幅调减饲料中铜锌限量值，从源头减少粪污中有害物质含量。在水产健康养殖方面，2019 年农业农村部等 10 部委联合印发《关于加快推进水产养殖业绿色发展的若干意见》，对新时代水产养殖业健康绿色发展的目标、任务和要求作了明确规定。持续推进水产健康养殖，大力推广循环水养殖、实施海洋伏季休渔制度，内陆七大重点流域（长江、珠江、闽江、黄河、海河、辽河、松花江）实现禁渔期制度全覆盖。在秸秆综合利用方面，2016 年农业农村部会同发展改革委印发了《关于编制“十三五”秸秆综合利用实施方案的指导意见》，要求各地因地制宜，合理安排秸秆“五料化”利用，鼓励推广保护性耕作、秸秆青贮、氨化、生物气化、热解气化、固化成型等技术，指导秸秆的回收利用。[①]

（五）建立农业资源环境生态监测预警体系

农业资源环境生态监测预警体系包括耕地、草原、渔业水域、生物资源、产地环境以及农产品生产、市场、消费信息监测体系，旨在加强基础设施建设，统一标准方法，实时监测报告，科学分析评价，及时发布预警。建立农业资源环境生态监测预警体系有两方面的重要内容，即建立重要农业资源台账制度和构建“天空地”数字农业管理系统。国务院印发的《全国农业现代化发展规划（2016—2020 年）》明确提出，要建立重要农业资源台账制度。加强农业资源及利用现状调查，强化耕地、海洋渔业、生物等农业资源台账管理，全面摸清和动态掌握农业资源家底。完善农业资源、产地环境和农产品生产、市场、消费信息监测预警体系，加快构建农业面源污染监测网络应用农业物联网技术，提升农业生产智能化水平，实现“水、肥、药、地”节约利用，提高土地产出率、资源利用率和劳动生产率，实现节本增效、降耗增效和提质增效，有效促进环境资源可持续利用。同时，充分发挥遥感技术优势，加强耕地质量变化、作物结构变化和土地确权边界的动态监测，逐步构建“天空地”数字农业监测管理系统，为不断动态调整农业主体功能和空间布局提供支撑。

五、农业绿色发展的实践案例

习近平总书记指出，推进农业绿色发展是农业发展观的一场深刻革命。从生产到生活，离开了绿色，乡村就失去了本色。乡村振兴战略对农村生态环境建设提出了更加明确的要求，这也给各地农业绿色发展带来了难得的契机。

① 根据“农业农村部关于政协十三届全国委员会第二次会议关于加快制度法规体系建设，大力推进绿色农业发展的提案答复的函”文章摘编，原文载于农业农村部官网，2019 - 08 - 30，http：//www. moa. gov. cn/govpublic/FZJHS/201909/t20190920_6328487. htm.

(一) 构建绿色发展产业体系

福建省深入践行绿色发展理念，推动绿色发展贯穿特色现代农业建设全过程，通过构建有利于绿色发展转型的产业体系、技术体系和政策体系，不断调整和优化农业结构和功能，为深入推进生态文明做出贡献。在推动绿色农业发展方面，漳州市围绕打造“生态＋”高效外向型试验示范区的发展定位，总结推广适宜南方特点的农业绿色发展模式，全力推进国家农业可持续发展试验示范区与农业绿色发展试点先行区建设，目前成效显著。在平和，琯溪蜜柚走向全国，走向世界，“一粒蜜柚”全产业链产值超百亿（案例 10－4）。

案例 10－4　农业绿色发展　漳州成为样板[①]

在平和，以“一粒蜜柚”为产业链，小到村庄，大到整个县城，已走出了一条非比寻常的绿色农业发展之路，“一粒蜜柚”全产业链产值超百亿元。霞寨镇高寨村距平和县城 15 公里，全村 345 户，1 315 人，蜜柚种植面积 5 000 多亩、年产值 5 000 万元。村庄位于柚海之中，宛若西藏布达拉宫，故享有柚海“布达拉宫”之称。2014 年以来，该镇结合富美乡村建设拓展“现代农业＋乡村旅游”农旅融合新业态，先后投资 1 500 万元打造“柚海人家・富美高寨”，被确定为“中国乡村旅游模范村”、“福建省乡村旅游特色村”、“漳州市十大美丽乡村”。累计接待游客 100 余万人次，带动村民增收 350 余万元，村财收入由 3.5 万元增长到 28 万元。2017 年高寨村农民人均可支配收入 23 450 元，高出全县平均水平 7 303 元。而这正是高寨村走蜜柚绿色发展之路的成果。高寨村全村推广使用太阳能吸虫灯、黏虫板等绿色防控措施；推广测土配方施肥、商品有机肥示范，减少化肥施用量。从 2014 年起，累计实施有机肥 1 万吨以上，改善提高土壤有机质，提升蜜柚品质。同时，推行果园留草覆盖：园区不使用化学

① 根据“农业绿色发展　漳州成为样板”文章摘编，原文载于人民网，2018－11－23，http：//fj. people. com. cn/n2/2018/1123/c181466－32323129. html.

除草剂，果园常年留草覆盖，保肥保水，改良土壤理性结构、提升土壤地力、提高水果品质。此外，还实施农业废弃物资源化利用，推广高挂微喷水肥一体化技术。建立农业生态环保果园，降低成本，提高效益。放眼整个平和县，到处都是蜜柚，这么多年来，不仅实现了量的提升，更实现了质的飞跃。漳州市紧紧抓住机遇，着力把平和县打造成为“世界柚乡·中国柚都”。如今，平和蜜柚在种植规模、产量、产值方面都实现飞跃性发展，分别从 1996 年的 13.6 万亩、51 633 吨、1.6 亿元提高到 2017 年的 70.7 万亩、150.7 万吨、50 亿元，蜜柚延伸产业产值超过 100 亿元。而这一切成果与平和推进的绿色农业发展措施是分不开的。此外，平和还转变发展理念，推行“生态＋”可持续发展模式，实施漳州市乡村振兴 345 示范工程等。促进三产融合，打造“柚海人家”，形成“现代农业＋乡村旅游”的新业态模式，促进农旅融合发展，高寨村就是一个坚持绿色高效外向发展推进农业产业可持续发展的典型。下一步，在推动绿色农业发展上，漳州将加强政策扶持，出台农业绿色发展扶持政策，争取地方立法。加快推动以绿色生态为导向的农业补贴政策改革，统筹相关财政资金，建立以绿色发展为导向的政策支持体系。同时，2018—2020 年，将完成农业绿色发展项目投资 414 亿元。

（二）加强产地环境保护与治理

农膜覆盖技术提高了土地产出能力，使粮食大面积增产，但农膜带来的污染问题越来越严重，大量废旧农膜随意弃置，影响农村环境卫生，残留在土壤中影响作物生长。为贯彻落实科学发展观，加强废旧农膜回收利用，提高资源利用效率，推进农业面源污染治理，保护农业生态环境，加快建设资源节约型和环境友好型社会，促进农业农村经济可持续发展，早在 2009 年甘肃省就启动了加强废旧农膜回收利用推进农业面源污染治理工作。经过多年实践，甘肃在加强产地环境保护与治理，践行农业绿色发展观方面取得显著成果。目前，甘肃废旧农膜回收利用率达 80％以上。其中，甘肃山丹县在推进废旧农膜资源化利用方面的经验做法值得学习（案例 10－5）。

案例 10－5 甘肃省山丹县大力推进废旧农膜资源化利用[①]

山丹县位于甘肃省河西走廊中段，是全省 18 个严重干旱缺水县之一。全县常年农作物播种面积在 80 多万亩以上，地膜覆盖面积达到 23 万亩，亩均使用地膜 6.7 千克，地膜使用量达 1 541 吨；现有设施农业面积 0.9 万亩，亩均使用棚膜 80 千克，棚膜使用量达 720 吨。两项合计年农膜使用量达 2 261 吨。近年来，山丹县坚持“减量化、资源化、再利用”的循环农业发展理念，按照“政府主导、企业带动、站点回收、群众参与”的工作思路，突出乡镇主体责任，加强宣传教育引导，加大日常监督管理力度，建立健全农户捡拾交售、回收站点收集、企业回收加工利用的运作体系，集中组织开展废旧农膜清理专项行动，有效减少废旧农膜残留，防治农业面源污染，改善农业农村环境，促进农业绿色发展。主要做法有：一是高度重视，加大投入。近年来，县委、县政府高度重视废旧农膜回收利用工作，成立了由县政府分管领导任组长，县农业、环保、工商质监等部门和乡镇负责人为成员的县废旧农膜回收利用工作领导小组。同时，县政府与各乡镇签订废旧农膜回收利用目标责任书，进一步明确工作责任，细化责任分工。此外，县政府研究制定下发了《山丹县废旧农膜回收利用实施意见》，每年安排专项经费 500 万元，落实人力、物力、财力，全力推动废旧农膜回收利用工作开展。二是广泛宣传，营造氛围。采取印发宣传资料、进村入户宣传、悬挂标语横幅等多种方式，利用广播、电视、报纸、网络和手机等新媒体，广泛开展普法宣传和引导教育。三是全程治理，减少存量。乡镇经管站指导和监督土地流转经营主体与农户签订统一规范的土地流转合同，每亩收取农膜回收保证金

① 根据“甘肃省山丹县大力推进废旧农膜资源化利用”文章摘编，原文载于农业农村部网站，2019－03－04，http：//www.jhs.moa.gov.cn/lsfz/201905/t20190510_6303352.htm.

30 元，督促经营主体回收废旧农膜。严格按照《甘肃省废旧农膜回收利用条例》开展执法检查，农业、环保等部门联合开展执法巡查。四是创新技术，促进回收。依托农业农村部重大引领性农业技术集成示范项目和农业生态环境保护项目，开展可降解地膜对比筛选试验示范。同时，开展适时揭膜试验 2 项，一膜两年用试验 2 项。通过试验示范，为全生物降解地膜推广应用和合理使用地膜提供科学依据。

（三）养护修护农业生态系统

在任何时候、任何情况下，都要坚持生态保护优先，促进人与自然和谐共生。多年来，青海省坚定不移走绿色发展之路，让良好生态环境成为高质量发展的增长点、高品质生活的支撑点，展现了大美青海蓝绿底色的发力点（案例 10－6）。

案例 10－6　青海省坚持生态保护优先创新推动农业绿色发展[①]

青海是中华水塔、三江之源，优先保护生态，推进绿色发展至关重要。习近平总书记视察青海省时强调，青海最大的价值在生态、最大的责任在生态、最大的潜力也在生态。多年来，青海省坚持生态立省战略，在农业绿色发展方面先行先试，努力探索体现高原特色、生态特征、资源节约、环境友好的绿色发展路径，取得一定成效。主要做法有：一是立足省情，加强顶层设计。青海省从 20 世纪 80 年代起就开始实施封湖护鱼行动，近年来，大力实施青海湖裸鲤孵化项目，年均增殖放流 1 200 万尾。2008 年，开始实施生态畜牧业建设，探索推广科学养殖模式，促进草畜平衡，2014 年被农业部确立为全国草地生态畜牧业试验区。同时，在三江源、祁连山国家公园试点省建设

① 根据“青海省坚持生态保护优先　创新推动农业绿色发展”文章摘编，原文载于农业农村部网站，2020－03－11，http：//www.jhs.moa.gov.cn/lsfz/202003/t20200311_6338629.htm.

基础上，启动以国家公园为主体的自然保护地体系示范省建设，在全国开了先河，将绿色发展推向了新高度。二是聚焦绿色，推进部省共建。以绿色有机农畜产品示范省建设为抓手，推进生产方式由数量型向质量型转变。实施化肥农药减量增效，投资5.46亿元，完成化肥农药减量增效试点任务114万亩，对11种农作物设立试验田59个，施用有机肥22.04万吨，全省化肥农药用量同比减少24.4%、21.03%。发布“玉树牦牛”、“柴达木枸杞”等青海省农产品区域共用品牌16个，获得“中国驰名商标”20个、青海省著名商标55个，培育高原、绿色、有机、富硒等特色农牧业品牌20个。加强科技创新平台建设，发布绿色发展新技术100余项，农业废弃物资源化利用大幅提升，农田残膜回收率达到89%。三是突出生态，促进草畜平衡。以全国草地生态畜牧业试验区建设为载体，推进养殖模式由粗放式向生态集约型转变，探索形成了“股份制、联户制、代牧制、大户制”四种建设模式。大力推广“以草场承包经营权、牲畜折价入股、劳动力专业分工、生产指标量化、用工按劳取酬、利润按股分红”的股份合作制经营模式，先后推出“梅隆模式”、“拉格日模式”、“甘德经验”等典型样板，整合股份制草场6 982万亩、股份制牲畜896万头只，折股量化各类支农资金近3亿元，获得了全国“三农”创新奖荣誉。四是协同推进，强化体系支撑。创新体制机制推进农业绿色发展，先后制定了封湖育鱼、草原生态保护补奖、草原承包经营权流转、耕地草原河湖休养生息、畜禽规模养殖场废弃物资源化利用、病死畜禽无害化处理等10余项意见和制度，规范了农业绿色发展方向和路径。突出安全、优质、绿色导向，重点制定农产品安全、生态与环境保护、农药残留限量等标准，大力推进农牧业标准化生产。与高等院校合作，加强农牧业科技创新三级平台建设，加强检测体系和农产品质量安全关键技术、管理制度的研究和开发工作，强化技术集成、示范和推广。

六、推进农业绿色发展的总体思路

绿色发展，既是挑战，又是机遇。推进农业绿色发展是农业发展观的一场深刻革命，对于转变农业发展方式、推动农业供给侧结构性改革、促进农业可持续发展具有重要意义。但是当前农业主要依靠资源消耗的粗放经营方式没有根本改变，推进农业绿色发展的任务依旧严峻，到了必须加快推进的新阶段，需要我们更新理念、创新机制、完善制度、强化监管。

（一）立足绿色发展理念，实现农业绿色转型发展

坚持质量兴农、绿色兴农是现代农业发展的必然要求，是绿色发展理念在“三农”工作中的具体实践。当前农业农村经济已经由高速增长阶段转为高质量发展阶段。农业生产方式、经营方式、资源利用方式、农产品供求关系等发生深刻变革，农业绿色发展理念深入人心。进入新时代，人民群众更加关注质量安全、生态安全，对优质安全的农产品，以及可持续发展的良好生态环境有强烈诉求。同时，农产品结构性矛盾比较突出，农业资源透支利用。只有在绿色发展理念的指导下，切实转变农业生产方式，才能实现农业绿色转型发展。

（二）推进生态文明建设，解决农业绿色转型发展的关键问题

当前，应该认识到农业绿色转型发展面临一系列问题，如水土资源保护、农村污水处理、耕地质量建设与保护、农业废弃物资源化利用、农业生产方式的绿色转变等。首先，要以水资源管理的“三条红线”为原则，确保农业生产对水资源的需求。以提高灌溉用水效率为出发点，注重节水技术开发与集成应用，切实为粮食生产提供清洁灌溉水资源，实现粮食生产数量和质量的双重安全。其次，在技术标准规范指导下，对先进的技术进行综合利用，采用适宜的技术路线和方案，实现污水资源化利用。再次，以提高土地生产率为目标，通过加强耕地数量管控严守耕地红线，加强耕地质量建设全面提升耕地综合生产能力，强化耕地生态保护改善耕地退化污染，健全耕地

质量建设与保护激励机制等措施，做好耕地建设与保护工作。最后，在农业生产方式上做出响应调整，改变过去大肥大药、大水漫灌的生产习惯，做到重产品产出，也要核算产品成本，包括生态环境的成本，通过加强生产者的科学素质提升和技能培训，让生产者掌握生态农业和可持续发展农业的基本理论和基本技能，通过先进的科学技术，使清洁生产、绿色生产、资源节约、环境友好的理念深入广大生产者心中，抓住绿色转型机遇，提升自身核心竞争力。

（三）树立绿色消费观念，建立健全绿色低碳循环发展的现代农业经济体系

绿色消费是社会和谐发展的更高要求，不仅强调人对物的消费，更加强调消费过程中人与人和谐关系的平衡。要树立文明消费、适度消费、简约消费的思想意识，强化生态保护与资源节约意识。绿色消费是一种可持续消费，不仅包括绿色产品，还包括物资的回收利用、能源的有效使用、对生存环境和物种的保护等。绿色消费的培养方式在于，首先，要完善政策法规，充分发挥政府的引导作用，在全社会范围内营造绿色消费模式转变的制度环境；其次，要鼓励技术革新，从产品研发、设计、生产、营销等各环节入手，通过产品低碳化带动消费的变化；再次，要改变消费观念，树立科学消费观，培养节能、环保的消费意识，构建绿色消费的社会思想观念，为建立健全绿色低碳循环发展的现代农业经济体系提供强有力的价值支撑。

图书在版编目（CIP）数据

乡村振兴背景下农业技术推广工作的转型升级 / 赵迪，罗慧娟著．—北京：中国农业出版社，2020.9
ISBN 978-7-109-27326-9

Ⅰ.①乡… Ⅱ.①赵… ②罗… Ⅲ.①农业技术—技术推广—中国 Ⅳ.①F324.3

中国版本图书馆 CIP 数据核字（2020）第 175624 号

中国农业出版社出版
地址：北京市朝阳区麦子店街 18 号楼
邮编：100125
责任编辑：闫保荣
版式设计：王 晨 责任校对：周丽芳
印刷：北京中兴印刷有限公司
版次：2020 年 9 月第 1 版
印次：2020 年 9 月北京第 1 次印刷
发行：新华书店北京发行所
开本：700mm×1000mm 1/16
印张：16
字数：260 千字
定价：60.00 元
